IL CORAGGIO DELLA DOMANDA

Filosofia antica e medievale

西方哲学史五讲

古希腊时期

Francesca Occhipinti

［意］弗兰切斯卡·奥基平蒂◎著

长夏　彭倩◎译

上海三联书店

卷首三问

◆ 何为哲学?

　　哲学 (philosophia) 是一门特殊的学科。顾名思义,哲学一词的原意为"对智慧的热爱"(philos,来源于 philein,意为热爱;sophia,意为智慧、知识)。这么说,难道其他学科就不是对智慧的热爱,就不以追求真理为目的了? 哲学凭什么垄断了对智慧的独占权?

　　对此,我们可以从哲学研究的对象、方法和目的三方面来加以理解。

　　一、哲学与其他学科的不同之处在于,它并不涉及现实世界中的任何具体领域(如数学、物理学、生物学等),而专注于作为整体的实在及其本质属性。

　　二、哲学回应其他学科不予考虑的问题。例如,生物学和历史学不关注生命或时间的本质,只考察其表象。而生命或时间的本质这样的问题,恰恰是哲学家热衷研究的对象,因为他们以探究实在的本质为使命。

　　与其他学科的研究者不同,哲学家致力于探求事物的根源。对此,有人不以为然:科学家岂非同样致力于发现事物产生的原因? 例如,物理学家思考物体为何向下坠落,并以地心引力定理加以解释。这话说得没错,但哲学家的思考却不止于此,他们试图探寻这一现象的根源、目的以及地心引力背后那个放之四海而皆准的普遍法则,唯其如此,给出的答案才是圆满的。

　　总体上说,人们对哲学问题的回答众说纷纭,莫衷一是,从来就没有准确或终极的答案,但其中却包含了人类在漫长的历史长河中不断做出的考问和思索:世界从何而来,人类将走向何方,生命的意义何在,我们又何以享有优质的生活,等等,不一而足。这些是人人都会或多或少地有所触及的根本问题,对于这样的问题，哲学家从不等闲视之，而是求助于严密的逻辑分析和推理。

三、与具有具体目的的科学（着眼于计量仪器、检测自然现象、治疗疾病等）相反，哲学致力于追寻抽象的普遍真理，而无意于考察个别的具象问题。简言之，哲学表现出对普遍智慧的无穷热爱。

◆ 哲学何用之有？

从某种角度上看，哲学似乎百无一用，因为它不着眼于眼前的实际效果。然而，事实并非如此，哲学能够对人们的想法加以完整而有意识的组织，因而有助于人们了解自身和周遭的世界，或者激发出那种能够为人类认知开辟新大陆的伟大思想。

哲学理论不是与现实无关紧要的惰性体系：思想看似轻如鸿毛，却能展现出高贵而迷人的力量。"白鸽双翼上承载的思想虽然轻微，却能够撼动世界。"弗里德里希·尼采，一位生活在19世纪的哲学家如是说。

◆ 为何要研究哲学？

与先哲的对话能促使人们反思和锤炼自己的思维和逻辑能力，从而正确地做出判断，建构自己的思想，以摆脱外在条件的制约——这就是哲学所能提供的指导。

本书各章均由两个部分构成：第一部分，介绍一位或多位哲学家的思想；第二部分，以文选形式帮助读者阅读并理解哲学家的作品，掌握阅读与实践的方法以及正确地进行表达和判断的方法，并通过考察历史进程，了解哲学语言是如何在与其他各学科的不断对话中，获得与其他专门用语相提并论的地位的。

古往今来，各种信息和数据浩如烟海，层出不穷，而通过研究哲学所获得的能力则将化为有益的罗盘，使我们能够在精神和物质的世界中辨明方向。

目录

第二章 语言的大师：诡辩家和苏格拉底

第三章　柏拉图：哲学与政治宏图

第四章 亚里士多德：知识的百科全书

第五章 存在和形成变化可以调和吗?

译名对照表

古风时期和古典时期的古希腊

古希腊哲学分期表

历史分期	时间	流派与哲学家
公元前 7—前 5 世纪 活跃在小亚细亚和大古希腊地区^①爱奥尼亚殖民城市的最早一批古希腊思想家将目光聚焦在自然现象上。他们关注实在的形成与发生及其不断变化的现状背后不变的存在。	前 7—前 6 世纪	米利都学派: 泰勒斯 阿那克西曼德 阿那克西米尼
	约前 570—前 490	毕达哥拉斯
	前 565—前 470	色诺芬尼
公元前 6—前 5 世纪 在雅典,以诡辩派和苏格拉底为代表,对人类的兴趣开始进入哲学家探究的前沿阵地,包括人的公共生活与私人生活,从不同角度分析和研究人与自身以及他人的关系。	约前 540—约前 476	赫拉克利特
	前 540—前 450	巴门尼德
公元前 5—前 4 世纪 以柏拉图和亚里士多德为代表的哲学体系开始形成,将哲学的作用定义为对实在的合理而完整的论述,那种至今仍活跃于哲学研究领域的伟大思维方式就产生于这个时期。	约前 484—前 424	恩培多克勒
	约前 480—约前 400	普罗泰戈拉
	约前 480—约前 380	高尔吉亚
	前 470—前 399	苏格拉底
	前 460—前 370	德谟克利特
	前 427—前 347	柏拉图
	前 384—前 322	亚里士多德

---

① 大古希腊地区除了雅典、斯巴达、底比斯等本土城邦以外,还包括马其顿、意大利南部、土耳其沿岸(如特洛伊)、地中海岛屿,以及零星分布于中东和埃及的古希腊海外殖民地。——译者注

古希腊历史分期表 1

历史分期	时间	人物与事件
前 2700—约前 1400 米诺斯文明在克里特发展起来。		
前 1500—约前 1150 迈锡尼文明在伯罗奔尼撒和古希腊中部地区发展起来。城邦国包括迈锡尼、阿里戈和底比斯。		
约前 1250 特洛伊战争，城市被亚该亚人占领。		
前 1200—约前 800 多利安人入侵，迈锡尼文明覆灭。公元前 1200 至前 1000 年前后，古希腊的中世纪开始。	前 1150—约前 1000	殖民地开拓初期：古希腊人为了逃离多利安人的侵略，在爱奥尼亚（小亚细亚）建起了多座城市，其中就有米利都。
前 750—约前 500 古风时期：古希腊文明在地中海地区扩张，一城一邦体系形成。	前 776	最早的泛古希腊运动会，或称第一届奥林匹克运动会，是古希腊纪年法的初始之年。
	前 750—约前 550	殖民地开拓第二时期：在意大利南部和西西里地区建立了古希腊城市。
	前 743—前 668	塞尼亚战争：斯巴达人将统治势力扩张至伯罗奔尼撒半岛。
	前 620	德拉古宪法（前 7 世纪）在雅典颁布，之后依次是公元前 594 至前 593 年间的梭伦（前 638—前 558）改革，以及最后的克里斯提尼（前 565—前 492）民主宪法的颁布。

古希腊历史分期表 2

历史分期	时间	人物与事件
前 491—前 404 古典时期：自波斯战争（前 490 或前 480）开始，至伯罗奔尼撒战争（前 404）中雅典人落败之时，雅典文化与政治进入霸权时期。	前 490—前 480	希波战争：古希腊城邦联合起来，阻止了波斯帝国向西推进的步伐。
	前 460—前 429	伯里克利时代（Pericle，约前 495—前 429）。
	前 431—前 404	斯巴达与雅典之间的伯罗奔尼撒战争爆发，其各自的联盟也牵涉其中^①；最终以斯巴达获胜告终。
前 404—前 323 古典文明的衰落：古希腊在伯罗奔尼撒战争之后元气大伤，因雅典、斯巴达和底比斯之间的争斗而分崩离析。	前 371—前 362	底比斯在古希腊称雄。
	前 338	古希腊城邦同盟在克罗尼亚被腓力二世（前 382—前 336）击溃：古希腊被纳入马其顿王国的版图中。
	前 336—前 323	亚历山大大帝（前 356—前 323）帝国。

---

① 指雅典领导的提洛同盟与斯巴达领导的伯罗奔尼撒同盟。——译者注

古希腊哲学家的地理分布

城市	描述
米利都	公元前 7 世纪，哲学的思维在此地诞生。
科洛封	哲学家色诺芬尼的诞生地。
雅典	诡辩派活动的中心。 苏格拉底与柏拉图的诞生地及其进行哲学活动的城市。 柏拉图学派所在地；亚里士多德同样求学于此，并创立了自己的学园。
克罗托内	公元前 530 年前后，毕达哥拉斯在此地创立了自己的学派。
阿格里真托	恩培多克勒在此地诞生与生活。
以弗所	赫拉克利特诞生与生活的城市。
阿布德拉	诡辩家普罗泰戈拉的诞生地。 德谟克利特诞生并终其一生之地。
埃利亚	色诺芬尼是埃利亚学派的奠基者之一。 巴门尼德在此地诞生并创立了自己的学派。
莱昂蒂尼	诡辩家高尔吉亚的诞生地。
斯塔基拉	亚里士多德的诞生地，他是一名马其顿宫廷医师的儿子。

古希腊的城市与城邦国

城市	描述
克诺索斯	克里特岛上的城市，其最早的中心可追溯到公元前 7 世纪，是米诺斯文明的都城（前 2700—约前 1400）。
迈锡尼	迈锡尼文明最主要的城市之一（前 1400—约前 1100）。
底比斯	迈锡尼时代建立的城邦国，在波斯战（与波斯结盟）和伯罗奔尼撒战争时期都与雅典为敌。在此之后，底比斯与竞争对手雅典联合起来，抵御斯巴达的霸权，并施行自己的霸权统治。
特洛伊	城邦国，《伊利亚特》中所歌咏的亚该亚人战争所在地。该址于 1870 年由德国考古学家海因里希·施利曼发现，同时被发掘的还有九大重叠的聚居中心，其中最为古老的可追溯至公元前 3000 年，而距今最近的则属于罗马时期（4 世纪）。
雅典	迈锡尼文明晚期所建立的城邦国，之后成为古典时期古希腊文明最繁盛的中心（前 5 世纪）。
斯巴达	公元前 10 世纪左右由多利安人建立的城邦国。在伯罗奔尼撒战争期间，斯巴达为争夺古希腊世界的霸权地位而与雅典相抗衡。
佩拉	公元前 5 至前 4 世纪间，阿克劳斯一世（Archelao I）创立的马其顿王国都城。

知识

西方文明的起源

古典文明——古希腊和古罗马文明——是西方历史文化的源头，而被用于称呼这一悠久传统的名词是"西方文化"或"西方"。这一历史发源于古希腊时期，而"西方"一词首次被使用也是在这一时期：古希腊的历史学家和有识之士运用这一名词将自己的文明与东方文明加以区分。事实上，他们将自己与小亚细亚地区的近邻之间发生的斗争——从特洛伊战争到抵抗波斯入侵，都解读为东方文明与西方文明之间的冲突。

古希腊语：西方世界的第一门语言

借由语言和文字，我们与古希腊世界建立起最初的联系。古希腊语的使用时期在公元前 20 至 5 世纪之间，使用的地区不仅包括古希腊，也包括来自古希腊半岛的民族定居的区域。

古希腊文明中第一个成文语言的遗迹可追溯到公元前 1700 至约前 1500 年之间——这一时期克里特岛上发展起线形文字 A，大约公元前 1500 年，又衍生出线形文字 B，之后被迈锡尼人借用以誊写自己的语言（古希腊语言中最为古老的语言形式）。

公元前 825 年前后，腓尼基人的字母传入古希腊，而最初的古希腊字母碑文则在之后的数十年间才开始出现（约前 800）。

早在迈锡尼时代，古希腊方言就已经形成，不同民族所说的古希腊语具有地域差别。在古希腊文学中，这些方言被古风时期和古典时期的作家所采用。

古希腊语对于西方文化的影响能够延续至今，有以下三大原因：

1. 在历史上，学习古希腊语和拉丁文是有识阶级教育体系的组成部分。事实证明，这项学习有利于开发人们的逻辑思维和论证能力。

2. 古希腊语是研究古希腊文学、历史、科学及哲学遗产的工具。

3. 古希腊语是现在大部分人文和科学学科（尽管其中一些诞生时间距今较近）的专业词汇的基础。

黑绘式阿提卡杯上古风时期的古希腊字母，公元前 4 世纪。
雅典，国家考古博物馆。

古希腊古典文学：生生不息的世界

西方文化与古希腊文化一脉相承，关于这一联系，我们能够找到的第一个领域便是文学，事实上，西方文学中的一整套薪火相传的基本要素，均源自古希腊文学。

1. 在文学类型方面，首先要区分的是史诗和抒情诗。公元前 750 至约前 730 年间，成文的《伊利亚特》和《奥德赛》首次出版（脱胎于早已流传许久的荷马口头传诵）；阿尔基罗库斯（Archiloco，前680—前645）则被认为是古希腊第一位抒情诗人。之后，在文学发展的历程中，在抒情诗和史诗语言的基础上，又增加了诸如寓言故事、对话体文章、挽歌、讽刺文学和短诗等其他文学类型。

2. 在谋篇布局的规则方面，如诗体的结构、韵脚和修辞手法的运用，西方现当代文学如今仍然遵循那些被古希腊世界奉为圭臬的写作典范。例如，修辞（隐喻、转喻、类比等）手法就起源于古希腊语。

3. 在后世的虚构文学和通俗文学中，尽管时间间隔达数个世纪之久，这些主题、人物、神话和历史事件（如特洛伊战争、纳西索斯"水仙花"的神话、俄狄浦斯的故事等）依然存在。

因此，当代文学及作为其立身之本的那些特征，都是由古希腊文学演化而来的。

《阿贾克斯背负着阿喀琉斯的遗体》，黑绘式阿提卡花瓶，公元前6世纪中期。
慕尼黑，州立文物博物馆。

戏剧规则的制定：悲剧与喜剧

我们从古希腊古典文学世界中传承至今并有所发展的另一种交流形式便是戏剧语言。

在古希腊，悲剧与喜剧——戏剧表现的两大主要典范——的规则得以制定，在结构、谋篇布局和主题上形成各自的特征。

悲剧在古希腊具有公共庆典的功能，与宗教具有极为密切的联系。通常情况下悲剧主题为神话故事，如索福克勒斯的《俄狄浦斯王》（前 428）；或是历史事件，如埃斯库罗斯的《波斯人》（前 472），是流传至今最为古老的悲剧。

每逢特定的宗教节日，城邦国出资举办公共竞赛，剧作家们在活动中上演自己的剧作新品，由公众投票选出最佳作品。在古典时期的雅典，悲剧在埃斯库罗

《古希腊戏剧面具》，公元前 3 世纪。
利帕里（Lipari），地区考古博物馆。

斯（前 525—前 456）、索福克勒斯（前 496—前 406）和欧里庇德斯（前 485—前 407/ 前 406）的创新改革下，获得了长足的发展：

· 人物角色和心理描写已经出现。

· 对白所占的比重开始上升，空间、时间和动作的协调统一体的规则形成：事件在一个特定地点、特定时间的某一日发生，或是在特定时间段围绕某一事件展开。

喜剧的诞生则与丰富多彩的宗教仪式有关，通过叙述逗趣、双关的事件或人物的互动、笑话或奇遇，揭示人类的弱点，嘲弄声名远播之辈或位高权重之流，以及芸芸众生中行为不端之人。

在喜剧的诸多流派中，阿提卡喜剧脱颖而出。这一分支在古典时期的雅典得到发展，如今只遗存下阿里斯托芬（约前 450—约前 385）的作品。

城市规划：致力于居住的理性

在城市规划框架和组织方式中，古典世界的不朽痕迹依然存在。

城市诞生于古希腊文明之前的数千年（前 8500—前 8000），是交易和防御的场所，也是政治和宗教的中心。比较上述功能，古希腊的城市与其他古文明的并无明显区别，但在城市规划方面，古风时期和古典时期的希腊做出了两大原创性贡献。在这一时间段：

1. 基于几何理性模型构建的城市规划第一次成型，出现了一系列东西走向的主干道与南北走向的次要道路垂直交叉的结构，由此将城市系统划分为四方形或矩形的居民区。

历史上，人们将这一模型的确立归功于希波丹姆斯（Ippodamo，前 5—前 4 世纪）。根据遗迹推断，他曾精心编制多座城市的规划（如米利都的重建或是公元前 408 年左右罗德岛的规划）。事实上，在此之前已有同类建筑遗迹存在，因此，希波丹姆斯也许只是前人传统的继承者。

2. 古希腊城市规划的第二大原创性贡献，是在城市内部划分公共生活空间，如广场、集会和见面之地以及剧院，其对建筑领域的影响延续至今。这些地点的产生是古希腊文化、政治和社会管理发展的结果：公共生活场所的诞生是为了呼应城邦生活的需要，如公共与宗教庆典、政治组织集会，以及公民需要参与城邦生活和体育活动。

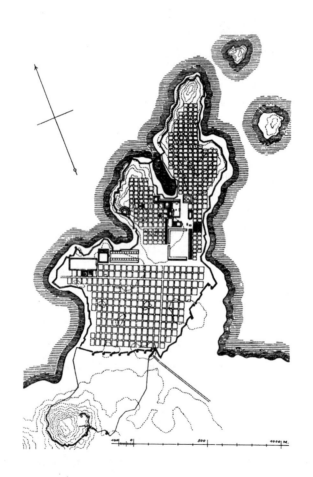

根据希波丹姆斯城市规划所作的米利都平面图复建，公元前 5 至前 4 世纪。
棋盘式的居民区规划被那些为军事、世俗、宗教和商贸功能所预留的空间打破。在北侧和南侧区域之间，有一宽阔的中央地区作为城市两座大门之间的连接物。每座大门都附带有自己的市场和圣殿，一座奉献给阿波罗，另一座奉献给雅典娜。巨大的集市和中央广场则与那些为公共管理所预设的部分相连。

艺术

对人体的"发现"

荷马时代的希腊人并没有一个意为"身体"整体的称谓，在他们的观念中，身体并非一个统一体，而是各个零部件的简单组合、割裂独立功能的叠加，相互之间似乎不存在有机联系。

《跳水者》，局部，跳水者墓葬屋顶的一部分，公元前 5 世纪。
帕埃斯图姆（Paestum），国家考古博物馆。

随着城邦的确立，对于人类世界的兴趣，诸如对那些与大自然截然不同的人类个体和集体活动所表现出来的更为热切的关注，还有学识的发展，改变了人们对人体"面貌"的认识，人体描绘逐渐开始具有高度的现实主义特征，其各部分变得和谐而平衡。

形象艺术，特别是希腊文明最为古老的遗迹中花瓶的装饰为此提供了佐证：在古风时代的作品中，人体作为统一而紧实的实体是不存在的。直至后来，人体才被"发现"，并被根据现实加以描绘。

《送葬队伍的参与者》，迪普利翁门的几何双耳大口酒坛局部，公元前 8 世纪。
雅典，国家考古博物馆。
　　《送葬队伍的参与者》中的系列人物（包括死者），其人体是肌肉发达的肢体的整合，相互之间以被着重刻画的关节相区分。人体具有活动性，但并不紧实。

《阿尔泰米西奥海角的宙斯或波塞冬》，公元前 5 世纪。
雅典，国家考古博物馆。
　　解剖学的观察方式有助于表现出人体所有的和谐、美丽与力量，如图中所描绘的正在投掷武器的神明，对身体细节的精准描绘，令其表现出几分傲慢的神情。

《阿波罗和齐特拉琴》，红绘式阿普利亚花瓶残片，公元前5至前4世纪。
纽约，大都会艺术博物馆。

    人物的脸庞不再像原始时期一般平淡而毫无特征，在不同人物身上，通过各自不同的面容，赋予其灵魂与辨识度。

《泽费罗斯和雅辛托斯》，来自一白底圆盘，公元前5世纪。
纽约，现代艺术博物馆。

    这一时期的人体看起来是一个比例匀称、和谐、功能完整的整体，在各种生活环境下活动自如。

第一章
在东方与大希腊之间：哲学的起源

所有人都以对万象的惊异为开端。……一个有所迷惑与惊异的人，每自愧愚蠢……他们探索哲理只是为了摆脱愚蠢，显然，他们为求知而从事学术，并无任何实用的目的。

（亚里士多德：《形而上学》，982b）

《赫拉克勒斯和特里托涅》，黑绘式杯内部，公元前 6 世纪上半叶。
塔奎尼亚（Tarquinia），国家博物馆。

1. 知识在社会中的传播是如何产生的？在哪些领域产生的？那些获得并传播信息的人是何方神圣？

2. 在思想的历史中，神话代表着什么？在现代语言中它们又意味着什么？

3. 是否存在唯一的原则，既在万物的基础之上，又蕴含在万物之中，并能够解释这一存在？或者在真实的源头存在着原则的多重性？

4. 我们是否只能通过感官了解实在？或者还有其他不同的甚至更高的获得认知的来源？

5. "归谬法"诞生于几何学。这种论证方式是否也能够被运用于其他学术领域，或是通用语言之中？

6. 数字是什么？是人类思维从现实观察中提炼出的基本概念，还是被运用于存在物之上的胡编乱造？

安多喀德斯（Andocide）的画作《盛宴的场景》，黑绘式杯内部，约公元前 520 年。
马里布（Malibu），保罗·盖蒂博物馆。

希腊早期哲学家年表

时间	人物
前 7—前 6 世纪	米利都学派：泰勒斯、阿那克西曼德和阿那克西米尼
约前 570	萨摩斯的毕达哥拉斯诞生
前 565	科洛封的色诺芬尼诞生
约前 540	以弗所的赫拉克利特和埃利亚的巴门尼德诞生
前 489	埃利亚的芝诺诞生
前 484	阿格里真托的恩培多克勒诞生
前 432	克拉佐门尼（Clazomene）的阿那克萨戈拉在雅典因渎神被起诉
前 370	出生于前 460 年左右科斯岛的希波克拉底和阿布德拉的德谟克利特双双辞世

历史大事年表

时间	事件
前 621	德拉古在雅典颁布了自己的法典集
约前 570	诗人萨福（Saffo）逝世
约前 550	赫卡泰奥斯（Ecateo）在米利都诞生，并在之后撰写了地理手册
前 490—前 480	希腊人与波斯人之间的战争
前 461	伯里克利在雅典成为人民党的领袖
前 431—前 404	伯罗奔尼撒战争
前 428	索福克勒斯的《俄狄浦斯王》在雅典上演
前 371	凭借留克特拉（Leuttra）的胜利，底比斯开始了在希腊的短暂称霸时期

早期哲学家探讨的领域

（公元前 7—前 4 世纪）

领域	内容
神话	神话思维的认知模式被摒弃； 与神话有关的人物和话语再度出现
宗教思想	对于传统宗教和神的批判态度； 目的：获得对世界的理性理解，而非在阴间的救赎
物理科学和对自然的观察	对于自然主义和科学的兴趣
数学思想	论证形式和数学证明被再度采用

1. 希腊文化中的神话

◆ 1.1 神话的世界

神话故事的多样性

自公元前 7 世纪起，古老的文明在地中海东岸繁荣兴旺，由此诞生了伟大的王国。这些王国成为宫殿、神庙的主宰，其君主将所有形式的权力（政治、宗教、文化和经济）均集中于自己的手中。

同样，在希腊，随着迈锡尼文明在公元前 2000 年的确立，此类政治—文化模式开始形成。但是，在公元前 13 和前 12 世纪之间，迈锡尼王国式微，希腊进入了一个以崭新政治形态为特征的历史时期。

这一时期的一大重要表现是缺乏由宫殿—神庙体系带动和紧密整合的宗教传统。万神庙，即与所有希腊民众都有关的神圣建筑体出现了，但是各个团体均有各自遵循的宗教仪式和信奉的关于神祇及其与人类关系的神话传说。这一多样性刺激了不同世界观之间的相互碰撞，推动了神话所含的现实与生命寓意的深化。

书写的文明

在悠久的历史长河中，书写是一种相对近代的经历。最早的成形文字标本出土于美索不达米亚地区，可追溯到公元前 3500 年前后，当时的人类已在陆地上生存了数千年。

最古老的文字遗留物陶土板和纸莎草叶发现于近东和埃及地区，其中存有大量实用性的文件资料（如入库的货品清单、税务登记簿），和记录着早期地中海文明发展足迹的文献。

其中涉及的主题主要包括行星、数学—几何运算、疾病治疗、世界形象以及神祇与人类关系。一览表是当时最为盛行的收集、积累和传播知识的方法，如列明算术题和相关解题方法的一览表、针对患病主体进行观测（症状、病程、采用的治疗手段及疗效）的一览表，以及有关宗教节日和仪式的一览表。

僧侣和占卜者的知识

在文字记载中，我们发现了那些被社群公认为智者的僧侣和占卜者的早期作品。他们以预测未来、指导人们应对将要发生的事情以及引导人类行为为己任。

那么，他们的解读能力从何而来呢？一代又一代，他们通过观察和比较大量已发生的事情，探寻到不同事物和事件之间反复出现的相似之处和关联所在，由此积累了相应的知识。比如，甲事件之后只可能发生乙事件，那么甲和乙之间便有可能存在一种可用如下程式表达的关系："如果甲事件发生了，那么乙事件将接踵而来。"

僧侣和占卜者试图借助超自然的力量控制和支配自然现象，这也是其虚而不实、缺乏根基的知识遭到后人摒弃的原因。尽管如此，他们的经验仍是人类为弄清事物相互关系所做努力的最初证明之一。

口耳相传的文化和神话的语言

僧侣和占卜者的活动，就更广义的范畴而言，是在书写出现之前人类对知识进行加工和传播的手段。在书写问世之前的漫长历史中，技能和学识都是通过口头交流的方式在父子之间代代相传。但这样一来，子承父业也就长期成为垄断记忆和学识之传承特权的手段。

在口耳相传的文化中，人类产生了以自身体验（生命的意义，万物、自然以及整个世界的起源）为依据的最初疑问：宇宙是如何形成的？撕裂天幕的电闪雷鸣来自何处？人类是如何出现在地球上的？他们是如何摆脱最初的原始状态，迈出文明启蒙的第一步的？在肉眼可见的物体之外，在深邃的地下和宇宙空间中，究竟还隐藏着什么？对于这些问题，古希腊人用神话予以回答。

"神话"一词究竟是什么意思呢？在希腊文化的起源中，mýthos（希腊语，神话）出现在不同的语境中，具有不同的引申义，但是都与词语的运用有关：词语在不同情况下被使用（在句子、对话、叙述或项目介绍中）；在人类生活的不同情境下，神话以庄严的形式借神明之口或是由人类说出。简言之，mýthos 指的是说出、交流并传播某一信息，更确切地说，是解答有关人类自身以及可见与不可见的实在整体的深刻疑问。

如何做到这一点？通过讲述异彩纷呈的故事。

神话传说的内容

希腊神话讲述了宇宙（天体演化论）、统治宇宙的神祇（神统记）、不时遇到这些神祇的人类、自然现象及世间万物的起源。神话：

· 讲述人类所处的可见世界及冥界众神隐藏的世界；

· 列明支配善与恶、正义与非正义的原则；

· 讲述善人与恶人的行为、灵魂的思想和运动；

· 揭示公共生活的规则；

· 讲述欢乐与悲痛，以及主角们遇到困境时所采用的有利的应对之策。

各种神话传说都试图满足人类的好奇心：人类是如何驯服火焰这一至关重要的生活工具的，为什么许多恶行在世间消失了，人类以自我为中心的利益导向是如何产生的。

对这类问题的回答，引发诸多不着边际的奇谈怪论，如电闪雷鸣的现象被解释为众神之王宙斯的愤怒。这些认识构成了人们解释现实及其中所发生的事件的最初尝试。

神话的时间

神话故事发生在任何年代学文献都无法确定的"绝对的"过去，在可度量时间之外的鸿蒙时期，如同童话故事开篇反复出现的"很久很久以前……"。

这些故事以所有现实中发生的事件为基础，成为逐渐在世界舞台上不断变化的经验、关系和事件的古老根源及最初榜样。人类从原初时期发生的事件中总结出良好行为的准则，汲取实用的指导和建议，解释自然现象，约束个体举止，做出集体选择。

具体语言和示例

神话传说通常以一名或多名主角（包括神祇、英雄和凡人）的经历为主题。它们的叙述方式基于切实的画面和某一范例的直接证据，因为神话试图通过将鲜活的形象"搬上舞台"来解释现实，而非通过一般的评述和论据。换言之，神话通过一个具体的示例阐明人们应该遵循的行为准则。让我们来看一个相关的例子：

在克里特国王米诺斯的命令下，著名建筑家代达罗斯（Dedalo）和儿子伊卡洛斯（Icaro）被禁闭在自己建造的迷宫中。为了逃出生天，代达罗斯用鸟类的羽毛和蜡黏合，为自己和儿子分别准备了一双翅膀。在成功逃离迷宫后，代达罗斯在空中告诫儿子不要飞得太高，否则用来黏合翅膀的蜡很可能被太阳熔化。然而，飞翔的狂喜使伊卡洛斯忘记了父亲的叮嘱，他直冲云霄，很快，在太阳的炙烤下，翅膀四分五裂，年轻人破空坠落。

这个神话传说用一个具体的案例作典型示范，而非用笼统的语言阐明规则，即"如果你不想陷入严重的危险，就必须仔细而谨慎，听从专家睿智的建议"。

◆ 1.2 知识的传播：从记忆到文字

口耳相传的传统与记忆

神话的产生与传播可以追溯到比人类早期文明更古老的时期，文字书写发明之前。神话通过话语代代相传，孩子听大人讲述神话并将其深深地印入脑海，直至自己长大成人之后再基于自己的记忆给下一代讲述，无须借助文字记载。于是，记诵和所有能够帮助此类学习的技能都具有重要性。

若是通过合适，简明扼要的方式表述，尽可能地引人注意，以调动起背诵者的兴致，内容便会变得更容易记忆。在这个意义上，能够对此有所帮助的便是故事的活泼性和紧张感、叙述的构成方式、韵脚格式的采用、重复（叠句）和语句节奏的抑扬顿挫。

记忆与诗歌

表达的节奏、重复模式和朗朗上口的音乐感，有助于记诵学习以及随之而来对于内容的口头传诵。于是，在神话和诗歌之间建立起一种紧密的联系。诗歌诞生于口耳相传传统中的歌咏者（诗人）群体，在社群内部很早就获得了重要的地位。人类通过他们的作品教化青年、保留风俗民情，将共同的知识遗产代代相传。除了诗歌作品之外，古老的诗篇也是有益知识的大型容器，是口头传诵传统的图书馆和档案室。

书写的出现

故事经过口头转述之后会发生一些变化，其中一些细节有所调整、失色或者丢失，还有一些则有所发展、扩充而得以推陈出新。口头传播以记忆为基础，并不能保证传播的内容与原内容毫无二致。

另外，记忆并不能保留全部。记忆者不仅倾向于记住被认为更重要的内容，忽视其他方面，也有可能因记忆饱和，无法容纳既有记忆之外的内容，书写的出现从根本上改变了这一局面。"自然"的记忆面对书写的竞争毫无胜算——后者几乎能够记录任何内容，并以精确的方式保留并如实传达，无惧空间与时间，将其从当时的人类传播至子孙后代。

在书写出现后所开创的新局面中，神话也不再仅仅通过口头传诵，而是逐渐被转录成文字。

神话的文学转录

鉴于神话最初的性质是借由记忆在时间中传播的语言，因而如今的神话呈现的并非其原始结构。我们现在所拥有的是神话传说的文学转录——在收集了经年累月的不同叙述之后赋予其一个统一的形态，精心雕琢出一个最终的版本。但是，这一版本与故事原本的核心内容究竟有何关联，已经无法细究。

希腊神话传说的成形之作是史诗——公元前 8 至前 7 世纪之间，在收集、整理并转录了在行吟诗人间世代口头相传的歌谣的基础上创作而成。特别值得指出的是，出现了《伊利亚特》《奥德赛》《神谱》《工作与时日》四部作品，前两部被认为是荷马所作，而后两部则被认为是赫西奥德（Esiodo）的作品。

《荷马史诗》

在《荷马史诗》中，神话内容与特洛伊战争以及希腊英雄尤利西斯在硝烟散尽之后历经艰险返回伊萨卡（Itaca）的事件相互交织。在史诗的情节中，穿插了对公元前 9 至前 8 世纪之间希腊社会丰富图景的描绘，向我们展现了当时的法律、礼仪、习惯和观念，例如，木筏是如何制成的，如何体面地接待客人。

多亏了口头传诵的传统，古希腊完整的生活方式范例得以被年轻人保留、传播并遵循——他们通过这种方式习得生活必需的知识。

赫西奥德《神谱》的洋洋大观：卡俄斯（混沌）

更为全面而复杂的观点来自赫西奥德（公元前 8 至前 7 世纪）的诗篇。在他的作品中，神话被用于重塑现实的整体景象，回答关于宇宙起源的问题。

《神谱》开篇断言"最初先是混沌一片"，原始的深渊，如同"混乱（cháos）"一词所意指的，与形容扩张动作的动词 cháino 有关。混沌是无垠的大口，万物容于其中，生于其中。混沌是神话般的过去的起始点，神祇的故事、英雄的事业与人类最初的经历以这段过去为背景而上演。

诸神的族谱

诸神的族谱，即神祇的起源和世代亲属关系成为叙述的线索和第一时间基准点，使得我们在系列故事中，尽管尚无年代表（即一种对于时间的测量）参考，也能够分清事件的"先"与"后"。

诸神的时代在一系列以人类世代和家庭为模式描绘的神祇家族中展开。

从卡俄斯及其深处激荡的洪荒之力中，诞生了我们可称之为第一代神祇的盖亚（大地）、塔耳塔洛斯（地狱）和厄洛斯（传宗接代的能量），继而从中产生了第二代、第三代……这一血统从黑暗与无序的力量中，通过世代传承进入宇宙，即宙斯统治之下、有序而稳定的奥林匹斯山诸神的世界。

在这一幅画卷中描绘着自然的力量，社会生活的规则，支配善与恶、正义与非正义的原则，以及人格化成各个神明的文化与生产活动。例如，雅典娜是象征智慧的女神，赫尔墨斯是商贸之神，赫菲斯托斯是冶金之神，等等。

神祇、英雄与芸芸众生

与世代传承却永生不死的奥林匹斯山神祇不同，凡人终有一死，死后一切成空，回归混沌原初的状态。在永生的神祇与必死的凡人的世界之间，还存在着英雄与半神的天地。半神是神明与人类结合后产生的非凡生物，是某一位神明的后人；英雄则成为可追溯的历史上希腊名门望族的祖先，这些家族以此为其至高无上的政治及社会地位辩护。

艾波尼古斯（Elpinikos）画家，《忒修斯与西尼斯（Sini）作战》，红绘式杯，公元前 6 世纪末。慕尼黑，州立文物博物馆。

赫西奥德对于人类世界的观点

赫西奥德在《神谱》中描绘了神祇与人类世界的整体画卷之后,在《工作与时日》中,他将关注点放在人类的空间与时间上,通过古老的农业社会和由季节轮转带动的田间劳作的模式,具体地呈现了人类的生活。与"线性"时间(通过神祇与人类的世代更替表现)画面并行的是"循环"时间(首尾相连,总是返回)画面。在希腊哲学的发展历程中,我们将看到这两种画面再度出现。

◆ 1.3 神话之外

对神话传说的疏离和批判

最初,神话是一种鲜活的实时叙述,随着叙述者话音的落下而消失,又在无数其他声音的重复中不断重生。在这不断的消失与重生中,神话改头换面,分化出种类繁多的版本。对于古老神话素材的书面梳理,使得原本在口头传诵中被稀释和弱化的矛盾突显。

关于这一点,我们需要意识到希腊是一个混合的民族,由不同时间在希腊岛屿上定居的不同血统组成。这是一个由旅行者与移民构成的民族,通过与其他民族与传统的接触,从中汲取元素,改造自身,如改述神话。另外,从暴力被普遍使用和接受的原始社会,进化至对力量优势的判断更为细化的社会,同样推动了神话传说不同变体的引进。

在收集和转录神话传说的过程中,无可厚非地出现了对立冲突的成分。于是,因叙述的内容在最新的分析中被发现不真实、不确定而自相矛盾,在希腊文化中引发了对神话的疏离和批判。

过去故事中的改变

历史编纂的诞生决定性地促进了神话批评的发展,并从根本上改变了叙述与"度量"过去的方式。

神话的思维局限于点明事件发生的"先"与"后"(神祇家族的谱系,尤利西斯在特洛伊战争之"后"的旅行),揭示一系列事件的连锁反应,却不将其纳入某一明确的时间段中。相反,历史编纂以确切的基准点为基础——在希腊世界中通过奥林匹克运动会竞赛的发生时间来表现，有助于量化持续时间与间隔长短，在时间线上标注切实的时间顺序。

另外，与只传播、不评判传统描述的神话不同，历史编纂者意识到需要严谨地记录自己的信息来源，可表现为以下形式：直接观察，聆听目击者的叙说，收集与筛选资料，以及作者围绕自己的调查对象进行研究而获得的个人判断。

只有在缺乏明确而切实的证据时，历史学家才会感到需要求助于过去的传说，但是他们并不负责验证其表述内容的真假。在这种情况下，神话才在其他思维方式的阐述中保有一席之地。

随着历史编纂的产生，纯粹以神族血统更迭为时序的神话时代宣告终结，将历史事件纳入确切时间顺序的时代开始了。

概括与概念

神话总是通过由具体形象表现的个人故事来表达自己的意思，在其中举例说明情感、激情、存在与行为的方式。但是，当生命变得更为复杂、绚烂而富有经验时，具体的形象不再足以解释现实，而示例事件也无法提供适用于所有情况的明确规则。为此，我们需要摆脱具体例子的单一性，拟定概括性的，即"抽象"的论述。

根据拉丁词源，抽象（astrarre，动词）一词意为"取出"。从何处取出何物？我们需要从一系列同质的现实事物中，提取出具有共性的部分。比如我面前的这本书封面为红色，体积庞大；另一本书页稀少，封面华美；还有一本大小适中，封面呈白色。三件均为打印的纸张装订为单独一本的产物，即以同样方式制成的"书"。

术语"书"超越了彼此具体内涵上的差异（形状、尺寸、颜色等），可以指代上述所有三件被描述的物品。在此意义上，我们可以说语言是人类思维发展的第一个也是至关重要的抽象工具。通过语言，我们可以用概括性的术语描述事物，抽象出（"取出"）其共同的特点，通过这种方式使思维能够在总体路线中支配现实，构造抽象的名称：概念的名称、品种的名称、种类的名称。

神话故事运用语言来叙述个体的经验和特定的个人，与具体的人物有关，如讲述故事里众多勇敢的英雄；而抽象的语言运用概括来定义抽象的概念，如一般意义上的勇气。

神话在文学领域和希腊世界之外的存续

尽管由于历史编纂语言的精确和详细，神话的社会地位有所下降，但是它并未就此湮灭。在希腊文化中，神话的主题为文学特别是悲剧提供了灵感——文学家在神话故事中寻找到其所表达的、能够进入并震撼人类生命的喜怒哀乐。同样，在希腊世界之外，在之后的暮去朝来直至今日，神话都为文学家、艺术家和学者提供着创意和研究的途径，并确定行为的模式。

例如，我们从术语"自恋症"（narcisismo，在心理学中指个体对于自身过分的爱）中，能够发现神话启发灵感力量的显著印记。这一术语来源于一位希腊神话人物的名字——纳西索斯（Narciso）。他是一名俊美无匹的少年，引起众多仙女的爱慕，他对此却无动于衷。他的麻木不仁遭到了神祇的惩罚，他们使纳西索斯在见到自己水中的倒影后，爱上自己的形象。纳西索斯完全沉醉于自己的美貌，在自己的面容前无法自拔，最终自杀身亡。而从浸染着他鲜血的土地上，一朵用他的名字命名的花——水仙（narciso）——破土而出。

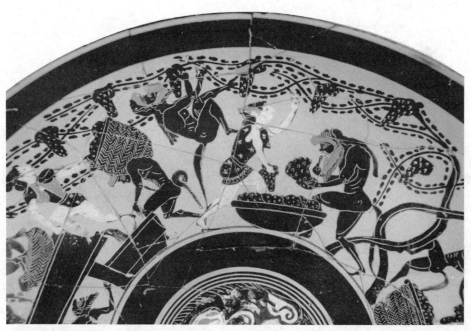

《半羊人和巴克斯的女祭司》，黑绘式杯，公元前 6 世纪。
巴黎，徽章博物馆。

2. 哲学的诞生

◆ 2.1 哲学诞生的时间、地点和原因

城邦和公开辩论的实行

公元前 8 世纪的希腊由政治上独立并为不同贵族政府把持的城邦（póleis）构成。在城邦的内部，人类历史上首次确认了这一理念——涉及普遍利益的事务需经过讨论，决定需经过面向所有人（即所有具有公民权的人）的公共辩论后做出，在此过程中基于合理论证的不同立场得到相互比较和探讨。各有千秋的看法，讨论和统一立场，以及不同假设间的取舍，取代了君主的独断。

可以进行比较、自由运用语言和反思的空间就此打开，促进了新型学问的发展。智者的形象具象化，由原先的魔法师、占卜者和诗人逐渐转变为哲学家，即运用理性手段探究现实的人。

殖民地生活的启发性经历

这些改变首先发生在爱奥尼亚的殖民地（小亚细亚的滨海城市以及邻近的岛屿），即大希腊的殖民地中。

为什么发生在殖民地呢？也许是因为新城市的奠基者们被迫面对他们面前的"空白"，即任何组织和结构均尚未存在的情况。

他们来自已经"建成"的城市，在那里，公共和私人的建筑均根据秩序在空间中排列，人类则以被确定的规则为基础共同生活。然而，在这里，在新的领土上，他们需要发明和建立共同生活所需的新形式——城市的边界和自然地图，以及法律、社会关系和经济活动的规则。这一经历促使他们反思过去，以创造性的眼光展望未来。

此外，与其他民族和文化的接触，促发了与原城市相比更大的能动性，而更少地强调对传统思维和习俗的考虑。领导社群建立殖民地的贵族是最早受到影响的。因此，第一批希腊思想家来源于上层阶级的行列绝非偶然。

早期哲学家的地理分布

城市	描述
米利都	在这座城市中诞生了第一个哲学流派，主要人物有泰勒斯、阿那克西曼德、阿那克西米尼。
埃利亚	色诺芬尼参与了这座城市的建造；巴门尼德在此地诞生并创立了一个重要的哲学学派（主要人物有芝诺和梅里索）。
萨摩斯	毕达哥拉斯的诞生地。
克拉佐门尼	阿那克萨戈拉的诞生地。
克罗托内	毕达哥拉斯在此地定居并创立团体；之后毕达哥拉斯流派的阿契塔（Archita）统治了塔兰托（Taranto）；毕达哥拉斯逃往梅塔蓬托（Metaponto）。
雅典	阿那克萨戈拉和德谟克利特到过此地。
科洛封	色诺芬尼的诞生地。
阿格里真托	恩培多克勒的诞生地。
以弗所	赫拉克利特的诞生地。
阿布德拉	德谟克利特的诞生地。

◆ 2.2 何为哲学？

哲学：一种新型的学问

与"其他"外邦和不同社群的接触促使人们面对新的问题：在一个比已知世界更为多样、丰富而复杂的天地中，如何对自我进行身份认同和定位？

于是，在关于人类起源和命运的无穷无尽的古老问题之外，产生了新的疑问：既然世界不停地与区别和改变交织，为何它看上去仍然是一个统一体呢？

为了回答这一问题，在公元前 7 至前 6 世纪之间，希腊世界中诞生了一种新的学问和语言：哲学（philosophia，字面意思是"对知识的热爱"，philos 的词源为希腊语 philéin，意为热爱；sophia，意为知识）。

古代思想的两大巨擘柏拉图和亚里士多德认为，哲学诞生于惊奇，是人们在对某些事物惊讶、注意并由此引发反思与自我提问之时流露出的自发情绪。哲学与其他类型的学问（如数学、天文学和物理学）不同，它并不仅仅涉及有限的对象（数字、行星和自然现象），或是实在的某一领域，而是包括实在的方方面面、概括性的特征以及万物和人类生命在整个环境中的意义。

哲学家的目的

哲学家的态度与醉心于其他学科之人亦有所不同。数学家研究数字，而哲学家会询问"什么是数字？"。历史学家研究过去发生的事件，而哲学家会提出"什么是时间？"。生物学家研究生物，而哲学家会疑惑"生命的意义何在？"。

知道时间、数字以及生命的意义各为何物有什么用途呢？或者说，哲学有何用途呢？与其他种类的学问相比，哲学"一无是处"，没有明确的目的。顾名思义，哲学纯粹是对知识的热爱，是不受特殊兴趣局限的认知欲望——以求知为目的，对学识"无差别"的渴望。

哲学论述的特殊性

在神话传说和第一批希腊思想家深耕易耨的作品之间，仍然存在着藕断丝连的关系和割裂的元素。

尽管在第一批哲学家对于实在的独特观点中，穿插着内容上对神话的形象和情况的再度引用，但是其意义已经逐渐改变。

水、天空与大地在神话中具有人类的形态和行为举止，现在则被描述成简单的自然现象。另外，和神话相比，爱奥尼亚的思想家们引进了一种新事物，用于明确地提出问题并对其进行推理论证。于是，一种以事物的存在和演变为基础，研究普遍原则，勾勒出实在的统一形象的探索类型诞生了。

在希腊殖民地成形的新型学问，即哲学，其特征分为三个方面：

· 以实在整体作为对象，包括人类及其世界；

· 以理性分析为基础，即仅接受经过理性验证、论据支持和合理证明的解释；

· 自诞生之日起，哲学就和其他科学以及其余形式的学问（宗教、法律、艺术、文学）保持着沟通和对话。换言之，哲学关注着它们的发展，对其进行批判和讨论。

哲学：希腊的"发明"

哲学是希腊文化的一项特殊产物。在此之前，在希腊文明所处的同一片地中海区域中，一度兴盛的是近东文明。但是，这些文明只产生了文化和学问，却未出现类似的哲学思考。

在更遥远的东方——印度和中国，产生了辉煌灿烂的文明，但是，仍无具有希腊哲学特征的学问问世。尽管这些文明的文化中不乏关于事物意义的思索以及凝神沉思的爱好，但是其基本框架是截然不同的。因为，在这种框架中，宗教的组成部分以及对俗世生活之后的救赎的研究更受关注。

相反，哲学是作为对经过论证解释的理性原理的研究，以及与其他学问进行批判性比较而诞生的学科。

定冠词的作用

在推动并引导哲学诞生的过程中，一种具有语言性质的元素有着重要的意义——其他任何语言（如拉丁语）中，均无希腊语中的定冠词现象。

定冠词使得动词和形容词能够作为名词使用：存在、举止、美、善（在拉丁语中则为"存在的事物""美丽的东西"，等等）。这种方式更便于我们仔细研究一般性概念和展开抽象操作——这也构成了理性思维的决定性组成部分。

◆ 2.3 第一批哲学家的文章和证据

第一批哲学家文字的失传：古代思想家的"吉光片羽"

为了传播自己的学说，古希腊的哲学家不仅倚仗口头语言，也依靠成文作品。但是，他们的著作几乎无一传世，关于这些文字我们仅仅掌握后期作者提供的见证——在其著作中时不时地出现一些对早期作品内容的引述。以这些有时候由残缺不全的句子构成的材料为基础，我们得以另辟蹊径，浅尝古代作者的思想，或是模糊地观察其大致的轮廓。

另外，关于那些经由后来者引述而流传后世的早期哲学家学说的残存片段，我们无法知晓其对于失传原文的真实反映程度——也许它们如实地摘录了原作者的语句，也许经过了引述人的某种加工（删减、重新修改、阐释）。这种加工多数是间接的（即转述或总结内容）。我们也无从知晓其原文语句的确切含义及其上下文的内容。

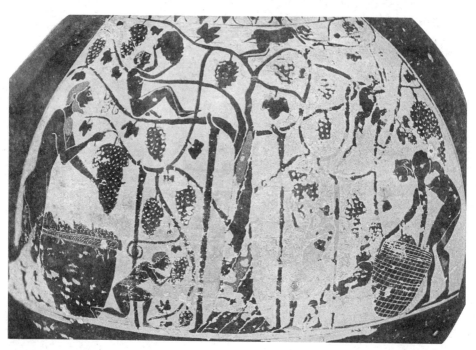

《采摘葡萄》，黑绘式花瓶，公元前 6 世纪。
巴黎，卢浮宫。

亚里士多德的见证

关于首批哲学家思想的一个重要证明，是由亚里士多德提供的。他生活于公元前4世纪，在自己的作品中系统地讨论了以往哲学家的观点。

根据亚里士多德的著作，第一批哲学家主要是研究自然的学者，他们的兴趣在于考察宇宙问题，自然现象，生物的世代、演化和衰亡，以及世界的统一性与其呈现的多样性之间的关系。

鉴于见证人的权威性，由亚里士多德展现的关于希腊哲学最初发展的图景成为西方文化的基础。这些古代思想家被亚里士多德称为生理学家（physiológoi），即"自然的研究者"。

但是，这些所谓的生理学家的只言片语，还涉及其他的研究领域，如对人类的认识，理论和实践活动，社会生活，道德以及政治。

⊱⊰ 3. 米利都的哲学家 ⊱⊰

关于本原的研究

"在万物的根基中，是否有一项本原，能够将其囊括在一个统一体之中并解释其存在？"从这个角度或多或少地提出的问题，是哲学思维的源头。在小亚细亚海岸的希腊殖民地米利都，首先提出这一问题的思想家是：泰勒斯（约前624—约前545）、阿那克西曼德（约前610—约前546）和阿那克西米尼（约前586—约前528）。

术语"本原"（在希腊语中为 arché）具有两种含义：

· 产生于时间之前的，先于时间存在之物；
· 在重要性上属首位之物，是万物的基础，能够解释万物的存在，是为本原。

正如一个由多块碎片构成的拼图一般，只有最后完成的图片全景和完整的图案才能够解释每个单独碎片的位置和意义。完整的图案正是拼图的本原。

风格化的马和几何图案装饰的黑绘式花瓶，公元前 7 世纪。雅典，贝纳基博物馆。

　　研究的目的是分辨出作为存在万物的基础的本原，解释其存在的原因，标注哲学活动并将其与其他种类的思维活动相区分。在此意义上，米利都的哲学家是第一批致力于描绘实在的完整图像并开始哲学思考的先驱。

◆ 3.1 泰勒斯：第一位哲学家

　　由于泰勒斯的亲述业已失传，我们只能通过亚里士多德的眼睛观察他作为哲学家的形象。在重构哲学的开端时，亚里士多德将他称为第一位哲学家。这是因为在具有多样性和不断变化的事物面前，是他（泰勒斯）首次试图辨认出一条放诸四海而皆准的准则（普遍的本原）。

統一本原的定义：万物源于水

对于泰勒斯来说，在世界无可避免的差异之外，使其成为统一整体的是水。水是组成事物的基础元素，给它们滋养，使它们存在并赖以为生，正如一句被认为出自泰勒斯之口的俏皮短句所表达的那样："万物皆有灵。"（万物都有灵魂而鲜活）。同样，大地也是一个漂在水面之上、四周被水环绕的个体。因此，自然整体起源于水。

哲学论述的诞生

泰勒斯的语言仍然受到神话文化的影响（谈及神祇），但是与神话的观点相比，他的视角是不同的。正如"整体"这一参考词所示，它标志着泰勒斯所做出的努力——他将数量众多而各异的存在物收集在一个统一体之中，以整体的观念进行解释。

亚里士多德解释道："泰勒斯也许是在观察到'万物的滋养品都是湿润的'之后得出的这一结论。（因此，水是养料，是生命之源。）""甚至连热量都源于湿气并以此维生。（即依靠真正意义上的万物之源——水——生存。）""万物的种子都具有湿润的性质。（在繁殖的起源——种子——中也有水的存在。）"

同样，诗人荷马也将万物描述为起源于水之神——俄刻阿诺斯（Oceano）和特提斯（Teti）。但是，泰勒斯的论述与神话传说有所不同，如亚里士多德所强调的那样，其文字以观察和精确的论证为基础：水是生命之源，因而成为万物之源——在狭义上，水是赖以生存的元素；在广义上，根据古老的地中海文明的居民所获得的直接经验，江河湖海方便了农业灌溉、南来北往、商贸交流以及不同民族之间的交往。

◆ 3.2 阿那克西曼德与包容万物的"无限定"

科学活动

阿那克西曼德比泰勒斯年龄小，可能是其学生。他同样出生于米利都，是一本名为《论自然》（Peri phýseos）的书籍的作者。关于这本书，有一句直接的引述，是西方哲学史上流传至今的最为古老的文字。

阿那克西曼德也因兴趣广泛而被称为科学家：他精研出一种天文学理论，在这一理论中地球是在宇宙和具有类似马车车轮形状的太阳之间的一个静止的圆柱体，太阳以地球为轴心转动；他描绘了一幅当时已知世界的地图，建造了一座日晷。他沿着泰勒斯的轨迹，提出一系列进化的假说，认为最初的生物产生于湿气，接着从这些最初类似鱼的生物中繁衍出人类。他对于宇宙的描绘尽管天真而富于幻想，却是建立能够解释太阳运行（显性的）的科学模型的首次尝试。

超过泰勒斯之处

同样，阿那克西曼德也试图找出万物的起源。但是与泰勒斯不同，他并不认为这一起源是水这种能够即时感知的元素。通过推理，阿那克西曼德跳出了五感的范畴，认为万物之源不可能是其中的某一特定而可见的物体，而是包括水在内的所有各异的物体都能够找到源头的实在。

作为万物之源的阿派朗

阿那克西曼德将这个看不见的原则命名为阿派朗（ápeiron），字面意思上可解释为"不明确的""无限定的"或"无穷的"。阿派朗包含万物，支配万物，与变化而会腐败的世间万物不同，是永恒而不朽的。从无限定中生出万物，首先是作用于自然元素的对立之物：热与冷，干燥与湿润；在不断变化的过程中，万物在耗尽与死亡之后，回归至包含一切的无限定之中。

阿那克西曼德流传下来的只言片语勾勒出宇宙如此壮阔的图景：在其中，运动不断蜿蜒盘旋，从而导致万物的诞生与消亡。

◆ 3.3 阿那克西米尼：空气是万物之源

科学活动

作为阿那克西曼德的学生，米利都的第三位哲学家阿那克西米尼同样对科学颇感兴趣。

在天文学领域，他精心描绘出一幅关于宇宙的新景象：地球飘浮于空中，呈扁平形状，天空如同磨坊里的石磨，星辰如同天空中缀着的火焰，均围绕地球转动。

此外，阿那克西米尼还分析了不同的气象现象，如雾、风、雨、冰雹和彩虹。

世界的统一起源是气体

从哲学的角度，阿那克西米尼提出：

·一方面，贴近泰勒斯，认为万物的起源是气体，即一种对生命最为重要的自然元素；

·另一方面，他再度采用了阿那克西曼德的论据——在他的描述中，尽管气体是可感知而确定的元素，但却并无特定事物的确定特点和限制。例如，因为是人类的灵魂——气体——将我们联系在一起，所以阿那克西米尼推理出气体是生命的呼吸，包含万物。

在经历了冷凝和稀释的过程之后，其他基本元素——火、水、土地以及存在物——从气体中诞生。这些存在物代表着基础的组成物气体的不同浓度。这样，实在中存在的差异和变化便能从一个统一的起源上得到解释。

❦ 4. 以弗所的赫拉克利特：无休止的变化 ❦

离群索居的思想家

距离米利都不远的以弗所，居住着赫拉克利特（约前540—约前476），他是一名杰出的人士，出身于贵族家庭。在残存的记录中，他被形容成一个因骄傲孤独而离群索居的人。在这座民主潮流主宰的城市里，他与缺乏理性、未受教育的民众论战，与受拥戴的宗教信仰论战，与如荷马和赫西奥德这样的诗人（大部分人都相信他们童话般的故事）论战。对于多数人的无知，他提出了"少数人的智慧"作为对抗，并以"哲学家"这一术语称呼他们，作为智者的同义词。

这种对他人不信任的态度，在同时代人眼中落得了粗暴与冷淡之名——使他对交流自己哲学思想的可能性产生了怀疑。因此，他选择了一种故意为之的，有时显得含糊而晦涩的写作风格。对于阅读者来说，琢磨其作品《论自然》残留片段中词句的含意，是一种巨大的挑战。

逻各斯（lógos）：普遍的观点

赫拉克利特思想的核心理念：在不同个体的不同感觉和观点产生的不同印象之外，存在普遍的观点。赫拉克利特将这一普遍观点命名为逻各斯，一个具有复杂含义的希腊语术语（与动词"légein"有关，即"说""领悟""计算"）：事实上，这个词语意味着"话语""发言""语言""思想""理性"，即与基于感官所获得的认识相比，更高、更准确的理性认识。

赫拉克利特的逻各斯是建立普遍观点的理性，囊括所有人类，并使他们能够交流。但是大部分人都不留心听逻各斯的召唤或努力理解它，而是故步自封于感官从个人兴趣的特殊性中所获得的直接体验。

逻各斯：万物的普遍规律

逻各斯中所表达的真正智慧是什么？是认识到万事万物都由一个普遍法则支配和统治。

日常经验使我们不断地面对纷繁复杂的事物和感受，乍一看它们似乎都按照混乱而无序的方式相继发生：事物出现，不间断地变化和消失。但是，如果我们越过表象，就会发现事物并不是以随机和杂乱的方式发展，而是通过精准的节奏形成的，例如太阳，根据恒定的规律，它一时光芒四射，一时黯淡无光。

这意味着在表面上由多样性统领的无序和变化之下，我们能够发现一种普遍的法则，赋予普天之下的事物以秩序和分寸。赫拉克利特同样将这一法则命名为逻各斯，在此情境下，这一术语指代的是世界的结构及其普遍、永恒而不变的规律——它导致所有存在物的诞生，并维持其存在和统一。

这一规律与不灭的火，即一种自然元素是一致的。关于不灭的火，赫拉克利特特别强调了它能让我们联想到事物不断变化的特殊性质——迅捷、轻盈和流动。

对立统一

赫拉克利特所理解的秩序，并非某种静止而惰性的存在，而是诞生于普遍的矛盾和对立统一之中。赫拉克利特以此表明万事万物都与其对立面紧密联系，若缺乏后者，万物便无法存在或难以充分表现。例如，白天——有光的时刻，只有在与夜晚——其对立面的黑暗时刻——的关系中才能自我展现，反之亦然。因此，若不知道某一特定事物的对立面为何，我们就无法寻根溯源地对其进行了解。

从冲突中产生世界的秩序

正如音乐的和谐来自不和谐的声音的组合，世界的秩序也从对立中产生。冲突是万物的起源，也是统治万物的法则，所有事物均存在于将其凝聚一堂的对立中。看似具有最大分歧（在相互对立的因素之间）之处，事实上却具有最高程度的统一，由此导致了万物的存在并使其可被理解。

在赫拉克利特的思考中，对立统一的论点强调了研究多样性和差异性背后的统一的重要性。这种统一被称为"隐藏着的和谐"，是不可见的。对于赫拉克利特来说，这就是真正的和谐，而不是直接经验中一物与另一对立物的简单对立（光明胜过黑暗，黑暗压倒光明；饱腹感驱赶饥饿，饥饿逐走饱腹感）。

《祭祀游行》，还愿碑，公元前 6 世纪。
雅典，国家考古博物馆。

我们只有在逻各斯的大成之中才能理解万物的和谐统一：在这里所有事物——明与暗、饥与饱——均平等且并存。

天地万物的变化

如果我们将注意力集中在对现象的观察上，在我们的眼中，现实将呈现出一个持续的变动和演变，以及从一种状态骤变为另一种状态的整体：冷的事物会升温，而热的事物会冷却；小子后生转眼成为垂垂老朽，生朝着死奔去。

这种持续的变化也涉及自然元素本身，其他元素从万物之源火中生出，最终亦回归到火中。按照浓度的相继顺序，从火中生出气体，从气体中生出水，从水中生出土地；根据相反的过程，土地液化恢复水的状态，水蒸发变回气体，而空气在升温后重新变成火。

人与人之间的差异

一种类似的过程也决定了人类灵魂的形成——灵魂均是由气体构成，但是相互之间特点各异：因趋向于水，其中一些冷而湿润，另一些更靠近火的则暖而干燥。

通过这种方式，我们可以在普遍的和谐中概括出两种人类：一种是具有寒冷灵魂，无知而不自觉的鄙民；另一种是具有温热灵魂，在逻各斯之火中燃烧的智者。

5. 毕达哥拉斯和毕达哥拉斯学派

◆ 5.1 学派的历史和组织

政治、宗教和哲学共同体

几乎与爱奥尼亚殖民地哲学欣欣向荣之时处于同一时期，毕达哥拉斯学派也在兴旺发展。在希腊文化世界的西方部分，这一学派得名于其创立者毕达哥拉斯。

公元前 570 年左右，毕达哥拉斯诞生于萨摩斯岛。因为这座城市出现了一个对贵族敌对的专制政府，于是他背井离乡来到卡拉布里亚（Calabria）的克罗托内定居。在这里，他成立了一个政治—宗教社团，其成员共同遵守生活的严格规范，致力于研究数学（算数、几何、音乐理论）。

于是，一个真正的学派由此问世。毕达哥拉斯德高望重，桃李争妍。以这位创立者为模范，毕达哥拉斯学派的成员过着苦行僧般的生活，戒绝某些食物，尤其是肉，共享财产。

他的教学正是根据秘密宗教团体的入门模式，循序渐进，将其会员引入只有少数人能够掌握的知识奥秘和深刻真理之中。

教学的层级和内容

在第一阶段，教学的目的是"坐着旁听"（acusmatici，来自希腊语 akoùo，意为"听见"），即学生作为单纯的聆听者，仅限于学习一些具有科学性质的概念，以及生活中的一些基本规范（如禁食某些食物）。

在第二阶段，教学的目的是"自主学习"，即学生准备获得更高阶的知识——以算数、几何、天文学和音乐为内容。在这些领域中，特别是几何学中，毕达哥拉斯学派凭借着对各种定理的论证，做出了重大的科学贡献，其中包括被认为是毕达哥拉斯本人成就的勾股定理（直角三角形两直角边即"勾""股"的边长平方和，等于斜边即"弦"的边长的平方）和"三角形内角之和等于两个直角之和"。

认识到比学问更深刻的真理的"自主学习者"，被要求保守秘密。封闭的结构和对于保密的承诺使这一学派具有秘密宗教团体的性质。

与数学认知并行发展的是关于灵魂宿命的学说。毕达哥拉斯学派的成员认可其他古老文化中关于轮回（按字面意思理解，是"灵魂的转移"）的理念。根据这一观点，人类的灵魂经历一系列从一个身体到另一个身体的迁移过程（即投胎转世）之后，将进入有福的生活。为使灵魂做好准备，迎接最终的至福极乐，他们认为必须进行一场净化的历程——这一历程主要通过深入学习数学知识而在思想层面上得到圆满。

俄耳甫斯主义：净化灵魂

俄耳甫斯的歌声

有益的环境推动了关于轮回的反思，其中代表性地区在意大利南部，受神话传说中的人物色雷斯诗人俄耳甫斯启发，那里掀起了一场宗教运动——俄耳甫斯主义。

古老的传说中描述，俄耳甫斯以阿波罗赠送的里拉琴伴奏歌唱，又多亏了缪斯的指导，他的琴声不仅迷住了人类，也可以驯服野兽，甚至还能够撼动树木和大块的岩石。

当酒神狄俄尼索斯侵略色雷斯时，俄耳甫斯忽略了对他的尊重，反而将他的随从敬为上宾，追寻比狄俄尼索斯的智慧更为深刻的真理。俄耳甫斯尤其谴责人类献祭和追随狄俄尼索斯的队伍的无序滥交。于是，狄俄尼索斯的怒火被点燃，他命令自己的女祭司——追随他和从事仪式庆典的女人，谋杀了俄耳甫斯。

《色雷斯人之间的俄耳甫斯》，红绘式双柄大口酒坛，公元前 5 世纪。
柏林，国家文物博物馆。

灵魂的解脱

受俄耳甫斯启发的运动着重关注的问题是灵魂不朽及其在俗世经历的事件。这些事件为多个身体之间的一系列投胎转世所驱动，以赎偿旧孽，消除人类本性所特有的原罪。

为达成这一目的，精神上的约束和净化的形式必不可少（以解除身体及其敏感的冲动对灵魂的桎梏为目标）。在这方面，俄耳甫斯主义赞成素食主义，而与节制食肉有关的是，摒弃牲口献祭是这一希腊世界宗教仪式的组成部分。

《双管风笛演奏者》，红绘式陶土器皿画，公元前 5 世纪。
巴黎，卢浮宫。

毕达哥拉斯学派成员向国外散居

毕达哥拉斯学派以贵族为定位，很早就在克罗托内和大希腊的其他城市中获得巨大的影响力。当锡巴里斯（Sibari）爆发民主起义时，克罗托内的贵族在毕达哥拉斯学派成员的怂恿下，对附近的城市发动了战争并将其毁灭（前 510）。但随后在克罗托内，又一场民主运动日益壮大，其间毕达哥拉斯学派成员聚集的一座建筑遭到焚毁，一些成员惨遭不幸，另一些则被迫逃亡。这些人之中便有毕达哥拉斯，他起初定居在洛克里（Locri），之后住在梅塔蓬托，并于公元前 490 年左右卒于此地。

毕达哥拉斯学派成员的另一场逃亡发生在公元前 5 世纪中期的大希腊城市中，其中一名新的逃亡者是克罗托内的菲洛劳斯（Filolao）。

尽管成员四散各地，毕达哥拉斯主义仍然是大希腊地区文化的重要组成部分之一。公元前 4 世纪，学者兼政治家阿契塔领导塔兰托政府所进行的多年的活动便是一例明证。

毕达哥拉斯学说的基本原理一度仅仅依靠口头传播，是菲洛劳斯和阿契塔最早将它们编纂为成文作品。在这些学说中，很难区分哪些是毕达哥拉斯个人的贡献，哪些是其追随者的成就。

◆ 5.2 毕达哥拉斯学说

数字，万物之源

关于毕达哥拉斯的学说，最主要的信息来源于亚里士多德。他提到，根据毕达哥拉斯及其追随者的观点，数字是万物的本原，通过数字能展现完整的真理。

例如，根据毕达哥拉斯学派成员的观念，最初的四个数字与表达实在的基本几何概念有关，共同代表真理，它们可被依次理解为：

· 缺乏规模的物理实体的表达（点）；

· 一维物理实体的表达（两点确定一条直线）；

· 二维实体的表达（三点确定一个平面）；

· 三维实体的表达（四点确定一个空间）。

通过这种方式，我们能够将物理实体推导成几何表达，继而推导成数字表达，认可数字表现真实世界的能力。

我们可以这样理解毕达哥拉斯学派成员的推理：数字是计量单位，如此表达一个定量，使得每件事物都可以被确切的性质（如形状、面积、体积等）测量和定义，从而能够与其他事物相区别、比较。因此，数字是人类智慧可以推理、思索和认识的对象。

奇数和偶数

数字可被分为两类：

·被毕达哥拉斯学派定义为无限的偶数；

·被毕达哥拉斯学派定义为有限的奇数。

为了理解这些定义，我们需要考虑数字的视觉表现。这些视觉表现与希腊人运用 pséphoi（一种能够具体代表数量的卵石）完成计算工作的实践有关：

2	3	4	5	6
●	●	●●	●●●	●●●
	●		●	
●	●	●●	●●	●●●

在组成偶数的点的分布中，并没有一个如奇数情况下将图形"封闭"的界限。因此，奇数看起来是有限的，所以是完美的（完成的）；而偶数则是无限的，所以是不完美的。

奇偶数之间的对立是实在中其他基本对立（善与恶、静与动、光与暗）的指导：其中指代混乱和不完美的负面词汇（恶、动等）被比作偶数，而指代秩序和完美的正面词汇被比作奇数。

"特殊的"数字

在数字中，"1"具有独特的地位，因为这一数字不可分解，亦无前项（希腊人尚不知晓"0"的存在，这是后期由阿拉伯人引入的命数法）。在此意义上，"1"不仅仅是数字之一，也是所有数字的起源，是奇偶数，是将奇数与偶数、偶数与奇数相连接的单位。

同样，数字"10"也具有特殊的意义，是前四个数字①相加之和。这四个数字由肉眼可见的 tetraktýs（四元体）表示，呈可从相对的顶点出发和从任一侧边进行解读的理想三角形状（等边三角形），正如 1+2+3+4 之和。

———————————
① 指 1、2、3、4。——译者注

作为前四个数字之和，"10"可指代几何的类别（数字1、2、3、4分别对应点、线、面和体），呈现出物质世界的综合景象。

数字，实在的镜子

并不是所有的数字都有同样的重要性和深刻的内涵。其中一些在成为存在物（尤其是抽象概念）的象征时，被赋予了特殊的含义。我们清楚，在这一层面上数字表达的不是定量的量度，而是因相似性让人想起的生命中的某些理念、价值和方面。

例如，存在于以同等对同等（以同等的报酬奖赏同等的功劳，并以同样的方式对错误进行匹配的惩罚）中的公正，可以用数字"4"和"9"表示，即以第一个偶数（"2"）的平方和第一个奇数（"3"）的平方表示。

一对夫妇的结合，即男性（被比作正面的系列——奇数）与女性（被比作负面的系列——偶数）的联姻则被表示成数字"5"，即数字"2"（偶数）和数字"3"（奇数）之和。

在这一意义上，毕达哥拉斯学派的成员得以断言数字是万物之源，唯有通过数字，人们才能认识纷繁复杂的世界：从季节的变换到行星的运行，从音乐的和谐（均衡得当）到人类的灵魂——亦是和谐，数字是构成身体各部分的和谐之源。认识的巅峰是把握数字和万物之间关系的经纬。

同样，在人类关系中数字也具有重要的作用。阿契塔在治理塔兰托的经历中，发现在计算中有一种以数字为基础的至关重要的工具，可以正确地梳理商贸关系，解决经济纠纷。另外，计算教导人严谨行事，承认错误，养成理性，避免滥用权力，有利于实现和谐共处。

宇宙的景象

毕达哥拉斯学派成员也将用于实在的数字观点应用在宇宙的结构上，第一次将它比作一个球体。因为球体中所有的点与中心距离相同，因而该学派认为它是所有立体中最为完美的，是和谐本身的形状——上述结论正是由该理念得出。菲洛劳斯首次否认了地球是宇宙的中心，认为它和其他天体一起，围绕着一个中央的焦点转动。

公元前6世纪，在大希腊的土地上，埃利亚城建成（位于坎帕尼亚，Campania），命中注定其将成为一个重要哲学流派的中心。与埃利亚有关的是科洛封的色诺芬尼（城市的缔造者之一）和巴门尼德（学派的推动者）。

◆ 6.1 科洛封的色诺芬尼：反对类人的神祇

流离的一生

公元前6至前5世纪之间，在大希腊的土地上，得力于原籍爱奥尼亚的思想家色诺芬尼，另一个哲学流派发展起来。

公元前565年左右，色诺芬尼生于小亚细亚地区的科洛封。在波斯人占领该城市（约前540）后，他逃离当地，在意大利南部和西西里岛游历，参与了埃利亚的建城，并继续着自己的流浪直至垂暮（根据传说，他于公元前470年左右逝世时，已年近百岁）。

在其流离的一生中，色诺芬尼扮演着史诗吟诵者（rapsodo）的角色，在公众面前朗诵自己和他人的作品。在他写就的诗作中，有一首关于自然的诗歌，仍然保留有数十残篇。

批判传统的神祇

色诺芬尼为哲学思考开辟了新道路。在他的诗歌活动中，他并不采用诗歌传承的关于知识的传统内容，而是对诗人的吟咏进行针对性批判，首先遭其批判的便是荷马和赫西奥德。

他批判这二位诗人以人类的角度描写神祇，让他们做出某些与神祇不匹配的人类举止：偷盗、欺骗、布置阴谋陷阱以及通奸。这是因为人类试图以拟人化（antropomorfica）的方式，以自己的形象表现神祇，赋予他们人类特有的行为和思想。

批判传统神祇并不意味着否认神明的存在。相反，色诺芬尼开启了一种关于神明的专门研究：神学 [关于"神明"（theós）的"论述"]。

色诺芬尼摒弃了关于古老智慧的典型表达。在理性的基础上，他认为至高的神祇是永生的，即非生养而来（与凡人不同）；不动的（他们不适合来来往往地移动），各部分同质均一。在这一意义上，色诺芬尼将他们归纳为球体——同质均一和完美的象征。

神明的力量和人类的局限

人类如何才能够为自己描绘出一幅正确的神明形象呢？如果说，色诺芬尼一方面否认神祇和人类之间任何一项相似性（无论是物质层面还是智慧层面），另一方面他认为应该从人类的品质中获得提示，以描述神明的特性。和人类一样，神明也能够听见、看见、思考，但是不同之处在于，人类需要通过不同的器官完成上述功能，而神明则完全依靠自足，因此更具力量，更为完美。

和神明的对比揭示了人类智慧的局限，与许多在古代世界传播的信仰所承认的相反，根据色诺芬尼的观点，这一局限的基础不可能是最早启示的内容。

在这一研究框架中，色诺芬尼重新采用了一些爱奥尼亚思想家的想法，致力

《演奏齐特拉琴的年轻人》，红绘式陶土画，公元前 5 世纪。

于定义万物的起源。对他而言，这一起源是土——万物从中生出，最终归于尘土，或者成为一类土和水的混合物，在化石的痕迹中可以寻出端倪。

◆ 6.2 埃利亚的巴门尼德：不变的存在和变化的世界

立法者和创始人

公元前 6 至前 5 世纪之间，一个蜚声遐迩的哲学流派在埃利亚兴起，其创始人是巴门尼德，他来自一个贵族家庭，生活在公元前 540—前 450 年之间。

巴门尼德终其一生都生活在埃利亚，在同城人的激励和尊敬下为城市制定良好的法律。一些古老的资料将其称为毕达哥拉斯学派的阿米尼亚（Aminia）的门生，另一些则认为他是色诺芬尼的弟子。他和色诺芬尼一样用诗行写作——他的诗歌《论自然》仍有些许残篇存世，其中针对实在提出了一种令人困惑不安的观点：凡变化之物皆虚妄。

前往真理的象征之旅

在保留着诗歌开场白的大段残篇中，哲学家以第一人称讲述了他在某些女神的引导下进行的旅程：这是一段启蒙之旅，以获得那些不向常人开放的深刻智慧为目的。

教授巴门尼德真理的女神为其指明了他需要遵循的白昼和光明之路，在它旁边还铺设着另外两条道路：一条不可通行，是黑暗与错误之路；另一条是迷惑和欺骗之路，但是却有人涉足其中。

指明道路意味着指出前往某一目的的途径，因此，这意味着女神教授了巴门尼德向真理进发的方法，同时为其展示了如何识别不可通行的道路——谬误之路。

存在与非存在之间的对立

光明之路说："存在者存在，它不可能不存在。"相反，黑暗之路说："存在者不存在，这个不存在必然存在，因为不存在者你是既不能认识，也不能说出的。"

让我们来分解一下巴门尼德略显晦涩的语言。首先我们观察到，在论述两条道路的语焉不详的格言中，进行确切阐释的谓语动词的主语不明。于是，根本的对立——"是"（存在）和"非"（不存在）出现了。是和非被认为是绝对的脱节，相互之间毫无关联。

"非"等同于"不存在"，不存在之物即为虚无。在这一意义上，我们无法说某些事物"不是"，因为这等于是说（以及思考）虚无。黑暗之路不可通行，正是来自我们无法说或者思考不存在之物的思想。

"是"，在巴门尼德的描述中意味着必定为"有，存在之物"（不可能不存在）。由此，变化的事物（一时"是"，一时"不是"）不属于"是"，因而不存在。

存在、思想和语言

巴门尼德关于存在和非存在的论述，强调了存在、思想和语言之间存续的深刻联系。这一联系是巴门尼德整体思想的基础。

只有存在而非存在不存在时，事物（存在）才可以被说出和思索；同样地，只有可以被说出和思考之物才存在。人们怎么才能思考不存在——虚无呢？人们怎么能够言说虚无呢？思考虚无不就等同于不思考，放弃思维？

存在的属性

为定义存在的特性，巴门尼德采用了一种推理方式：反证法，即承认想要表达之物的对立面，从而使基于一定初始前提的矛盾、错误和不合逻辑处显示出来。通过这一过程，巴门尼德阐释道：存在是"一"，是静止（不受运动支配），它不变，永恒而不可分割。

例如，如果人们承认存在是多样性的，而这些多样性的任何一个方面便"不是"其他的方面，因此从某种方式上来说"不存在"。抑或是，如果人们承认存在会变化，即经历不同的状态（从热变冷，从小变大等），那么在变化过程的结尾，这一存在便"不是"之前之物，或是成为之前"不是"之物（不再是热而是冷，是冷而不是之前的热）。为了不落入这些悖论中，我们必须得出相反的结论：存在是一，存在是不变。这一推理同样适用于其余属性。

巴门尼德将完美也归于存在的属性之一。如果存在是未完成的（没有限定），就是不完善的，因此缺少某些事物；但是如果它缺少某些事物，则不会是其缺少的那些事物。同样，在这种情况下，存在（"是"）在某种程度上"不是"，与真理之路指出的"是"和"不是"之间绝对脱节相悖。

巴门尼德将完美的存在描述为一个紧凑的球体，其形状很好地展示了属于存在的完整性、同质性和整体性。"公正女神（狄刻，Dike）与这一完美的球体，"巴门尼德在诗歌中运用一幅图像说道，"用强力的纽带相捆绑，并以此方式避免其离开自身，即发生变化。"

第三条道路

在真理和谬误的道路之外，还有第三条道路，与黑暗之路多有重合。人类大多沿着此路前行。事实上，凡人在谈论事物多面性和变化的论述中，不仅认可说出"是"的可能性，也认可说出"不是"的可能性，以此区分存在和不存在。这便是看法（意见）之路。

尽管如此，女神仍然在诗歌的表述中承认道：普遍的看法也需要了解。

体验是幻象

随着巴门尼德对于存在问题的设定，在由理性宣称的真理（承认唯一不变的"是"的存在），与见证着事物的多样性和变化的可感知的证据（如同存在的统一性和不动性被否认的常数的出现）之间，产生了不可调和的矛盾。

在体验中，"是"与"不是"成为一体：冷的事物在加热后成为"不冷的"（"是冷的"变成"不是冷的"）；反之同样成立，"不热的"变成"热的"，"是"变成"不是"，"不是"变成"是"，少年长大成人不再青春年少，或是"未成年人"变为"成年人"。

严谨的思维迫使巴门尼德在确认"是"和"不是"之间根本区别的理性（两者一体性的不可能性）与将两者混淆和混为一谈的体验之间选择支持前者。多样的事物在我们的见证下出生、变化和死亡，在体验中出现的事物是纯粹的幻象。

真理和意见

真理和凡人的意见之间的对立通过两个术语表现：

· 真理（alétheia，希腊语），字面意思为"不被隐藏之物"；
· 意见（dóxa，希腊语），字面意思为"似是而非之物"。

Alétheia 一词指的是无可否认的必然真理，通过理性才可获得，由于相互矛盾，其多样性和变化被否认。

Dóxa 一词指的是凡人的看法。他们认为感官展示给他们的幻象（恰恰是多样性和变化）是据实可靠的实在，因而将"是"与"不是"混为一谈。

◆ 6.3 巴门尼德之后：埃利亚的芝诺和萨摩斯的梅里索

埃利亚的芝诺：用归谬法论证的模式

巴门尼德概述了一种辩论的模式：通过先认可相悖论点而后揭示其引发的矛盾对立来阐释正题。这种论证方式被称为"归谬法"。

在埃利亚学派中，这一模式被芝诺（公元前 5 世纪）重新采纳。为了阐释巴门尼德关于"'是'（存在）是一，是不变"的论断，芝诺发展出一系列论题，首先承认多样性和变化的存在，之后指出这一假设将会引出令人难以理解和不连贯的结论，因而是荒谬的。

驳斥多样性

我们来看看这个驳斥多样性的归谬法示例：我们先假设存在物众多。但是，如果存在物众多，一方面它们是相似的（因为它们恰恰都是存在物），另一方面则由于众多（每一个都和其他存在物截然不同，具有差异）而各不相同，这却是不可能实现的，因为相似且相异，相互矛盾。因此，不可能存在多样性，也就是说关于多样性的概念是谬误。

驳斥运动：阿基里斯（Achille）和乌龟

除了归谬法的论证模式，芝诺在大小（空间）的可分性中还运用了另一种工具：无限倒退。其结果是所谓的悖论，或者是与流行观点相反的命题，导致用常见的思维方式会得出矛盾的结论。

为说明运动的荒谬性，芝诺提出许多不同的论点，其中最为特殊的论点为：假设有一场比赛，比赛双方分别是《荷马史诗》传说中被誉为"飞毛腿"的阿基里斯和缓慢的象征动物——乌龟。

阿基里斯让乌龟提前一程起跑。在他努力地接近乌龟出发的起点时，乌龟已经朝前行进了一段距离。当阿基里斯到达乌龟之前所在之处时，乌龟又再次行进了另一段距离，如此以至无穷无尽。因为他假定了空间可以被无限地分割，因而阿基里斯无法在限定的时间内追上乌龟。两者之间的距离逐渐缩小，但是永远无法完全消失。

芝诺的论点是以空间可被无限分割的假设作为基础的。因此，对于一个运动的物体而言，它通过组成 X 点和 Y 点之间距离无限的点，必须运用无限的时间，换言之，永远无法在有限时间内到达目的地。

对巴门尼德论点的肯定

芝诺的方法并未将普遍的体验（在此基础上，人们可以看到阿基里斯跑着追上并超过了乌龟）考虑在内，反而将其撇开不提。他从概念的角度分析运动的理念，以阐释其不可能性。根据巴门尼德所授，由于运动的概念不可想象，"是"（存在）的静止性和变化的虚幻性的论点成立。

更普遍地说，巴门尼德的论点成立——真正的"是"（存在）不是出现在体验中之物，也不是成为日常生活背景之物。

芝诺和亚里士多德的分析

芝诺悖论所进行的假设是哲学—科学性质的问题，如无限的概念、空间的可分性、运动的概念。这些问题自他的同时代人起，直至今日都是哲学批判和讨论的主题。

为了解决芝诺的无解之题（aporia），亚里士多德对有关存在物的实在层面和有关思维的逻辑层面进行了区分。从现实的角度而言，仅仅存在有限，而从逻辑的角度而言，无限是存在的，例如思维能够无限量地对某一确切的数量进行增加或减少。在现实世界中只存在有限的距离，运动是在有限的时间内完成某段路程，芝诺的论点由此而被否定。

尽管亚里士多德的解决方法只有在承认实在的空间是有限的这一前提之下才成立，但是从逻辑和数学的角度而言，对于无限可分的假设是可能的，因而芝诺的论点仍然立得住脚，这迫使我们承认在实在层面和逻辑—数学层面之间存在偏差。

相反，芝诺确证无限分割的功劳得到承认——这是微积分的基础概念，是数学分析的一项极为有效的工具，在现代被发扬光大。

根据巴门尼德所授，由于运动的概念不可想象，"是"（存在）的静止性和变化的虚幻性成立。

更普遍地说，巴门尼德的论点成立——真正的"是"（存在）不是出现在体验中之物，也不是日常生活背景之物。

梅里索和"是"的无限性

巴门尼德的追随者，萨摩斯的梅里索（公元前 5 世纪）也许并不是其直系门生，但他同样采用了归谬法。

和巴门尼德一样，因为"是"没有开端也没有终结，所以梅里索认为它是永恒而不生不灭的。

如果"是"有起源，那便应该是来自其本身之外之物，即从"不是"中产生；类似地，如果"是"有终结，那便应该消亡在"不是"中，但这并不可能实现——"不是"并不存在。

但是，梅里索从"是"无始无终的思考出发，与巴门尼德得出的结论不同："是"是无限的——假设"是"是有限的，那么它就应该有始有终，但这一点不可能实现。

希波克拉底（Hippocrates）：医学是一门科学

医学的"蒙昧时期"

在公元前 6 至前 5 世纪之间的希腊世界中，科学素养获得了长足的发展，爱奥尼亚和大希腊的思想家对于自然、数学（算术、几何学、天文学）以及医学的研究均为之做出了贡献。

医学与神话颇有一段"渊源"，特别与爱斯库拉皮厄斯（Asclepio）的形象有所关联。根据古老的传说，爱斯库拉皮厄斯从父亲阿波罗和智者半人马喀戎处习得治愈的技艺，由此获得操作外科器械和管理有益草药的能力，最终成为医药之神，受人供奉。

基于对疾病是由神祇和魔鬼诱导、属于超自然现象的预设，他的祭司行使治疗师的职责，通过咒语和魔法治愈病人。

医学作为科学的发展

自然研究的发展和采用基于理性的解释模型，对医学产生了影响，推动其具备真正意义上的科学的特征。

这方面最为突出的贡献来自科斯岛的希波克拉底（约前460—约前370）。他在自己出生的城市建立了一所学校，之后来到雅典，成功地从事医生的职业。

根据希波克拉底的观点，疾病均来源于自然（包括癫痫，长期以来都被认为是源于神意的"神圣的缺陷"）。为了对这些疾病进行诊断，需要一种精确的方法，以下面的内容为基础：

·对于症状，即外在迹象的观察，如气色或体温，能够显示身体内部发生的、看不见的情况；

·历史记录，一种一览表——根据病人的记忆将所有可能有关病症的现象和事件全部记录下来，以此帮助解释疾病。

他不仅通过向体内引入某些物质来实现治愈，也考虑到食物的质量和各个病人的特殊情况（没有任何两个完全一样的病人），从而设计了一种饮食制度（或忌食、忌口）。

要设计出规律平衡的生活管理方式，气候、环境、生活水平都是必须考虑的因素，需要因人因地评估病患的情况。

另外，与医者有关的一套共同道德和职业准则，也可以说来源于希波克拉底。这一准则促使他们绝对地为病人的福祉而工作，保守从事职业时知晓的秘密，保护病人的私人生活。

巴门尼德思想的基础——"是"与"不是"之间的根本区别，开启了长期占据希腊哲学舞台的一大难题，考验着他的继任者——如何在遵循判定"是"与"不是"一致性不成立的严格理性的同时，"保全"体验获得的"现象"（正如柏拉图后来所说），换言之，如何阐明事物的变化并不是矛盾的。

如何才能在巴门尼德关于"是"的不变性的命题（以"是"与"不是"间不可否认的对立为基础），与我们的感官不断给予我们的、显著的变化之间，找到妥协？

这是多元论哲学家们试图回答的问题。这些哲学家与巴门尼德不同，他们认为万物的始基不止一个，但是同时又认可"'是'不可能起源于虚无，亦不回归至虚无"这一命题的合理性。

◆ 7.1 阿格里真托的恩培多克勒：万物四根说

真实和传奇的一生

在阿格里真托，在大希腊的土地上，恩培多克勒（约前 484—前 424）的故事在那里上演。尽管来自一个富裕的贵族家庭，但他却与民主派同一阵营，甚至拒绝了同城人将他拥戴为王的提议。这一事件证明了恩培多克勒所享有的美誉——就连在阿格里真托之外，他作为智者、医生、诗人、法师和先知，甚至是不朽的人神，也处处受到大众的爱戴。

根据某些人所言，他的死亡之处在埃特纳的火山口，具有传奇的色彩——就在这里，他跳入火山，以证明自己具有神的血统（其他人则称他是在伯罗奔尼撒自然死亡）。

有些人认为他是毕达哥拉斯学派成员的门生，另一些人则认为他师从于巴门尼德。传统将不同的诗作归结为他的手笔，其中有一首叫《论自然》，另一首标题为《净化》的诗歌尚存不少片段。

四根说

沿着巴门尼德的道路，恩培多克勒认为人类关于万物诞生和消亡的论述毫无意义。在不断的变化背后保持永恒而不变的，是存在的四大根基，即基本元素——气、水、土和火。

四大根基根据不同比例的混合和分离解释了万物的起源和变化，它们本身并不诞生或者消亡，而是相互转化。如果它们也经历诞生和消亡，那么从"不是"到"是"和从"是"到"不是"之间便将有一段过渡期。通过这种方式，恩培多克勒不仅可以确认不变的"是"的存在，四大根基既不屈从于诞生，也不屈服于毁灭；同时，也能够承认变化的实在。

相较于巴门尼德，恩培多克勒的进步是明显的：他认为超越所有变化维持一致的"是"并非一个坚实的整体，而是一个复合多样体，从属于运动的诸多元素的集合。

《争斗的场景》，黑绘式两耳细颈酒罐，公元前 6 世纪。
慕尼黑，州立文物博物馆。

根据恩培多克勒的观点，元素的混合和分离在两个反作用力——爱（和谐）和憎（不和谐）——作用时发生：两者之间一方胜过另一方，这些根基则倾向于聚集或者分散，从而产生转化的现象。

循环的时间

在这一解释实在的模式基础上，恩培多克勒勾勒出一幅循环发展的宇宙时间的壮阔景象。

以爱为主导的阶段和以憎为主导的阶段规律地周期性循环往复。在第一种情况中，宇宙的样子是均匀、同质而紧实的，全部集中在自身——恩培多克勒称其为球体；在第二种情况中，宇宙的样子则是破碎而混乱的。

在这两种极端情况中，产生了两种对立力量的共存时期，从这类不稳定的平衡中诞生了世界。极端时期和中间阶段根据演替顺序交替。这一顺序永远一致，因而成为超越宇宙形成内部变化的恒定因素。

感官认识

以四根说为基础，根据相似者识别相似者的原则，恩培多克勒对在感性认识中发生的一切进行了解释。在恩培多克勒的分析背后，我们能够发现一个隐藏的问题：认识来源于发出认识这一动作的人和被认识的事物之间的相遇；在人和事物这两个极为不同的现实之间，是通过何种方式建立起联系的呢？答案便是：这一联系具有可能性，在感知事物的人类和事物本身之间具有同质的构成。事实上，每一个感官都存在于四大根基中，使得它们能够感觉到事物中与自身相同的元素的存在。这些事物则反过来释放出便于接触和认识的"流溢"（effluvi）。

轮回转世

在时间循环论点的框架内，恩培多克勒采纳了轮回学说，认为灵魂会在不同生物的身体中转世，根据前世待赎的罪孽或获得的福报，投胎为人或动物。因此，恩培多克勒号召人类恪守特定的生活规则，如放弃某些特定的食物，或完成净化的锻炼，以在死后获得更高级的生命。

相信轮回，号召禁欲修行和约束行为，这表明在恩培多克勒和毕达哥拉斯的主张之间具有密切的联系。

◆ 7.2 克拉佐门尼的阿那克萨戈拉：努斯，宇宙学者

克拉佐门尼的阿那克萨戈拉（约前 499—前 428）在出生地小亚细亚地区和长期居留地雅典汲取了知识经验，醉心于哲学和科学研究。他兴趣广泛，遨游在科学的不同领域，为自然主义研究提供了巨大的推动力。

在雅典，阿那克萨戈拉进入了伯里克利的圈子，并与其结下友谊。

希腊历史学家普鲁塔克（Plutarco，公元 1 至 2 世纪）叙述道：在公元前 442 年，在伯里克利在场的情况下，阿那克萨戈拉对雅典祭司贵族之一占卜者兰波内（Lampone）发起挑战。二人交锋的原因在于如何解释只有一只角的山羊的头的构造，交锋双方表现出两种对立的知识形态：

· 兰波内：在自然现象中解读神意迹象的占卜型知识形态；
· 阿那克萨戈拉：以观察和理性分析解释自然现象的研究型知识形态。

在没有接触山羊的情况下，兰波内将这一异常解释为城市中两大对立党派一方胜过另一方，最终只剩下一派的预兆。

阿那克萨戈拉则切割并打开山羊的颅骨，表明独角的存在具有自然的缘由，来源于颅骨的异常构造。

知识的“危险”

伯里克利的支持并未能使阿那克萨戈拉免遭渎神的起诉（前 432）——他认为太阳是一块燃烧的石头，并以一块落入阿哥斯波塔米河（Egospotamo）中的陨石作为这一结论的凭据。更宽泛地说，他认为天空中并非居住着神祇，而是点缀着炽热的金属碎片。

与殖民地更为开放而反对墨守成规的社会不同，在雅典，对于自然现象的物理解释，特别是对天体起源现象的解释，若不指向神明传递给人类的征兆，便会被视为对城市宗教传统的威胁。

《占卜的场景》，红绘式花瓶，公元前 5 世纪。
巴黎，卢浮宫。

　　由于售价低廉，加上识字的雅典居民有所增多，阿那克萨戈拉的著作《论自然》广为传播，随着读者的增加，其危险也增大了。对阿那克萨戈拉的诉讼，同时也是雅典保守派领导阶层对倾向于文化创新的伯里克利政府的一次间接攻击。阿那克萨戈拉被判死刑，随后减刑被判流放，他被迫逃离雅典，前往爱奥尼亚的兰普萨库斯（Lampsaco），并在那里度过余生。

实在由种子构成

　　与恩培多克勒一样，针对巴门尼德的"是"的不变性学说，阿那克萨戈拉探索出一种多元论解决方法，适用于承认多样性和事物的形成。他的解释模式与恩培多克勒相似：世界上无生无灭，实在整体永远保持不变，事物由已经存在的元素组成，并分解还原成这些元素，通过这些过程引发生灭现象。

　　与恩培多克勒不同，阿那克萨戈拉改变了始基元素的定义。按照他的观点，始基元素是种子，是体积无限小、数量无限大的粒子（与恩培多克勒的根基不同），它们不生不灭，保持恒定。

阿布德拉的狮鹫怪兽（城市的象征）银币（Octodracma），公元前 5 世纪。

"万物包含万物"：同素体

这些种子之间以不同的性质相区别，例如，其中一些是铁，一些是肉，另一些是骨头等。这些粒子构成的方式决定了事物的本质：当某种性质的种子聚集起来，达到一个优势的数量（如铁的种子），一种特定的事物便形成了（在此情况中便是铁）。

亚里士多德分析了这些论证，认为根据阿那克萨戈拉的观点，事物由同素体（omeomerie，即 mére，"粒子"；hómoia，"类似的、具有相同性质的"）构成，这也是后来被广泛用于解释阿那克萨戈拉学说的术语。

在同质的种子数量占据优势的同时，任何事物都含有其他性质的种子。如在铁粒子占数量优势的铁中，也存在着肉和骨之类的其他粒子。因此，阿那克萨戈拉的学说可被概括为："万物包含万物。"

这一复杂的观点显然旨在解释元素之间如何从一种转化为另一种。例如，当土地包含的维持生命的养料被植物根部所吸收，变为木头和叶片时，情况发生了什么变化？对此我们可以这样回答：基于同素体学说，根部吸收的养分转化成了植物的纤维粒子。

最初的聚合体和分裂过程

"万物包含万物"之所以成立，取决于世界最初本是一个混沌的整体，呈岩浆状（mîgma），包含构成万物的所有素材。在某一个时间点，在急速运转的离心运动作用下，聚合体开始分裂和分化：相似的种子凝聚在一起，成为不同的集聚，两两各异，互不相同，万物由此产生。

于是，通过种子理论，阿那克萨戈拉理性地解释了万物的起源和演变。

努斯：运动的起因

对于阿那克萨戈拉来说，导致最初的混沌整体走向分化的动因是一种智慧——努斯。努斯是纯粹的，不由种子构成，因此不会与事物相混杂，而是与之相分离，拥有能够支配一切的知识。尽管努斯也被理解为物质性的（其构成物质与构成其他事物的物质相比，微乎其微），但是却更像是某种更高级别的事物，是整体秩序的起因。

为什么努斯是智慧？我们并不清楚阿那克萨戈拉将其称为努斯的原因，虽然宇宙智慧的力量是人类智慧所无法匹敌的，但也许人类智慧（不仅能够控制身体，也能够控制外界事物）所具有的相似性使他有所启发。

智慧和人类的知识

尽管如此，人类的智慧仍具有可观的力量，能够从直观的证据得出无形的结论。阿那克萨戈拉提出种子理论本身便是一个证明。我们在体验中看见事物，每一种事物都紧凑而与其他事物相异；只有运用推理，我们才能得出肉眼不可见的"种子"的存在，并根据"万物包含万物"的原理，得出它们存在于所有事物之中的结论。

对于人类而言，知识是通过一系列步骤而逐渐获得的：

1. 体验是一切的基础，即人们用来感受物理实在各个方面的整体感觉。

2. 随着时间的推移，这些感觉在记忆中固化，成为认知过程的第二阶段。

3. 记忆使知识（sophia）的形成成为可能。

4. 认知的巅峰表现为技能（téchne）。技能是认知过程的最高点，人类通过运用技能而得以凌驾于动物之上，掌控万物。也许正是在这一层面上，亚里士多德认为阿那克萨戈拉的论断"因为拥有双手，人类是最具智慧的动物"得到了诠释。

◆ 7.3 阿布德拉的德谟克利特

原子论学派

公元前 5 世纪，在色雷斯的阿布德拉，由留基伯（Leucippo）创立的原子论学派有所发展。留基伯可能诞生于公元前 5 世纪上半叶的米利都，在贵族派获胜后离开了这座城市，先前往埃利亚，而后来到阿布德拉。他的学说如今只留下极少的残篇，被学派最著名的代表人物德谟克利特（前 460—前 370）所重拾和发扬。

德谟克利特生于阿布德拉，年轻时便在近东地区（埃及、巴比伦、波斯）完成了无数次旅行，甚至也可能踏足过印度，至少曾到达过雅典一次。他的许多作品（涉及道德反思、物理、数学、音乐、农业和医药）证明他兴趣广泛，但如今只保留下一长串标题和大量残篇。

从有形到无形

和恩培多克勒和阿那克萨戈拉类似，留基伯和德谟克利特一方面采纳了埃利亚学派的一些基础观点（"是"与"不是"的对立，原初的"是"的持续性，不生不灭）；另一方面则与其相背离，引入了"是"的多样性和形成变化。

由留基伯和德谟克利特精心探究的学说，与恩培多克勒和阿那克萨戈拉的学说还有另一种相似之处：他们也认为，人类通过推理可以从可见的、感官感知到的事物，推出感官无法感知的实在的深层结构。

原子和虚空

实在的深层结构是由充实（"是"）和虚空（"不是"）构成的。术语"不是"在此并不能被理解为"虚无"的代指，而是"'是'之外的其他事物"，被赋予了与"是"不同的特质。

充实则由不可分割的粒子——原子——构成。它们如此微小，无法被感官所感知，无法造就，坚不可摧，因此是永恒的。

原子之间存在的区别，并非我们在客体中见到的不同特征，如热、冷、甜、苦，而是来自其形状、方位以及空间分布。现在让我们跟着亚里士多德的建议，就这一点进行举例说明。他将这些原子和字母表进行类比：字母表中字母的区别基于尺寸即形状（如 A 与 Z 不同）、方位（如 N 与 Z 不同，但是将 N 旋转 90 度，能够变成 Z）和顺序（如 AZ 与 ZA 不同）。

《坐着的人》，白色背景油瓶，公元前 5 世纪。
慕尼黑，州立文物博物馆。

原子在虚空中永无止歇地向各个方向运动。在运动中，随着各自的形状和方位的推动或较少的耦合关系，这些原子相互碰撞，一时排斥，一时集聚。多个原子的集合决定了实体的形成。

与阿那克萨戈拉的观点不同，原子论者并不承认能够主导集聚的、外部管理的原因（类似努斯）的存在，他们认为在原子自发的运动下，这些过程以机械方式进行。

必然与偶然

术语"机械"（meccanica）来自机器（希腊语为 mechané）的概念，即在一系列齿轮的作用下，无须外部干预，以独立和非自愿的方式运作的装置。在此意义下，我们可以将德谟克利特对于物理实在的解释定义为机械运转——仅仅以物质的运动为基础。在事物中发生的所有现象和转换，都可以被推导为原子的运动，背后并无预先安排的设计对其方向展开"导演"。因此，我们可以说运动发生的模式是"随机"的。

正如在一台机器中，齿轮的任何一项运动都会必然地产生特定的结果，因此在宇宙的机器中，以原子的运动为基础，万物通过特定的模式发生，都可以解释为此种活动的产物。

在此意义下，德谟克利特认为人类只是出于懒惰的心理，才谈论偶然，即某些事件的发生不是特定原因的产物，这是由于不寻求解释、不运用自身智慧理解实在现象之人的思维怠惰。

作为解释起源的原子理论

充实和虚空的概念不仅被用于解释实在的复杂结构，也能够解释全部具有灵魂的生物的生理特征。灵魂的本质有助于解释现象，如区别活体的热量或呼吸。

例如，关于呼吸，德谟克利特认为灵魂由剧烈运动的变形球体原子构成。高速的运动产生热量。同时，运动有助于消耗，于是，补充不断流失的灵魂原子的呼吸具有必要性。

通过原子理论，我们也可以解释感觉的现象：感觉是感官（眼睛、鼻子等）和 éidola（"画面"）相遇的产物。这些都是微小的原子放射，从客体中发出，保存在形象中。

在和感官相遇的过程中，它们传递了来自客体的信息，感觉由此产生。但是，构成实在的始基——原子和虚空——仍然是感官所无法触及的，只有通过智慧、越过感觉，寻求事物深处的真相，才能够认知它们。

关于伦理和政治的反思

从古老的资料中我们知道，在德谟克利特的思考中，关于伦理和人类的行为举止、人类社会以及政治组织的研究占据了很大的空间。然而，鉴于残存篇章的简短性，我们不能详尽地重构德谟克利特对于这些论题的观点，只能窥见一些线索。其中特别重要的是出现了一些伦理方面的学说。根据这些学说，人类应该保持好的情绪和灵魂的安宁，即以安静祥和的模式生活。为达成此目的，必须避免情绪过度，平衡而节制地待人接物，不要过分地参与公共和私人活动。

德谟克利特并未致力于政治活动，但却表现出对与暴政专制对立的政府形式民主的欣赏。

无论如何，他像是一名醉心于思考和研究市民参与公共生活课题的学者。当时希腊文化的一个至关重要的因素——公民与城市的关系，使得公民建立与整个世界更为广泛的关系成为可能。在整个世界中，智者认为最重要的便是世界公民。于是，在德谟克利特的经验中，人们看到了一种新的、之后被称为世界主义的态度。

艺术

狄俄尼索斯和俄狄浦斯：时间中的神话

在古老的希腊，除了鲜活的语言，神话的流传还得益于绘制或雕刻的画面，尤其是装饰花瓶的画作。即使在书写出现之后，画面在以最重要的神话情节晓谕占人口大多数的不识字之人方面，仍然占据着首要的地位。在所有的花瓶绘画中，狄俄尼索斯和俄狄浦斯的神话由于富含深意，而成为文学家、艺术家和学者们的灵感源泉，尤其是 19 和 20 世纪哲学家和心理学家中的两位翘楚：弗里德里希·尼采和西格蒙德·弗洛伊德。

《狄俄尼索斯由宙斯的大腿诞生》，双柄大口酒坛，公元前 4 世纪初。
塔兰托，国家考古博物馆。
　　狄俄尼索斯是宙斯与一名凡人塞墨勒（Semele）之子。当众神之王的"法定"妻子赫拉（Era），被人告知宙斯和塞墨勒之间的关系后，受妒火的驱使，她变成一名老妇，建议当时已怀身孕的塞墨勒请求情人展现自己真正的模样，否则就怀疑他是怪物。塞墨勒的请求令宙斯暴怒，进而引发雷霆肆虐，导致爱人死亡。但"狡猾"的象征——众神的使者赫尔墨斯（Ermete）——救下了婴儿，并把他缝在宙斯的大腿中，妊娠期满之后，婴儿从此处诞生。

《狄俄尼索斯在黑豹驾的车上》，双柄大口酒坛，公元前 4 世纪下半叶。
贾塔国家博物馆。

　　狄俄尼索斯发明了葡萄酒，由此名声大噪。在此之后，他在一队林神（介于人类和动物之间，通常表现为下半身为山羊的长角动物）和女祭司（荡妇，被支配的女性）的陪伴下四处游荡，经历了许多冒险。在他的名下，一种古老的智慧形成了：探求理性之外以感性、情绪和激情展开认识活动的可能性。提及狄俄尼索斯，我们会联想起哲学家弗里德里希·尼采（1844—1900），他寻求一种比纯粹理性更为深刻的认知模式。

《赫尔墨斯将狄俄尼索斯托付给林仙；与他们一起的是年迈的西勒诺斯（Sileno），婴孩后来的导师》，双耳大口酒瓶，公元前 5 世纪中叶左右。
梵蒂冈，伊特鲁里亚博物馆。

　　新生儿有着一副奇异的面貌：小小的角从他的头上伸出，类似动物的皮毛包裹着他的下半身。在赫拉的命令之下，幼小的婴儿——情敌塞墨勒之子——被切成碎块，放入大锅中煮沸；但是，孩子的祖母雷亚（Rea）使他复生，而赫尔墨斯为了保护他免于遭受赫拉的毒手，将其托付给几位给他喂食蜂蜜的林仙。

《俄狄浦斯和斯芬克斯（Sfinge）》，双耳大口酒瓶，公元前 5 世纪，
梵蒂冈，伊特鲁里亚博物馆。

俄狄浦斯，底比斯之王拉伊俄斯（Laio）和卓卡斯塔（Giocasta）之子，是一个悲剧故事的主角。在他出生前，
神谕预言卓卡斯塔之子将弑父娶母。为此，拉伊俄斯决意命人将新生儿丢弃在树林中，将他杀死。但是，一名牧羊人
救下了婴儿。长大以后，俄狄浦斯向德尔福（Delfi）的著名神谕者询问自己的未来。在知晓了等待自己的是如此恐怖
的命运之后，他远离家园。俄狄浦斯路过拉伊俄斯（于他而言只是一名陌生人），后者要他让路，口角就此发生，年
长者落于下风，不幸身亡。

在与俄狄浦斯相遇之时，拉伊俄斯正前往德尔福，询问神谕者如何将底比斯从斯芬克斯——一种女首狮身蛇尾
鹰翼的怪物——手中拯救出来。斯芬克斯蹲在城市的近郊，向每一个去往底比斯的过路人提出一个谜语："什么东西
虽拥有同样的声音，却有时有两条腿，有时有三条腿，有时有四条腿，而腿数最多的时候最为脆弱？"答不出来就会
被杀。俄狄浦斯也遇到了斯芬克斯，但他却能给出正确的答案。

在他击败斯芬克斯之后，底比斯人拥立俄狄浦斯为王，将卓卡斯塔嫁与他为妻。于是，神谕应验了。被弑父娶母
者统治的底比斯遭受严重瘟疫，直至占卜者泰瑞西斯（Tiresia）透露惨剧发生的原因。卓卡斯塔出于恐惧自戕而亡，
而俄狄浦斯自盲双目，流浪多年。

这一神话让我们联想到西格蒙德·弗洛伊德（1856—1939）——精神分析学派的创始人，他将这个故事看作儿
童在自身人格形成阶段与父母之间复杂的亲密关系的象征。

๛ 本章小结 ๛

希腊文化中的神话

人类文明起源于口耳相传的文化。

人类用来回答有关宇宙和万物起源、自然现象产生、生物兴衰和命运问题的故事——神话，属于这一阶段。神话主要是：

◇ 叙述神祇的故事（神统记），解释宇宙的起源（天体演化论）；

◇ 将事件发生的时间安排在绝对的时间之内，缺乏确切的年代顺序参考；

◇ 使用具体形象，在特定情况下具有示范意义；

◇ 借助记忆（尽管有其局限性）。

在公元前 8 至前 7 世纪之间，神话传说开始被荷马和赫西奥德的作品加以文学转录。

在赫西奥德书面文化的演进中：

◇ 诞生了历史编纂学，与神话不同，这一学科将所谈论的事件安排在一个确切的时间顺序框架内；

◇ 抽象语言形成，通过概括构建普遍性用语（抽象的名词、概念、品种和种类的名称）。

但是，在传统文学中，神话历尽沧桑流传至今，被其他形式的知识用于保存象征、形象和行为举止。

哲学的诞生

在爱奥尼亚（小亚细亚）和大希腊（意大利南部和西西里岛）的希腊殖民地充满活力的开放环境中，自公元前 7 世纪起，第一批哲学流派开始蓬勃发展。但如今，它们只能为古希腊和古罗马作家们的作品所见证，留下只言片语。

哲学家们提出：

◇ 以理性的原则和论证为基础，探索并解释实在；

◇ 回答一个老生常谈的问题：是什么让世界在诸多差异之外，成为一个统一的整体？

◇ 批判性地与其他形式的知识对话沟通。

米利都学派

关于这一问题的第一个回答来自米利都的爱奥尼亚学派（前7—前6世纪）的代表者：泰勒斯、阿那克西曼德和阿那克西米尼。他们认为万物的统一起源"本原"，在于构成生命之源的一种物理元素，如水（泰勒斯）和气体（阿那克西米尼）；或者是所有存在物中都有的某种不确定的元素，如阿那克西曼德的阿派朗。

赫拉克利特

在公元前6至前5世纪之间的以弗所，活跃着赫拉克利特，他的观点是：

◇ 认为宇宙是一个内部各种事物变化、转化和形成的整体；

◇ 构想出一种秩序的原则——逻各斯，能够调和撕裂实在的对立冲突，同样也是有助于认识事物的理性原理；

◇ 承认对立的实在之间存在将其统一成一个整体的深刻联系。

毕达哥拉斯学派

在意大利南部发展起由毕达哥拉斯创立的同名学派（前6—前5世纪）。根据该派成员的观点，万物的始基是数字：通过数字，人们能够衡量、计算和确定事物之间的比例关系，使其能够被思维理解。

埃利亚学派

同样，公元前6至前5世纪，在意大利南部，原籍科洛封（小亚细亚）的色诺芬尼的思想开始发展，他对神祇的传统形象进行了强烈的批判。在坎帕尼亚大区的城市埃利亚，一个以巴门尼德为首的学派（前6—前5世纪）形成，该学派认为：存在一个与"不是"相对立的，唯一、静止、不变而永恒的"是"。

巴门尼德运用反证法，通过揭示人们普遍存在的以变化的幻象为真实的认知错误（dóxa），揭示真相（alétheia）。

芝诺和梅里索同样属于埃利亚学派，前者通过归谬法否认多样性事物和运动的存在，后者则为"是"的各种属性加上无限性。

多元论物理学家

在巴门尼德之后，人们面临选择：是接受理性的回答，排除任何形式的变化，还是接受日常生活的世界？一些活跃于公元前5世纪的物理学家试图寻找到一条妥协的途径：多重性的不变实体通过各种组合解释了事物的形成。通过推理，这些学说从体验中出现的可见之物，追溯到理性所认识的实在的深刻结构。

◇ 恩培多克勒认为存在四个根基，在爱与憎的相互作用力之下成为万物多样性的起源；

◇ 阿那克萨戈拉认为存在不生不灭的同素体，或者说种子，任何事物都是其混合体，所有的种子都在万物的理性外力——努斯或者说"智慧"——的作用下获得秩序；

◇ 德谟克利特认为存在原子，它们在虚空中运动，通过组合诞生万物，实在的每一方面都可以通过机械论解释。

∽ 本章术语表 ∽

真实：根据词源（"不隐藏""揭晓"），指的是以真实存在为对象，无法通过感官识别的真实论述。

阿派朗：根据阿那克西曼德的观点，是指起源、原始元素、最初混合物，永恒而无限，包含万物，无所不容。

本原：起源，万物从中萌发，以此维生。概括地说，本原不仅代表构成事物的物质或元素，也代表着使事物存在的能量和统治事物的法则，展现世界的秩序，使其能被思维所理解。

原子：德谟克利特用来表示构成物质元素的术语。

反证法：由假设为真的命题出发，展示由此引发的矛盾、错误和不一致性，从而否认这一命题。

意见：巴门尼德用来表示与真实相对立的看法，指人类通过自身体验而获得的那些对事物形成变化及其多样性的认知。

逻各斯：这个词具有多重含义，是希腊哲学和文化中的一个至关重要的术语。赫拉克利特赋予其特别的重要性，称其为一种为世界提供秩序的法则。

机械论：仅仅以实体及其运动为基础解释现象的思维方式。

神话：先于其他认知方式（如历史编纂学、科学或哲学）的一种解释实在的尝试，发生在绝对的时间和空间内。

数字：根据毕达哥拉斯学派的观点，数字是构成世间万物的本原。这一学派认为，借助数字可以将认识对象（事物、概念、价值）表现为理性的、可被人类智慧所理解的性状。毕达哥拉斯学派成员将数字分为偶数（或无限数）、奇数（或有限数）和所谓的奇偶数（指数字 1）。

努斯：阿那克萨戈拉视之为宇宙的组织头脑，努斯驱动了由混杂的种子构成的宇宙最初的原始岩浆，使其开始分化，形成万物。

同素体：亚里士多德创造的术语，用于表示阿那克萨戈拉提出的用来构成实体的元素、质素各异的粒子或种子。

反论：悖论（来自希腊语 para 和 dóxa：para，意指"对立""另一边的"；dóxa，"观点"），即与大多数人或更具权威者支持的主流意见相悖的观点。

早期哲学家探究的根本问题

本体论	研究解释宇宙和实在起源的本原
伦理 / 幸福	提倡清心寡欲的生活方式和研究智慧
认识	研究认识的起源：感觉 / 共同的体验 vs 理性
逻辑	反证法和归谬法的运用
哲学 / 学问	自然主义者的观察方式 作为实在结构模型的数学知识
自由 / 权力	贵族观点的支持者 vs 民主观点的支持者

❦ 文献选读 ❦

一、哲学家的理性和共同的感受

（赫拉克利特，第 31 句、第 34 句、第 89 句；巴门尼德，第 6 句、第 7 句；德谟克利特，第 11 句）

【导读】

哲学和整体的认识

整体认识实在的需要：

——不是认识这一样或那一样事物，而是所有事物的集合；

——理解和解释事物本身存在，是哲学反思之源。在探索实在真实而深刻的意义时，最初的哲学家们认为：

◇ 称我们第一时间感受到的可感的实在画面具有不足性；

◇ 承认通过推理获得对所有存在物的真正理解的必要性。

两种认识模式

这涉及两个不同模式之间的区别：

◇ 其一为公共生活所特有，受来自感受的证据限制，往往带有误导性，满足于理解事物的虚无缥缈的表象；

◇ 其二为哲学家所特有，以理性和试图透彻理解实在的真实含义为基础。

赫拉克利特、巴门尼德和德谟克利特以不同的方式和主张，在上述第二种分析方面取得一致。在阅读三位思想家的著作残篇时，我们会发现，认识实在的真正本质这一主题，不仅是他们每个人都面临的问题，也是三人论述的共同基础。

阅读这些残篇的意义何在？

阅读和分析这些残篇对于理解最初思想们的研究至关重要，旨在澄清哲学的意义和诞生的原因：

◇ 首先，这些篇章揭示了哲学和科学在解释实在和现象方面的区别。哲学并不限于收集来自观察的数据，而是希望寻找到一种或多种适用于宇宙整体的、理性解释的本原；

◇ 在这一对于起源的探索中，三位哲学家均对于大众和感官的体验持批评态度，强调人们不应简单地止步于感觉的资料，因为很容易受其欺骗；

◇ 三位哲学家的区别展现出哲学的另一特征：内部辩论和理论比较的实践。自哲学起源之初，哲学家之间就不断存在着这样的探讨，而不限于批判其他学科或大众的观念。

【文献原文】

赫拉克利特：清醒者和沉睡者

通过清醒者（聆听理性声音之人）和沉睡者（对理性的呼唤充耳不闻之人）之间的对照，哲学智慧和普众智慧的对立得到了展现。

无须像沉睡者一样行动和说话。（第 31 句）

只听而不理解之人与耳聋者无异。这一类人在听到"事物存在时亦不存在"后会受到影响。（第 34 句）

对于完全的清醒者而言，只存在一个普遍的世界（一切均一）；沉睡者则各自封闭在一个排外的世界之中。（第 89 句）

（《前苏格拉底哲学家》，G. 强那托尼译，拉泰尔扎出版社，罗马 — 巴里，1969 年，177 页、194 页）

巴门尼德：缺乏辨别力之人踏上黑暗之路

在巴门尼德的论述中，普众智慧被认为属于一无所知者，与选择理性之路之人形成对立。

你要远离这一条以及另一条研究道路：在另一条研究的途径上，那些什么都不明白的人两头彷徨。他们的心（胸）中不知所措，被摇摆不定的念头支配着，所以像聋子和瞎子一样无所适从。这些不能明白是非的群氓，居然认为存在者和不存在者同一又不同一，一切事物都有正反两个方向。（第 6 句）

要使你的思想远离这种研究途径，别让习惯用经验的力量把你逼上这条路，

只是以茫然的眼睛、轰鸣的耳朵或是舌头作为准绳，而要用你的理智来解决纷争的辩论。（第 7 句）

（巴门尼德，《论自然》，奥乌特里切（Autrice）编译）

德谟克利特：真实的认识和模糊的认识

德谟克利特将认识分为两类：一种止步于理解经由感觉传达的、实在的表象；另一种则深入挖掘，探寻事物的真实结构。

共有两种形式的认识，一种真实，一种模糊；视觉、听觉、嗅觉、味觉和触觉，所有这些均属于模糊认识；另一种形式——真实的认识，则不以表面的事物为对象。当客体如此细微，模糊认识既无法理解，又不能够看见、听见、闻见、尝到或是触摸时，探究便需要转向更为细微的客体，而具有更细致的工具，适合此目的的真实认识便由此接过火炬。（第 11 句）

（《前苏格拉底哲学家》，A. 卡皮奇编，新意大利出版社，佛罗伦萨，1984 年，91 页）

二、泰勒斯：普遍的智慧

[来自柏拉图、亚里士多德、欧德摩斯（Eudemo）和第欧根尼·拉尔修（Diogene Laerzio）的文献资料]

【导读】

在实在和传说之间

数份文献资料讲述了泰勒斯多方面的才能，将他描述为普遍智慧的象征。在古人心目中，他的形象获得了一种传奇的色彩，为不同的奇闻逸事所丰满，以至于我们不知道其可信程度，但无论如何，作为人们公认的历史上第一位哲学家，这些逸事无不凸显出他的盛名。

让我们引述两位希腊哲学巨匠——柏拉图（前 428/ 前 427—前 347）和亚里士多德（前 384/ 前 383—前 322）以及公元前 4 至前 3 世纪的哲学家和科学史家欧德摩斯和公元 3 世纪的学者第欧根尼·拉尔修关于泰勒斯的简短文字记录。

【文献原文】

文字记录中对泰勒斯这样描述：他在抬头观察星辰时，失足跌落井底，并被一名俏皮而秀美的色雷斯女仆讥讽。她说泰勒斯醉心于了解天上的事物，却看不见正处于自己面前、脚下的一切。

（柏拉图，《泰阿泰德篇》，174 a，《前苏格拉底哲学家》，A. 卡皮奇编，新意大利出版社，佛罗伦萨，1984 年，2—3 页）

泰勒斯因贫穷而遭人谴责，在人们看来，哲学似乎一无是处。文献中称泰勒斯根据对行星的观察，意识到橄榄即将大丰收，于是趁着还在冬天的时候便筹集了一小笔钱，预付给米利都和基奥（Chio）所有的榨油工坊，由于没有其他人加价，他用便宜的价格租下榨油机器。当丰收的时节来临之时，榨油机的需求量暴增，人们对他开出的价钱予取予求，他由此大赚一笔。这表明只要哲学家有意愿，成为富翁非常容易，只不过这不是他们努力的目标而已。

（亚里士多德，《政治学》，1259 a 5-18，转引自《前苏格拉底哲学家》）

腓尼基人在经营商业和交换的过程中开启了对数字的确切认识，埃及人则发明了几何图形。泰勒斯在第一次前往埃及之后，将这一学科引入希腊，并加上自己的许多发现，与其他诸多知识一起，有时以更为普遍的方法，有时从感觉出发，将最初的基本原理教授给自己的继任者。

（欧德摩斯，《几何史》，残篇 -133，转引自《前苏格拉底哲学家》）

如果撇开他在埃及游历时曾与祭司讨论的经历不谈，他完全是自学成才。杰罗姆（Ieronimo）描述道，他意识到在某个特定的时刻我们的影子与身高相等后，还通过影子测量了金字塔的尺寸。

（第欧根尼·拉尔修，《哲学家的生活》，卷一，27，转引自《前苏格拉底哲学家》）

三、阿那克西曼德的话语

[（摘自辛普利西奥（Simplicio）对亚里士多德《物理学》的评论，24，13]

希腊哲学家辛普利西奥（4 世纪）在一部关于亚里士多德《物理学》的评论作品中，将其中重要的一个章节归功于阿那克西曼德，并引述了一句摘自其《论自然》中的诗句。在此处，他以生与死无休止的互相转化为背景，略述了无限和特殊事物之间的关系。这是阿那克西曼德的作品——哲学史最古老的文献中唯一留存的吉光片羽。

阿那克西曼德，普拉克夏德（Prassiade）之子，生于米利都，是泰勒斯的继任者和门生。他曾称存在的本原和构成物是无限的，并第一次引入了本原一词。他认为本原不是水，也不是任何所谓的元素，而是某种无限的自然，天地万物从中而生，亦包含在其中，并用非常诗化的语言表述道："万物由它产生，也必复归于它，都是按照必然性；因为按照时间的程序，它们必受到惩罚并且为其不公正而受审判。"

我们清楚地知道，在观察了四大元素的相互转化之后，阿那克西曼德认为它们任何一样都不是根基（sostrato），而是其他的某些东西。因此，根据他的观点，事物的诞生并不来源于元素的转化，而是来源于永恒的运动导致的对立物（从无限中）的分离。

（《前苏格拉底哲学家》，G.强那托尼译，拉泰尔扎出版社，罗马—巴里，1969 年，106—107 页）

四、赫拉克利特：逻各斯和人类
（摘自残篇）

【导读】

解释实在的唯一原则

赫拉克利特用迷人的语言，勾勒出由逻各斯和其法则统治的实在的宏伟画面。其中，逻各斯赋予自然界和人类世界的万物以秩序。

在这些残篇中，对于统一性的追寻揭示了赫拉克利特真正的思索脉络，这是他与其他先贤哲学家们所具有的共性：统一性作为"是"的圆满，隐藏在变化的事物分散的多样性之后；作为普遍法则，制约和规范着宇宙中事件的变迁；作为理性之光，与实在的统一观点（逻各斯）相结合。

【文献原文】

作为实在普遍法则的逻各斯

这个逻各斯，虽然永恒地存在着，但是人们在听见人说到它以前，以及在初次听到人说到它以后，都不能了解它。虽然万物都根据这个逻各斯而生，但是我在分辨每一事物的本性并表明其实质时所说出的那些话语和事实，人们体会它们时却显得毫无经验。另一些人则不知道他们醒时做的事，就像忘记了自己睡梦中所做的事一样。（第1句）

因此应当遵从那人人共有的东西。可是虽然逻各斯是人人共有的，多数人却不加理会地生活着，好像他们有自己独特的智慧似的。（第2句）

如果你不听从你本人而听从你的逻各斯，承认一切是一，那你便是智慧的。（第50句）

思想是人人所共有的。（第113句）

对立统一

互相排斥的东西结合在一起，不同的音调造就最美的和谐；一切都是斗争所产生的。（第8句）

战争(pólemos)是万物之父，也是万物之王。它使一些人成为神，一些人成为人，一些人成为奴隶，一些人成为自由人。（第53句）

看不见的和谐比看得见的和谐更好。（第54句）

不死的是有死的，有死的是不死的；后者死而前者生，前者生而后者死。（第62句）

神是日又是夜，是冬又是夏，是战又是和，是不多又是多余：它变换着形象，和火一样，当火混合着香料时，便按照各人的口味得到各种名称。（第67句）

应当知道，战争是普遍的，正义就是斗争，一切都是通过斗争和必然性产生的。（第80句）

以火为象征的不断变化的事物

我们踏入而又不踏入同一条河流，我们存在而又不存在。（第49句）

在我们身上，老与少，醒与梦，生与死，都始终是同一的东西。后者变化了，便成为前者；前者再变化，就成为后者。（第88句）

冷变热，热变冷；湿变干，干变湿。（第126句）

这个世界对一切的存在物都是同一的，它不是任何神所创造的，也不是任何人所创造的；它过去、现在和未来是一团永恒的活火，在一定的分寸上燃烧，在一定的分寸上熄灭。（第30句）

火：不足和有余，战争与和平。（第65句）

人类灵魂的广袤无垠

灵魂的边界你是找不出来的，就是你走尽了每一条大路也找不出，它的逻各斯那么深。（第45句）

逻各斯是灵魂所固有的，它自行增长。（第115句）

如果人们有着粗鄙的灵魂，那么眼睛和耳朵对他们就是坏的见证。（第107句）

人人都被赋予了认识自己的能力和思想的能力。（第116句）

人类之间的区别

最优秀的人宁愿取一件东西而不要其他的一切，即宁取永恒的光荣而不要变灭的事物。可是多数人却像牲畜一样狼吞虎咽。（第29句）

一个人如果是最优秀之人，就抵得上一万个人。（第49句）

浅薄的人听了无论什么话都大惊小怪。（第87句）

他们的心灵和理智是什么呢？他们相信街头卖唱的人，以庸众为师。因为他们不知道多数人是坏的，只有少数人是好的。（第104句）

五、巴门尼德：白天和黑夜之路
（摘自残篇）

【导读】

作品

巴门尼德的诗作《论自然》仍留有一些残篇，其中包括整篇序言（描述了朝向真理的旅途）以及第一部分的大部分（"是"和"不是"的对立，光明之路和黑暗之路的对立），而第二部分（描写第三条路，经验和凡人的意见的世界）已经几近丧失。

内容

在描绘了旅途之后，巴门尼德的论述：

◇ 定义了白天和黑夜之路；

◇ 声称黑夜之路不可通行，是无法领悟"是"的真理的凡人所踏上的道路；

◇ 以归谬法挖掘"是"的特征；

◇ 强调"是"—思维—语言之间的关系。

【文献原文】

旅途

我乘坐的驷马高车拉着我前进，极力驰骋，随我高兴，后来它把我带上天下闻名的女神大道，这条大道引导着明白人走遍所有的城镇。于是我的马车沿着那条道路前行，拉车的马儿十分聪明，载着我前进，少女们为我指明路径。车轴磨得滚烫，在车轱辘中发出震耳的啸声，因为它的两端被旋转的车轮带着飞速地翻腾。那时太阳的女儿们离开晚上住的寓所，撩开头上的纱巾，把马车赶向光明。那里矗立着一座开启白天和黑夜的大门，上边有门楣，下边有石头的门槛；它们高耸入云，巨大的双门紧紧闭合，保管启门之钥的是狄凯，那专司报应的女神。少女们用恭维的辞令央告这位尊神，机灵地劝她同意把插牢的门闩拿开。于是门闩除去，嵌着钉子的黄铜门轴在轴承中一根接着一根转动，门道洞开。少女们驾着驷马高车笔直地走进门来，女神亲切地将我接待，握着我的右手，用下面的话语向我说："青年人，你在不朽的驭手陪同下，乘着驷马高车来到我的门庭，十分欢迎！领你走上这条大道的不是恶煞（因为这大道离开人间的小径确实很远），而是公平正直之神。所以你应当学习各种事情，从圆满真理的牢固核心，直到毫不包含真理的凡夫俗子的意见。意见尽管不真，你还是要加以体验，因为必须通过彻底的全面钻研，才能对表面现象做出判断。"（第1句）

存在与不存在之路

来吧，我告诉你，你听我说，只有两条研究道路是可以被设想的。第一条：就是说，存在的就不是不存在的。这是通往确信的途径，因为它为真理所伴随。第二条：就是说，存在的否定，或者说不存在，是不能存在的。这条路是不能被设想的。因为你不能够知道什么是不存在，而且那不存在的也不可能被说出。因为能被思考的和存在的是一回事。（第 2 句）

在这条途径上有许多标志表明，存在者不是由非存在产生出来的，也不能消灭，因为它是完全的、不动的、无止境的。它既非过去存在，亦非将来存在，因为它整个在现在，是个连续的存在。你愿意给它找出哪种来源来呢？它能以什么方式、从什么东西里产生出来呢？我也不能让你这样说或想：它从不存在者里产生，因为不存在者是不可被思考的和不可言说的。而且，如果它来自不存在，它有什么必要不早一点或迟一点产生呢？所以它必定是要么永远存在，要么根本不存在。真相的力量不会经由不存在者而产生。因此，正义不会松动她的束缚，而让任何事产生或消亡，只是紧紧地把握住它。我们判断的依据是它存在或是不存在。这当然是能决定的，我们将那不可思考和言说的道路搁在一边，而另一条道路才是真实的和正确的……（第 8 句）

（巴门尼德，《论自然》，第 1 句、第 2 句、第 8 句，奥乌特里切编译）

（《巴门尼德著作残篇》，李静滢译，广西师范大学出版社，2011 年）

六、德谟克利特：万物皆由原子构成
（来自残篇）

【导读】

原子论的"晦涩"

许多被认为是德谟克利特所著的作品只流传下来残篇，其中很少提及原子论这一对宇宙进行唯物主义解释的理论。

原因在于，在希腊的文化环境中，人们认为非物质的实在更为了不起和高贵（随着基督教的传播呈愈演愈烈之势）。基于这一观点，唯物主义的理论便显得危险——它否认存在着统治宇宙的最高级别的实质，为自身内部发生的现象提供意义、方向和目的。因此，有关原子论的大部分篇幅都笼罩着暗影。

有一些提及原子和虚空的章节是从关于认识的残篇中间接挖掘出，在此德谟克利特区分不确定的意见（仅仅领悟事物的表象）和真正的认识（理解由原子和虚空构成的实在的深刻结构）。

伦理和政治的反思

无数残篇证明了德谟克利特对于伦理和政治论题的兴趣，如智者以灵魂的安宁、法律的功用、自由的价值、维护集体利益为目的。

对于内心平静重要性的强调，德谟克利特隐晦地号召人们在公共生活和个人生活中，不要过多地受到周遭竞争中情绪和焦虑的影响。

与这种冷静而自我的理想生活有关的是对一种开放模式的"公民身份"的渴望，这导致了个体与城邦和政治活动存在一定程度的脱节。根据这一观点，智者的祖国是整个宇宙。

【文献原文】

物理理论

甜与苦、热与冷都是表象，实在只有原子和虚空。对我们来说，没有什么是不变的，只有根据我们躯体的分布，以及穿透和撞击我们躯体之物的布局而改变的性质才是永恒的。（第9句）

人类编造出偶然这一谬见为无法解释的现象做借口。这是因为偶然甚少与智慧相矛盾，而在生活的绝大多数情况中，知道如何操控事物是智者的敏锐目光所在。（第119句）

智者的行为

灵魂的祥和在于愉悦，更在于适度的生活；赘余和不足能够轻易地改变，为灵魂带来困扰。不断地在两个极端之间摇摆的事物是不坚定的，因此也是不幸福的。

因此，我们需要将自己的注意力转向可被实现的事物，满足于已经拥有之物，而不要总是在意和担忧那些让我们嫉妒和仰慕之人。最好是关注那些生活在悲惨之中，认真对待自身厄运的人：于是，我们会感到我们寥寥无几的拥有物变得巨大而值得嫉妒，内心再也不会因缺乏大量的财富而煎熬。此外，如果有人对富有之人和他人称羡的有福之人心生羡慕，将自己的注意力转至他们身上，就会落得整日喜新厌旧，虚度光阴，甚至做出一些无法补救的行径，违犯法律。因此，我们无须在意所有眼见之物，而是应当对已经拥有之物表示满意，将我们的生活与那些比我们更不如意之人比较，在想到他们所受的折磨时感受到自己的幸运和自身处境的优越。如果有人能够以这样的方式思考事物，就能拥有祥和的灵魂，一辈子摆脱那些邪恶的煽动者——嫉妒、野心和刚愎自用——的困扰。（第 191 句）

政治和自由

独自一人时也要慎言慎行，避免行差踏错；须学会在面对自己时比在他人面前时更知差耻。（第 244 句）

如果人类能够停止互相伤害，法律就不会阻止我们按照各自的方式自由生活；是嫉妒引发了混乱。（第 245 句）

世间所有的国家都向智者敞开门户：有德灵魂之人的祖国就是整个宇宙。（第 247 句）

在一种民主制度中受贫穷，也比在专制统治下享受所谓的幸福好，正如自由比受奴役好一样。（第 251 句）

如果想要国家长治久安，国家的利益就必须高于一切，不存在任何践踏正义的借口，也不得试图藐视共同利益。治理得当的国家是人类想象能够企及的最完备的防御，当这种国家出现时，万事便俱备了：一荣俱荣，一损俱损。（第 252 句）

（《前苏格拉底哲学家》，A. 卡皮奇编，新意大利出版社，佛罗伦萨，1984 年，91—94 页）

第二章
语言的大师：诡辩家和苏格拉底

市民们，也许真正具有智慧的只有神明，他的神谕意味着人类的智慧不值一提。这看似在说苏格拉底，但是我的名字只是一个例子，就好像说："噢，人类！你们之中最为智慧之人，如苏格拉底，他已经承认，智慧其实一文不值。"

（柏拉图:《苏格拉底的申辩》）

1. 是存在一种放之四海而皆准的普遍真理，还是只存在诸多不同的意见？

2. 是否存在一种科学，教人善用语言，组织有益的论述？是否可以凭借"优美"的语言，说服他人按照我们的意愿行事？

3. 如果在一个社群中存在不同的意见，却需要做出一项决定时，人们应该怎么做？面对这一问题时，应该服从多数人的意见还是独断独行呢？

4. 我们应该学习什么？以什么方式学习？我们如何选择内容、方式和人员，来教化社群的成员？

5. "万有引力定律"和"移民法"：术语"法则"[①]在这两个表达中含义是否相同？

6. 一个人知道"什么是好的"，就足够规范自己的行为吗？行为规范就能让人感到幸福吗？

---

① 意大利语原文均采用 legge（法则）一词。——译者注

哲学家年表

时间	人物
约前 480	阿布德拉的毕达哥拉斯和莱昂蒂尼的高尔吉亚（Gorgia di Leontini）诞生
前 470	苏格拉底在雅典诞生
约前 443	伊利斯的希皮亚斯（Ippia di Elide）诞生
前 436/前 435	犬儒学派和昔勒尼学派的创始人——雅典的安提斯泰尼（Antistene）和昔勒尼的亚里斯提卜（Aristippo）——诞生
前 399	苏格拉底受审和死亡
前 399—前 388	柏拉图写作苏格拉底谈话录
前 387	柏拉图创立学园

历史大事年表

时间	事件
前 490—前 480	波斯战争
前 460—前 429	伯里克利在雅典执政
前 442	索福克勒斯的《安提戈涅》（L'Antigone）在雅典上演
前 431—前 404	斯巴达和雅典之间爆发伯罗奔尼撒战争
前 423	阿里斯托芬抨击语言大师的喜剧《云》被搬上舞台
前 404—前 403	三十僭主统治
前 403	民主派在雅典重掌政权
前 371	底比斯人在留克特拉挫败斯巴达人。斯巴达的霸权地位终结，底比斯的霸权统治开始

❖ 1. 雅典：哲学的"首都" ❖

民主雅典的首要地位

在公元前 5 世纪上半叶成功抵抗波斯帝国侵略的希腊城市中，雅典凭借政治、军事和经济实力获得了重要的地位。雅典的力量以海洋的治权为基础，而其竞争对手斯巴达则在陆地作战方面更为强悍。这两座城市在抵抗波斯人时并肩作战，然而好景不长，它们注定将为争夺希腊半岛的控制权反目成仇。两大城邦采用不同的统治方式：斯巴达建立在寡头政府的统治之上；而雅典则是民主政府的典范 [民主，democrazia，来源于希腊文 démos（"人民"）和 krátos（"政府"）]，其决定权属于聚集在议会内的市民，而公共职务由选举甚至抽签（根据这些职务的循环原则）产生。

雅典的政治

在雅典内部，有两大政治派别相互抗衡：一派为温和派，主张与其他城邦，尤其是斯巴达维持平衡而良好的关系；另一派为激进派，主张向波斯和其他希腊城邦扩张。

自公元前 460 年起，伯里克利领导的激进派掌握雅典政权长达 30 年：

· 在城邦内部，该派努力加强各机构中的民众比重，将所有权力授予由市民组成的议会；

· 在对外关系方面，该派推行有利于商人、手工业者、武器制造者、海员的利益的强力政治，这些人被认为是民众的组成部分。

民主的城邦和新兴的知识分子

在公元前 5 世纪，特别是在伯里克利统治时期，雅典确立了其艺术文化中心和哲学之都的地位。希腊思想界的研究兴趣从初期的以自然为对象扩展到新的领域，首先便是公民政治。由于政治生活的中心是议会，为获得政治上的活跃地位，人们必须精于演说：通晓如何在公共场合轻松自如地演讲，获得聆听者的注意力，促使他们做出某些特定的决定（例如，通过一项法律或为某位竞选者投票）。

寓言浮雕《城邦为民主加冕》，公元前 4 世纪。
雅典，阿戈拉博物馆。

布吕戈斯（Brygos）画家，《演讲者走下讲台》，红绘式花瓶，
公元前 5 世纪。
纽约，大都会艺术博物馆。

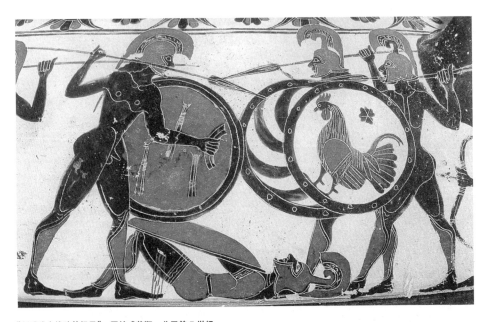

《希腊武士战斗的场景》，黑绘式花瓶，公元前 5 世纪。

在希腊世界中,以雅典为始,出现了一种新的职业,即辩术大师。他们收取酬劳,为受过教育之人提供辩论修辞术训练。这些大师通常来自外邦,因此并不属于公民,被排除在公共生活之外。于是,一种面向所有支付得起费用的人的新型教学模式诞生了。

伯罗奔尼撒战争和对内部的影响

伯罗奔尼撒战争因雅典和斯巴达的冲突而爆发,使希腊世界在公元前 431 至前 404 年间陷入动荡不安,在数年的峰回路转之后,以雅典的落败告终。

战后,雅典城邦内出现了三十僭主政治(前 404—前 403),以获胜方斯巴达支持的寡头派为代表。然而,由三十僭主发动的恐怖统治和政治报复引起了一群流亡人士的反击,在公众的支持下,他们驱逐了寡头政府,恢复了民主。

新的政府采取了保守的态度:一个世纪前帮助民主派成功战胜贵族派并领导雅典人民击溃波斯人的体制遭到取缔。自此,以"语言大师"和苏格拉底为主角的文化新事物不再受到包容。就在这一背景下,与寡头团体有关的苏格拉底受到起诉并被判死刑裁决。

❧ 2. 诡辩家 ❧

自公元前 5 世纪中期起,在希腊的诸多城市中,一种教师职业开始流行——他们收取酬劳,培训城中最显赫家族的青年,使他们得以:

· 成功参与公共生活;
· 在法庭上出色地进行控诉和辩护;
· 谨慎地管理个人和公共财产。

这些新兴的教师通常流离在各个城邦间,推销自己与医生、建筑师和技工无异的职业能力。他们自称"索菲斯蒂"(智者,sofisti),即精通智慧(sophía,"智慧")

的专业人士，是从城邦政治生活中应运而生的知识掌握者。诡辩家们并未形成学派，作为专业人士，他们在智慧"市场"上互不相让，每个人都强调自己与众不同。

他们对归谬法（通过揭示某一论题所带来的矛盾后果来确认其虚假性的方法）怀有特别的兴趣。在公共辩论如法庭上的辩护中，这一方法显得极为有效，能够从对手所支持的观点出发，指出其荒谬之处，从而使对手陷入困境。

除了修辞法，辩证法也应运而生。辩证法指的是以对手的论断为基础，通过比较、恰如其分的回答、诘问等方式，使对手陷入困境的技巧。

◆ 2.1 普罗泰戈拉：认识的相对性

普罗泰戈拉（约前 480—约前 400）是早期"智者派"的杰出代表。他出生于阿布德拉（与德谟克利特同乡），曾经游历过多个城市，在雅典他居留的时间最长。

《老师和他的学生阅读一纸莎草卷》，红绘式阿提卡杯，公元前 5 世纪。
巴黎，卢浮宫。

公元前411年，就在雅典，他因一篇关于神祇的文章被控渎神，被迫流亡。根据传说，他在一场海难中不幸殒命。他在进行口头教学的同时，还写作了诸多文章（关于存在、语言的艺术、技术知识等），如今只有少许残篇留存。

人是万物的尺度

一段流传至今的残篇里提到了普罗泰戈拉的核心观点："人是万物的尺度，是万物之所以成为本身而非其他事物的原因。"这一论断的意思是，事物的存在与非存在、性质和含义都取决于每个个体看待事物和判断对象的方式。这一理论被称为相对主义。

这一原则首先适用于可感知的方面：人靠近事物，事物通过人的感官呈现其在人们面前的样子。例如，健康的人会觉得某一食物很对胃口，而生病的人对于同样的食物则会觉得没有胃口，不愿进食。在这两种情况中，人们对同一种食物的感受在每个特定时刻都是真实的。

因此，不存在绝对真实和绝对虚假的感觉：个人的体验是一个人判断事物的标准。对于没有直接经验的人来说，人类无法成为尺度，什么也说不出来。神祇的问题也一样。根据普罗泰戈拉的观点，由于论证的困难和人类生命的昙花一现，人类无法确定神祇是否存在，也无法确定其本质。正是这一论断使他遭到渎神的控诉。

所有的意见都是真实的

"人是万物的尺度"这一论点排除了唯一普适真理的可能性。所有的意见都是真实的，就连那些互相矛盾的也是一样，围绕任何一个论点都可以构建"双重的推理"，即同时对立但又成立的推理。所有的论述都是平等的，同样站得住脚。两个对立的观点之中，哪一个更让人信服，取决于为其辩护者的能力：论证的内容并不重要，说服力才是重点。

因此，在普罗泰戈拉看来，不存在适用于所有人并能让所有人接受的肯定、确信而颠扑不破的真理。每一个真理都是相对的，取决于说出它的人看待事物的角度和方式。

在实践中做出最有用的选择

但是，缺乏对所有人都成立的真理，不会导致人类因缺乏共同准则而无法展开判断、选择和行动吗？不会因无法对所有行为加以法制化而引发混乱和冲突吗？

普罗泰戈拉对于这一问题的回答是：认识和行为的领域是不同的。如果从认识的角度出发，所有的意见都是一样的；而从实践的角度出发，则需要在两个可替代的假设之中做出选择。例如，众所周知，农民根据作物的生长情况予以适当的照料，选择能够得到更好收成的处理方式。因此，人们在实际生活中得出这一准则：相较于其他选择，在诸多可能性中做出最有益的取舍。

少数服从多数的原则

这一准则的价值首先体现在政治领域——如何做出对城市有益和有用的选择。但是，在特定的环境中，以共同利益为考虑的因素，如何决定何为有益和有用？何为正确的选择？

普罗泰戈拉的回答与民主的原则一致：聚集在议会中的大多数公民支持的决定便是正确的。

正是基于这一观点，城邦内部所有公民必须具备政治的能力，如智慧和正义感，这样每个人才能够有意识地参与到涉及集体利益的决定中来。

为了获得共同的选择，需要在议会内部建立统一战线，达成共识，以建立大多数人的意见。

诡辩家作为语言"工匠"的地位

于是，诡辩家的作用及其使用的工具——语言——的重要性得以凸显。通过语言，公民群体的成员以各自不同的情况为出发点，可以获得统一的意见。

作为语言的工匠，诡辩家被赋予了如何有效地使用语言，以说服和统一意见，以及"使较薄弱的论点变强"（公共利益所必需的条件下）的任务。

诡辩家在社会内部所扮演的角色可谓接近于医生。和开具药方以使患者重获健康的后者类似，诡辩家通过话语来改变和优化人们的态度，引导个人行为朝向更有益的方向。

在此背景下，语言——诡辩家"工作的工具"，成为研究和教学的对象。

普罗泰戈拉的论点

· 个人体验是评判万物的尺度 = 相对主义；

· 有效的论证是在两个相对立的命题之间做出选择的方法（双重论证）；

· 实用性 = 实际选择时应当遵循的准则；

· 在政治领域，鉴于实用性而由大多数人所做出的选择是正确的；

· 语言是公共辩论、说服以达成共识的工具。

◆ 2.2 高尔吉亚：语言的力量

在莱昂蒂尼 [如今的伦蒂尼（Lentini），锡拉库扎（Siracusa）附近] 诞生了另一位诡辩家高尔吉亚（约前 480—约前 380），他成功地在希腊诸多城市中从事收取酬劳的教书工作，并且凭借其雄辩家的美名，多次被同城人推选为驻其他城市的大使。

高尔吉亚是多篇文章和演说的作者（如在奥林匹亚发表的请求希腊人团结起来抗击波斯"野蛮人"的演讲和纪念在战斗中牺牲的雅典人的演讲），有大量残篇存世。

反对埃利亚主义

在一篇题名为《论不存在》（或《论自然》）的作品中，高尔吉亚重提并否定了埃利亚学派的论点，但是，他利用的工具——归谬法，正是埃利亚的哲学家们提出来的。高尔吉亚的论证可以概括为三点：

· "存在"（如巴门尼德所言）不存在，因为我们既无法论证永恒之物，亦无法论证在时间中形成之物；

· 即使"存在"存在，也不能被认识或者思考，因为存在和思维之间并不对应（人们可以思考不存在的事物，例如怪兽或有翅膀的马）；

· 即使某物可以被认识，也无法被言说，因为语言无法清晰地揭示事物的真相。

对于埃利亚学派的论证，高尔吉亚提出了一系列严格的批评，否认了这一学派最为重要的论点之一：存在、思维和论述之间的关系。这原本是巴门尼德哲学的核心，却被高尔吉亚的论证推翻。

说服性的语言

如果词语不再具备作为传达事物之存在的工具的价值，那么什么是语言？它还有什么作用呢？

在高尔吉亚的思想中，语言具有：

· 独立于事物之外，是唯一真正的实在；
· 具有其独特的作用，即说服。

说服是修辞学的特别目的。这是一门教导人们如何运用语言使之为己所用、说服他人的技巧，能够引导听众相信某些论述或是做出某些行动。

在高尔吉亚的观点中，词语并非真理的媒介，却能够有效地在情感上影响受话者，激发他们的情感，促使他们随着感觉的波动而非思想的起伏行事。

《两个呈哲学讨论姿势的希腊人》，红绘式花瓶，公元前 5 世纪中期。
巴黎，卢浮宫。

修辞的能力和语言的力量

语言的力量有多强？高尔吉亚在《海伦赞》（*Encomio di Elena*）中提出了一个示例。根据《荷马史诗》的叙述，特洛伊王子帕里斯（Paride）因为爱情绑架了亚该亚王墨涅拉俄斯（Menelao）的妻子海伦。为了报复这场对墨涅拉俄斯的冒犯，希腊人决定对特洛伊（位于小亚细亚地区）发起武装远征，自此一场长达十年的血腥战争拉开帷幕。在文章中，高尔吉亚想象自己在一个假想法庭上为被控引发特洛伊战争的海伦进行辩护。

在文章开篇，他回顾了所有可能促使海伦抛弃其合法丈夫墨涅拉俄斯而追随帕里斯的理由：

· 人类无力抵抗的更高力量——神明——的干预；
· 帕里斯绑架她时所使用的肢体暴力；
· 语言的说服能力；
· 爱情。

高尔吉亚一一阐明了海伦不应负此责任的原因：

· 因为人类无法与神明相抗衡；
· 因为如果海伦是暴力的受害者，那么过错便属于绑架者；
· 因为语言具有强大的说服力量；
· 因为爱情是一种让人无法抗拒的感受。

整篇文章的走向展示了修辞能力和语言的强大力量所产生的效果。作为优秀的雄辩家，高尔吉亚自称可以随时谈论任何论据，支持任何论点，说服他人做任何事。因此，作为贵族青年的教师，他获得了成功。这些青年从事政治，需要学习一项实用性的技能。

高尔吉亚的论点

反对埃利亚主义 = 摧毁了存在、思维和论述之间的关系：

菲迪亚斯（Fidia）和助手,《献祭公牛的青年》,帕特农神庙中楣局部,公元前 5 世纪中期。
伦敦，大英博物馆。

· 存在的概念是矛盾的；
· 存在和思维之间不具有对应性。

语言是修辞和说服工具的论点：

· 事物不可言说；
· 语言是唯一的实在；

· 语言的目的是凭借情感和激情进行说服；

·《海伦赞》展现出语言的有效性。

◆ 2.3 第二代诡辩家

对于语言的兴趣：基亚（Ceo）的普罗迪科斯（Prodico）

对语言的兴趣是与普罗泰戈拉和高尔吉亚同时期的诡辩家们的鲜明特点，新一代诡辩家也是如此。语言成为研究的对象，诡辩家通过对含义和同义词的分析来培训个人，使其能够恰如其分地进行自我表达。

尤为注重这方面研究的是普罗泰戈拉的一名学生，基亚的普罗迪科斯（生于阿提卡海岸前的基亚岛，时间约为公元前 470 至前 460 年）。

普罗迪科斯的诸多作品如今只剩下少许残篇。在《同义词论文》中，他通过对同义词意义的细微差别进行严格的分类，限定了名词和其所指的事物之间的密切关系。

首批诡辩家论点的激进化

在语言的国度，第二代诡辩家们将普罗泰戈拉和高尔吉亚的部分论点激进化：例如，普罗泰戈拉的论点——任何主题或问题都能够构建两种对立的论述（"双重论述"），且两者皆能成立；或是高尔吉亚的论点——语言相对于实在具有自主性。

最早的希腊思想家所特有的并在巴门尼德的表述中出现最多的观点——语言、思维和存在之间的对应性，就此被摒弃。

哲学化身为修辞学，更确切地说，成了雄辩术。于是，人们可以不再依赖所支持论点的有效性来反驳对手，而是将自己的观点强加入讨论之中。

人类和自然的法则

在语言之外，年轻一代诡辩家的兴趣扩展至不同民族各具特色且表现出多样性和多重性的法律、信仰和政治体制。

约束人类生活的准则中，一些受到自然的支配（phýsis，物理），另一些则受人类法律的制约（nómos，惯例）：

·受自然支配的准则是稳定、持续而普遍适用的，类似于规定生物呼吸的原则；

·受惯例（风尚、习俗、法律）支配的准则具有因袭传统的特质，由人类所制定，和人类一样随着时间、地点和民族的改变而不同。

通常来说，正是由于自然法则具有普遍适用性，诡辩家们一致认为它高于人类的法律。但是，在诡辩家内部，关于普遍自然法则的内容并未获得共识：

·其中一些人强调自然的平等主义性质，如所有人类皆具有同样的自然需求和功能；

·另一些人则相反，他们认为自然是个体之间不平等的根源（有人生来强壮，有人生来孱弱；有人生来美丽，有人生来丑陋；不一而足），也是强者将自身意志强加于他人的权力具有合法性的原因。

伊利斯的希皮亚斯

伊利斯的希皮亚斯（诞生时间约为公元前 443 年）是讨论人类法律和自然法则之间关系的诡辩家之一。他断言：

·成文的人类法律是易变的，受局部利益和获有利益的影响，因此是独裁和暴政的源泉；

·普遍的法则，即自然法则以人类本性的共性为基础，超越空间和时间的差异，适用于所有人类。

在此基础之上，希皮亚斯提出了一个世界主义的平等理想，与德谟克利特的期望类似。

雅典的安提丰（Antifonte）

安提丰（公元前 5 世纪下半叶生活于雅典）同样涉足了这一命题。他认为自然和法律是相悖的，认为后者是特定人类团体内部达成共识的结果。

我们观察一下如果违反各自规定的情况会发生什么，两者之间的差异便凸显而出：

· 违背人类法律者只有在被发现时才受到惩罚；
· 不遵守自然法则之人皆会遭到惩处，例如忽视危险而太过靠近火焰之人，会通过付出代价获得经验。

安提丰揭示了这样一个事实：由于人类的法律对天然的行为施加了一系列约束和限制，通常来说符合人类法律的情况与自然是相悖的。与自然相矛盾的例子之一是根据希腊城邦的习俗和法律来认定的希腊人和野蛮人（即非希腊人）的区别——然而在本性上，人类是相同的；在生存方面，所有人均以同样的方式呼吸，具有同样的需求。

在这两个对立的原则之中，安提丰似乎更重视自然法则，因为它驱使人类追求利益和共同的和谐。

第二代诡辩家思想对照表

基亚的普罗迪科斯	· 定义了名词和事物之间的关系
	· 研究同义词及其意义
伊利斯的希皮亚斯	· 区分了自然法则和人类法律
	· 认为自然法则建立在人类的共同本性之上
	· 平等和世界主义的理想
雅典的安提丰	· 区分了自然法则和人类法律
	· 研究自然法则和人类法律之间的区别（惩罚、正义的理念）
	· 更看重自然法则

❋❖ 3. 苏格拉底：无知的智者 ❖❋

◆ 3.1 逆流的存在

苏格拉底（约前 470—前 399）和诡辩家们属于同一时代，以雅典青年的授业恩师之名著称。他是一位建筑师与一个助产妇的结晶，在子承父业一段时间之后致力于哲学研究。他与妻子赞西佩（Santippe）共生育了三个孩子。但是大量文献资料表明，由于自身职业地位的不稳定，需要经常向朋友寻求经济支持，他对家庭责任似乎并不上心。除了参与军事活动的那段岁月，苏格拉底一直住在雅典（处于雅典历史上政治对立的时期）。

根据雅典施行的职位轮换原则，苏格拉底于公元前 406 年担任公职，但是仍然独立于民主党和寡头党（公元前 5 世纪末期两党轮流执政）之外，而他的朋友和最为亲近的学徒中，绝大部分是贵族成员。

特立独行的诡辩家的活动

苏格拉底在广场上和私人场合的讨论，当涉及诸多人物，尤其是涉及伦理问题时，吸引了大量听众，而其作为语言大师的名声也与日俱增。然而，他在讨论中所持的不趋炎附势的态度和自由精神，也引起了负面的反应。

苏格拉底的目的是促使人们思考，并引导人们各自走上个体成熟的自主道路。

在这层意义上，苏格拉底和诡辩学的大师一样，是雅典人的教育者。然而，他的态度与诡辩家大相径庭，一方面他不收取学生费用，另一方面更为特别的是，他确信通过对话能够定义语言的普世价值。

起诉、庭审和宣判

在公元前 399 年时，有一起针对苏格拉底的谴责，控告他使青年堕落，不尊敬城市的神明，并以新的神明形象取代他们。这一控诉产生的背景是这座城市饱受多年战争的摧残，内部四分五裂，大多数人都在诘问当前衰败的深层原因。一

菲迪亚斯和助手，《年轻的骑士》，帕特农神庙中楣局部，公元前 5 世纪中期。
伦敦，大英博物馆。

个简单的回答便能够解释哲学家们所传播的那些将传统价值纳入讨论的新思想得
以产生的原因。

在这充斥着敌对情绪的氛围中，苏格拉底被提交到陪审团进行审判，在他们
面前作自我辩护（他的自辩词被其学生柏拉图重现在《苏格拉底的申辩》一文中）。
尽管他宣称自己的教育是为了雅典年轻人的福祉，但却并不为人所理解，反而激
怒了陪审团成员，大多数人投票认定他有罪。

裁定惩罚的时刻到来了。控诉他的公众要求判处苏格拉底死刑。根据雅典法
律，被告会被询问对他的量刑是否公正。苏格拉底坚信自己的无辜，要求最低刑罚。
苏格拉底的辩词再一次触怒了陪审员，大部分人比之前更加坚持，决意判处他死刑。

在拘禁期间，他得到了逃脱的机会 [他的学生克里托（Critone）贿赂了守卫]，
但是为了不违反雅典的法律规定，苏格拉底拒绝了这一提议。于是，公元前 399 年，
通过服用毒药钩吻叶芹，他被执行了死刑。

《男学生与合起的写字板》,红绘式基克里斯杯,公元前 5 世纪。
纽约,大都会艺术博物馆。

诡辩家和苏格拉底及其弟子的地理分布

城市	描述
阿布德拉	普罗泰戈拉的诞生地。
雅典	多名诡辩家旅居之地,其中包括普罗泰戈拉、高尔吉亚和安提丰。 苏格拉底和柏拉图诞生于此;安提斯泰尼在此地建立了犬儒学派。
基亚	诡辩家普罗迪科斯的诞生地。
昔勒尼	苏格拉底的弟子亚里斯提布的诞生地。
伊利斯	诡辩家希皮亚斯的诞生地。
莱翁蒂尼	诡辩家高尔吉亚的诞生地。
麦加拉	苏格拉底的弟子欧几里得的诞生地。

◆ 3.2 见证者的意见冲突

因为苏格拉底更偏好通过鲜活生动的语言进行对话和研究，所以他未有文字传世。然而他的思想得以通过其他人的文献资料重现世间。最古老且最重要的记载者是阿里斯托芬、色诺芬（Senofonte）、柏拉图和亚里士多德。

· 喜剧作家阿里斯托芬在喜剧《云》中对苏格拉底进行了辛辣的描绘，把他描绘成学派中心的一位诡辩家，讥讽其为"思考者"（pensatoio）。

· 历史学家色诺芬（前430—约前355）是苏格拉底的弟子。他在论及苏格拉底的作品《苏格拉底的申辩·回忆篇》中，不仅完整地记录了大师的一生，也引述了他的一些对话，把他描绘成一位关心道德问题的思想家。

· 柏拉图（前427—前347）是苏格拉底最著名的弟子，他传达给我们的是苏格拉底极为高大正面的形象，将老师作为自己所有谈话形式作品的主角。人们能够在其中轻易分辨出苏格拉底的思想，也能够发现柏拉图作为弟子对其思想的发扬光大。

· 亚里士多德（生于公元前384年，并非苏格拉底直接的聆听者，而是柏拉图的学生）是第一个提出将苏格拉底的思想与其弟子柏拉图的思想区分开来的人。

备受争议的人物

从同时代人的文字记载中浮现出的苏格拉底，其形象和行为举止显得相当模糊或是令人反感。在希腊这样一个尊崇美的世界里，苏格拉底是丑陋的：他的双眼鼓突，鼻子扁塌，嘴唇肥厚，还腆着个大肚子。

在柏拉图的文章中，苏格拉底是一名自愿放弃感官愉悦（从未放弃自我约束），同时捍卫符合理性的生活方式之人。按照文中的描述，他总是在城市中四处游荡，与不同的人交谈以打发时间，忽视家庭需要，依靠朋友接济。但是为了服从守法的义务，他却能坦然接受死亡，对此雅典人心怀钦佩。雅典人对他褒贬不一，充满恶意的流言和明确的指控一直持续到审判结束，而在岁月的流转中，许多讨论和解读也围绕着苏格拉底展开。

苏格拉底和诡辩学

阿里斯托芬和色诺芬的文献呈现了苏格拉底在非哲学家的普罗大众面前的形象：一名诡辩家，语言的能手。

在苏格拉底和诡辩家们之间存在着不容置疑的共同要素：

· 对人类世界而非自然研究的兴趣；
· 质疑任何事物时不持成见、不墨守成规的态度。

但是，和诡辩家们不同，苏格拉底拒绝将哲学转变成修辞学，而且超越了在诡辩运动中逐渐被接受的认识相对主义，着力于对真理的真正研究。对于苏格拉底来说，真理不是某些不变之物，一旦获得便具有普适性，而是在研究过程中通过循序渐进地不断实现阶段性目标而获得的。

《哲学家的头像》，雕塑，公元前 5 世纪。雷焦卡拉布里亚（Reggio Calabria），国家考古博物馆。

柏拉图和亚里士多德：苏格拉底的思想

柏拉图和亚里士多德在介绍作为哲学家的苏格拉底时，为其赋予了具体的学说。尤其在柏拉图的谈话中，他对苏格拉底态度的引用极为常见。但是，正如我们上文提到的，很难知道哪些是苏格拉底的观点，哪些是柏拉图的观点。

关于这一问题的一项重要说明来自亚里士多德：将学生和老师相区别的是所谓"理想的学说"，这是柏拉图哲学强有力的核心。

于是，既然在柏拉图写就的早期对话（即年轻时期的作品）中并无理想学说的存在，我们可以认为柏拉图在初期对老师的思想相当忠诚。学者们一致认为柏拉图的早期谈话录是苏格拉底的对话集——至少在主要思想方面，根据推测反映的是苏格拉底的观点。

◆ 3.3 苏格拉底的思想：以破为立

苏格拉底思考的中心主题是城邦（作为公民群体理解）的福利。他向这些公民发出呼吁，希望激励他们提升自己以为城邦谋得福祉。

那么，苏格拉底的活动是如何达成这一目的的呢？在柏拉图的谈话录中，苏格拉底被描绘成一名不断自我提问的人物，但最重要的是通过提出迫切的问题向他人讨教。

为什么他提出诸多问题，而不是进行论证呢？因为苏格拉底以对自己无知的自觉为出发点。如果一个人一无所知，那便只能向其他知道的人了解。因此，需要询问那些自称智者的人，以向他们学习。

于是，哲学研究在与不同对话者（三五成群的青年人和老年人）之间的交谈中展开。

《一个人向德尔菲咨询神谕》，红绘式花瓶，公元前 4 世纪。

核心问题：寻找价值

苏格拉底的疑问围绕一个深层次的难题展开：什么是良好的公民应该遵守的操守，什么是价值导向？

这些问题的受众，就其社会地位和知识而言，是人们公认的专家。但是，经受了苏格拉底的严密追问后，他们暴露出一些自身认识的局限：在语言方面他们表现得好像具有知识和经验，实际上却并非如此。

嘲讽的方法

在他的对话者面前，苏格拉底循着嘲讽的线索引导论述，编织出虚构和玩笑组成的游戏：他赞扬对话者们对最初问题的回答，在谈话中拉拢他们，造成他们谈论内容良好的假象，以通过一系列后续的、迫切的新问题，引导他们自相矛盾，使他们认识到在乍看之下如此清晰而确定的定义中所存在的谬误。

通过问答的方式，苏格拉底将反驳的过程付诸实践，即从其对话者自身的回答出发，揭示其自相矛盾性和虚假性。于是，对话者陷入了毫无解决办法的境地，只能从头再来。

吊诡的结论是，苏格拉底显得更为睿智，至少他对一件事情——无知——具有确切的认知。无论如何，和其他人不同，苏格拉底不谎称拥有自己所没有的技能。他这么理解将他称为最具智慧之人的德尔菲神谕：最具智慧者是因为知道自己无知。

马可隆（Makron），《祭酒还愿的场景》，红绘式杯，公元前 5 世纪。
巴黎，卢浮宫。

苏格拉底的恶魔

有时候，在疑问面前，苏格拉底在褒扬其对话者对前几个问题的回答之后，自称受内心的一名恶魔（dáimon）驱使，他在直觉上知道回答的局限性，从而导致他质疑一切。

在古代文化中，恶魔代表的是一种介于人与神之间的生物。在苏格拉底的例子中，我们可以将其理解为一种觉悟的声音。它吸引着哲学家超越眼前的肤浅定义，深入事物的内涵之中。但是，苏格拉底对恶魔的谈论，有可能为控诉他渎神提供了一个借口。

提问语:"是什么呢?"

苏格拉底向对话者提出问题,使他们难堪,目的是理解一个事物的本质意义。例如,他并不会提出"人们怎么才能在特定的环境中变得勇敢","祭司在举行祭礼的过程中何时是纯洁的",甚至"法官在运用法律的过程中何时是公正的"这样的问题。他的问题有"什么是勇气","什么是纯洁","什么是正义"。他的对话者们所遇到的困难,正是如何撇开特殊情况不谈,而从普遍意义上给出答案。例如,定义的不是这种或那种情况下的勇气,而是通常情况下的勇气。

因此,苏格拉底惯常的问题便是:"是什么呢?"这样提问迫使人们对适合所有情况,而不是仅仅涉及某些特殊环境的对象做出定义。

在道德问题之外,苏格拉底的研究揭示了要阐明具有普遍性的概念所需要做出的努力。

从这一角度,亚里士多德在普遍性研究方面赋予苏格拉底以重要的地位。

先破后立:助产术(发问术)

苏格拉底通过假设和玩笑的挑衅游戏,将对话者骗入圈套是为了什么呢?对话者应该注意到行经的道路已经缺乏出口,需要探索新的道路,以导向更为扎实和真实的认识。于是,苏格拉底类似助产师技术的助产术(maieutica)展现出其建设性的方面——助产师是苏格拉底母亲的职业,而苏格拉底的职业和她相类似:对话—教育者。正如助产师帮助孕妇生产一样,苏格拉底通过针对性的问题,帮助对话者揭示每个人内在所拥有的真理。

在此意义上,苏格拉底与诡辩家(假装教学,将特定的知识传递给学生)是根本对立的:真正的知识并不来源于外界,每个人都能在自己身上找到它。

多里斯(Douris),《老师和学生》,红绘式基克里斯杯,公元前5世纪。
马里布,保罗·盖蒂博物馆。

107

美德即知识

苏格拉底在引导人们寻求真正的认识的努力中,激励他们理解知识和行动之间的关系。这一态度被定义为伦理理性主义。

为在某一特定领域行为良好,需要具备能够导致良好有效行为的知识。这种情况同样适用于政治—道德领域的人类活动:不知道什么是美德之人无法成为有道德之人,即无法行善。根据他的观点,美德即知识;如果一个人不知道什么是诚实、公正或忠诚,便无法成为诚实、公正或忠诚之人。

恶:人类活动的无意识产物

从这一论点中,我们得出两个相应的结果:

· 认识"什么是善"的人不会不遵从它;换言之,认识善之人必然在善的推动下成为有德之人;

· 作恶之人干坏事只是因为他们不认识善,也就是说没有人自愿作恶。如果这一点发生了,是因为人类将非善之事当成了善。作恶之人出于无知,将罪恶或滥用当作善事:他们选择暂时而表面的愉悦,却看不到未来的痛苦或现实的折磨。于是,从道德的角度,摆脱虚假认识的必要性也得到了论证。

美德和幸福的关系

人类在美德中发现善,发现真正的幸福。根据苏格拉底的观点,好处与善之间并无冲突:对于人类而言,真正的好处就是善,或者美德。他这样解释:

· 一种好处如果不是有德的,就会对人类最崇高的组成部分灵魂造成伤害;

· 相反,对美德的追寻与人类的圆满实现相一致;

· 因此,美德和幸福(eudaimonía,幸福感,繁荣)是相同的。因为能够圆满地自我实现的有德之人必然是幸福的。这一论点被定义为幸福主义。

因此,只有知识才能引导人类的行为向善,引导人类走向那些构成苏格拉底研究起点的内容——关心自己的灵魂和自我提升。

苏格拉底的问题、方法和论点

知道无知	苏格拉底是"最具智慧的人",因为他知道自己无知;他以迫切的提问揭露智者虚伪认识的假面具
价值的追寻	定义了符合城邦福祉的正确行为
嘲讽	与对话者交谈,以揭示其自相矛盾性
苏格拉底的恶魔	听从内心声音的呼唤进行思考
定义和概念的研究	寻找价值(勇气、正义等)的定义或普适性概念
助产术	帮助对话者"接生"他们自身内部的真实想法
伦理理性主义	学会行善:认识善之人必然行善;恶来源于错误的判断
幸福主义	行善能够实现人类真本性的圆满,使其幸福

❖ 4. 苏格拉底的弟子们 ❖

苏格拉底去世后

苏格拉底的弟子和崇拜者,在经历了先师去世的伤痛后认识到,在当前的情况下,老师对于拯救城邦的呼吁必然落空。于是,他们走上了两种不同的道路:

·以全人类都接受的更高阶的价值为基础,致力于拯救国家——城邦,这便是柏拉图(苏格拉底最独特和最具创造性的弟子)所做出的选择;
·放弃政治,走上自我解放的道路。选择这条道路的是一些与苏格拉底有关,但远离了其教学的根本内核的思想家。

◆ 4.1 麦加拉派、犬儒派和昔勒尼派

麦加拉的欧几里得

在麦加拉,一个受苏格拉底理念启发的学派在欧几里得(约前450—约前

多里斯,《学园的画面》,红绘式花瓶,公元前 5 世纪中期。
柏林,国家文物博物馆。

380)的发起下诞生。根据费尔东(Fedone)的记载,欧几里得是苏格拉底的朋友
和追随者,苏格拉底去世时他在场。在人们所认为的欧几里得学说中,埃利亚学
派的传统和苏格拉底的道德研究得到结合:善和巴门尼德的存在(同样被称为"智
慧""神""才智")相一致。

雅典的安提斯泰尼

一群苏格拉底的追随者在安提斯泰尼(约前 436—约前 366)的领导下,聚集
在雅典的一座名为"快犬"(Cinosarge,字面意义为"迅捷的狗")的体育馆,开
展哲学活动。自此,"犬儒"(Cinici)一词便开始指代这些哲学家——非常规和挑
衅性生活方式的倡导者。他们声称自己完全独立于人类的情感、身外之财和公共
生活。安提斯泰尼甚至断言:苏格拉底所提及的普适性概念是他对永恒客体进行
思考的主观结果,而非柏拉图在其理想的理论中所坚持的那样,具有作为真实存
在物体的可能性。

昔勒尼的亚里斯提卜

在亚里斯提卜(前 435—前 366)的推动下,昔勒尼诞生了一个苏格拉底学派。

这一学派受到苏格拉底的启发，认为哲学知识不以数学或物理而以人类行为为研究对象。

根据亚里斯提卜的观点，人类的行为准则和最终目的都是愉悦，永远是与刹那有关的暂时之物。因此，他劝诫人们仅仅考虑现在，因为往日不可追，未来不可知。

然而，这并不意味着人类应该被动地追求和满足每一种愉悦。相反，亚里斯提卜将愉悦的准则归纳为清醒生活的基础，仅仅考虑现在是指专注于生活所给予之物，摆脱更多的欲望。

安提丰的画家，《音乐学院的学生》，红绘式基克里斯杯。公元前5世纪。
纽约，大都会艺术博物馆。

特立独行的人物：犬儒者第欧根尼（Diogene）

排斥社会习俗

我们可以将锡诺帕（Sinope）的第欧根尼（前404—前325）和犬儒学派相联系。他因特立独行的习惯和在各个城市间游荡而著称。

第欧根尼将犬儒学说发扬到极致，声称自己完全独立于人类的情感、身外之财和公共生活之外，维护自己孤独而流浪的生活方式。

他的文字作品并未流传至今，但是关于他的形象和生活方式尚有许多趣闻，显示出其极其简朴、漠视所有安逸、不讲起码廉耻和个人卫生的性格特征。

他在动物、乞丐和婴孩（他们还没有和成人一样，受到社会的矫揉造作需求的影响）身上发现自己的行为方式。

根据传说，他生活在一个木桶中，无论吃喝都用手心捧着食物或水，连碗都不用，就是在权贵面前也表现出极度的自由。

◆ 4.2 苏格拉底学派和逻辑—语言问题

苏格拉底的追随者们深入研究了苏格拉底和柏拉图同样遇到的主题：

· 论证和讨论的技术；

· 语言的困难和错误；

· 命题真实性价值，即如何确定某一命题的真伪；

· 论述中措辞之间的关系（例如，主语—谓语）。

最为著名的悖论

在麦加拉学派内部，关于逻辑—语言问题的思考导致了悖论的产生，换言之，由于这些论据形成的方式不确定，因而无法确定它们是真是伪。

最为著名的是说谎者悖论：克里特人埃庇米尼得斯（Epimenide）说所有的克里特人都说谎，那么，他说的是真话还是谎话？如果埃庇米尼得斯说的是真话，作为克里特人，他断言所有的克里特人都是骗子，因此他说的就是谎话，所以这句论断是虚假的；如果他说的是假话，作为克里特人，他说的就应该是谎言，这样他实际上说的又是真话。因此，这一悖论无解：如果埃庇米尼得斯说的是真话，他就是在撒谎；如果是在撒谎，他说的却是真话。

另一个关于堆（希腊语，sóros）的推论引发了循环的问题。一粒谷子无法构成谷堆。如果一粒粒地加上去，何时我们才能确切地说某一粒特定的谷子形成了谷堆呢？或者反言之，如果存在谷堆，那么一粒粒地从中减少谷子的数量，何时谷堆将不复存在呢？

围绕类似的问题，人们展开了长期的讨论，但直到 20 世纪才在逻辑学研究中找到解决之道。

∽⌒ঙ 本章小结 ঙ⌒∽

诡辩发展的政治文化环境

在公元前 5 世纪，希腊哲学内部对于人类世界的兴趣取代了之前盛行的那种探究自然的好奇心。雅典的民主生活经验对这一转变产生了影响。

因此，语言的大师，或称诡辩家（精通智慧的专业人士）获得成功。他们收取报酬，为希望从政的年轻人提供教育：

◇ 修辞学，即语言的艺术；

◇ 辩证法，即讨论的技术。

诡辩家中的两名大家分别是普罗泰戈拉和高尔吉亚。

普罗泰戈拉

普罗泰戈拉的主要论点如下：

◇ 不存在唯一、绝对、普适性且放之四海而皆准的真理，因为每个人都是从自身出发评估事物、进行判断。在此意义上，他断言"人是万物的尺度"，支持相对主义。

◇ 相应地，所有的意见都是正确的，所有的论述都是相当的。在每个命题之上都可以建立双重的推理，尽管相互对立，却同样受到理性论据的支持，但一段构建得更好的论述胜过所有其他的论述。

◇ 在实践中，需要遵循实用性的准则。

◇ 在政治方面，人们需要根据大多数人的投票，做出对城市有利的选择。

高尔吉亚

高尔吉亚的态度更为激进，他认为：

◇ 巴门尼德所定义的存在不存在，在思维、论述和存在之间并无联系（存在无法被认识，也无法言说）；

◇ 语言非常重要，是唯一真实的实在；

◇ 语言具有特殊的功效：说服和引导人类的行为举止。

第二代诡辩家

语言的问题仍然是更为年轻的诡辩家们思考的第一问题。他们坚持的主要论点是语言的说服力量。

第二代诡辩家同样对社会及其法律有兴趣。他们对根据时间和地点而改变的人类的法律和放之四海而皆准的自然法则进行区分。

苏格拉底的质疑

苏格拉底对诡辩家持反对态度，他的批判和特立独行精神在雅典内部引发了负面的反应，以至于被控以自己的思想腐化青年，经审判被处以死刑。

和诡辩家一样，苏格拉底同样是语言的能手，但是他并不收取报酬，而是以不同的方式运用自己的技能：

◇ 在反复出现的问题"是什么"的推动下，追寻真理，追寻有关善、道德价值、正义、健康、勇气等事物的真正意义，将之提升至普遍的层面。

◇ 尽管承认自己无知，却对其对话者的论述进行不断的批判。

◇ 通过嘲讽，揭露所谓的智者的自相矛盾性。

◇ 听从他内心的恶魔——推动他继续追寻良心的声音。

但是，苏格拉底的意图并非破坏性的，其思考中也有建设性的角度：

◇ 他希望使对话者认识到自身知识的局限性，而不得不追寻真正的知识。

◇ 将自己帮助每个人发现自身内部所拥有的真理的方法比作助产术（助产师的技能）。

◇ 断言一个人如果不知道什么是善和正义，就无法变得善良而公正。因此，苏格拉底的论断是美德即知识，即伦理理性主义的原则。

◇ 最后，他认为获得善能实现人类最好的部分，从而使其幸福（幸福论）。

苏格拉底的弟子

苏格拉底桃李满园，弟子们均受到其不同方面的启发。其中特别优秀的弟子有：

◇ 柏拉图：横贯古今最为著名的重要哲学家之一，他继承了苏格拉底思想的建设性角度（国家的福祉、灵魂、美德）。

◇ 麦加拉的欧几里得：他创立了以语言和逻辑—语言问题（其中包括悖论）为特殊兴趣的麦加拉学派。

◇ 雅典的安提斯泰尼：他创立了犬儒学派，认为普遍性的概念是缺乏真实存在的思考的结果；在伦理领域，他认为智者应当从财富、情感以及普通的社会生活规则中解放出来。

◇ 昔勒尼的亚里斯提卜：昔勒尼派的奠基者，他认为行动的原则不仅是愉悦，更是以清醒的方式生活，满足于已有的事物。

本章术语表

论据：一系列支持某一论点的理由或证据。

恶魔：在古代文化中出现的形象（一种介于人和神之间的生物），苏格拉底用以指代自己内心在某些特定情况下，阻止其行动并召唤他围绕自己研究的内容进行深刻思考的声音。

辩证法：讨论和理性分析并举的艺术；在思想史上，这一术语获得了不同的含义。

幸福论：来自希腊语 eudaimonía，指代认为善在于幸福的道德学说。

嘲讽：来自希腊语 eironéia，"虚伪""做作"，苏格拉底辩论法批评和破坏性的角度，在于假装赞赏对话者的知识，以通过一系列尖锐的问题揭示其空洞。但是，嘲讽并不是最终目的，因为引发的疑问和不安能够使对话者将虚假的可靠性抛之脑后，转而寻找真理。

人类的法律：属于某一特定社群的人类所建立的法规和风俗习惯的集合。根据时间和空间的不同，各民族之间具有差别，和普适性的自然法则不同，具有因循的特点，受承认其有效性的人群限制。

伦理理性主义：认为美德即知识的伦理理论。根据这一理论，知道善的人自然也必然行善，因此恶行是无知的结果。

相对主义：诡辩家普罗泰戈拉所支持的学说，认为绝对的真理不存在，而是取决于说话者看待问题的角度，就算在绝对道德价值（以此为基础来判断事物本身是良是莠）的领域也是一样。每一种真理和行为准则都是相对的，受制于认识者或行动者与现实、环境、需求和主观目标之间建立关系的模式。

诡辩家：以智慧大师的形象出现，教人面对对话者和对手时有效运用语言。在诡辩的反对者看来，他们只是在玩弄模棱两可、虚假而具有欺骗性的论据，以使更为有力的而不必为真的论述占据上风。

普遍性：同质的集合组成部分所共有的内容（例如，树木均有的根系、树冠和叶片，不受不同树木的展现方式影响）。作为哲学问题，普遍性随着苏格拉底问题的出现，旨在确定所有类似事物之间共有的内涵。

诡辩家和苏格拉底的基本问题

本体论	高尔吉亚认为巴门尼德概念中的存在不存在
	无论是诡辩家还是苏格拉底都不追寻实在的最初本原
伦理/幸福	实用性＝根据普罗泰戈拉的观点，即人类行为的目的
	苏格拉底认为美德能够通往幸福
	对于犬儒派来说，智者应当摒弃情感、财富等
	愉悦＝昔勒尼派所认为的引导人类行为的准则
认识	普罗泰戈拉和诡辩家们的相对主义
	苏格拉底知道自己无知，但确信获得真理的可能性
逻辑	语言的说服力
	定义普遍性概念的问题
自由/权力	诡辩派认为修辞的能力和雄辩术有助于在关于社群实用性的事件上获得大多数人的共识
	诡辩家和苏格拉底均就法律的本质进行思考
	苏格拉底想知道什么对城市是有利的
	苏格拉底派内部分化为志愿救国者和拒绝政治者

✑ 文献选读 ✑

一、柏拉图：工作中的苏格拉底
（摘自《拉凯斯篇》，190d—193d）

【导读】
对话的方式

苏格拉底所运用的对话的出发点是需要解决的问题（通常是定义某些事物）。苏格拉底在推进对话的过程中，批判其对话者所做出的定义，并指出其局限性：

◇ 他们给出的定义与先前认为是真实可靠的论断相矛盾。

◇ 他们没有充分反映应该定义的对象（有时候因为定义未完成，有时候因为定义过于宽泛，将需要定义之外的对象也包含在内）。

驳斥法

苏格拉底通过巧妙的询问引导对话者，最终导向这样的结果：如果对话者逐渐形成的回答是真实可靠的，那么他最早给出的定义便显得缺乏价值。这一点与苏格拉底的驳斥法相一致，揭示出对话者知识的空洞，迫使他从头开始。因此，驳斥法从未阻碍探索，相反地，而是鼓励研究。

拉凯斯的例子

柏拉图揭示苏格拉底策略的诸多例子之一，出现在《拉凯斯篇》中。其中，主角拉凯斯（该对话得名于此）受邀对什么是勇气做出定义。从他第一个回答开始，苏格拉底推出一系列紧凑严密的问题，逐渐颠覆了其所做出的定义。

【文献原文】
追寻勇气的定义

苏格拉底首先根据他反复提出的问题"是什么"确定研究的领域，在这一情节中便是"什么是勇气"。

117

苏格拉底　那么拉凯斯，我们首先来给勇气下定义，然后再来检验年轻人如何才能通过训练和学习获得这种品质。试着回答这一问题：什么是勇气？

拉凯斯　以宙斯的名义，苏格拉底，对我来说这并不难回答：如果一名士兵坚守阵地，与敌人作战到底而不临阵脱逃，便是一个具有勇气的人。

苏格拉底　你说的没错。但是，拉凯斯，可能是我的过错，没有把话说清楚，你回答的并不是我想要的，而是另一个问题。

拉凯斯　你这是什么意思，苏格拉底？

苏格拉底　让我试着解释下。你描述的坚守阵地和敌人做斗争的士兵无疑是具有勇气的，没错吧？

拉凯斯　至少我是这样认为的。

苏格拉底　我也同意。但是，如果另一名士兵他不固守一隅，而是在跑动的过程中与敌人作战呢？

拉凯斯　在跑动的过程中与敌人作战？

苏格拉底　是的，例如和斯基泰人（Sciti）一样，以退为进的作战方法；或是和荷马所赞扬的埃涅阿斯的马匹一样，"四处飞速驰骋"，知道"如何追击和撤退"，他出于同样的原因赞扬善于逃跑的埃涅阿斯，称其为"逃跑大师"。

拉凯斯　对，苏格拉底，荷马说的没错。因为他说的是车战，而你说的斯基泰人都是骑士，骑兵作战当是如此，但是希腊的步兵作战是像我所说的那样。

苏格拉底　那么也许你得把斯巴达人的战斗排除在外了。人们传说斯巴达人在普拉迪亚（Platea）面对轻盾兵时，不愿与之交锋，而是采取了撤退的方式；但是，当波斯人的阵势溃散，斯巴达人又像骑兵一样掉头迎击，赢得了这场战役。

拉凯斯　是的。

普遍性定义的困难

苏格拉底　因此，我刚刚说到，你回答得糟糕是因为我没有很好地进行提问。你看，其实我想问你的不光是步兵的勇气，也是骑士和所有士兵的勇气；不仅是战争之中的勇气，还有海上冒险之人以及面临着疾病、贫穷、政治更迭之人的勇气；不仅是这些与痛苦和畏惧做斗争者的勇气，还有那些顽强地和欲望与快乐做斗争者的勇气。既是坚守阵地，又是以退为进。拉凯斯，你说这些是不是勇气？

拉凯斯　你说的没错，苏格拉底！

苏格拉底　所有这些人都是勇敢的，但是有一些人面对快乐展现出勇气，有一些人面对痛苦展现出勇气，有一些人面对欲望展现出勇气，而另一些人则面对畏惧展现出勇气，还有一些人在同样的情况下展现出怯弱。

拉凯斯　的确。

苏格拉底　我问你的勇气从不是这一种或那一种情况下的勇气。那么，请你再试一下：告诉我什么是普遍情况下的勇气？还是说你尚未理解勇气的意义？

拉凯斯　我还是不甚明白。

普遍性定义的示例

为了帮助被自己的提问弄得不知所措的对话者，苏格拉底试图通过运用一个与快有关的例子，向其解释自己定义的意思。

苏格拉底　让我来解释一下。例如假设有人问你什么是快。快既能够体现在跑步、奏琴、说话和学习中，也能够体现在许多其他情况下，更不用说，还体现在我们的手、腿、嘴、声音和思维的运动之中。你同意吗？

拉凯斯　当然。

苏格拉底　好的。如果有人问我：苏格拉底，这种存在于所有情况中，你称之为快的是什么？我将会回答他：快是在较短的时间内做更多的事情，无论是说话还是跑步，还是其他行为。

拉凯斯　你回答得很确切。

苏格拉底　那么，拉凯斯，现在你也试试看，告诉我什么是勇气。包括可以使用这一术语的各种勇气，也包括面对快乐和痛苦时的各种勇气，以及我之前提及的各种勇气。

拉凯斯　如果需要说出适用于所有情况的勇气的性质，那我觉得是某种灵魂上的忍耐。

苏格拉底　是的，如果要回答我的问题，便应当如此。然而，我并不觉得每种灵魂的忍耐都称得上是勇气。请听我说，你将勇气视为最为高尚的品质之一。

拉凯斯　没错，确实是最高尚的。

苏格拉底　所以聪明的忍耐是美好而高尚的？

拉凯斯　当然。

苏格拉底　那么愚蠢的忍耐便相反，是破坏而有害的？

拉凯斯　是的。

苏格拉底　那么，你会把坏而有害的事物称为高尚吗？

拉凯斯　苏格拉底，我要这么做就是错误的。

苏格拉底　因此，你不会同意将这种忍耐称为勇气，因为它不是高尚的，而勇气则是。

拉凯斯　有道理。

苏格拉底　因此根据你的推理，勇气应该是聪明的忍耐。

拉凯斯　似乎是这样。

苏格拉底　那么，聪明在哪些方面呢，事无巨细？例如，如果有一个人能够预测高额的回报，对此具有谨慎和明智地花钱的忍耐力，我们会称其为勇气吗？

拉凯斯　以宙斯的名义，当然不会。

苏格拉底　再举一个例子。如果一名医生的儿子或是其他什么人受肺炎的折磨，乞求食物或饮品，而医生以忍耐力拒绝了呢？

拉凯斯　不，这也不能称为勇气。

苏格拉底　在战争中，有人决定以逸待劳，因为他知道将有援兵到来，与数量和力量都比自己同伴弱的敌人作战，占据有利地形，你会说这种有智慧、有准备的人比在对立阵营进行抵抗的人有勇气吗？

拉凯斯　不，苏格拉底。我会认为对立阵营的人更有勇气。

苏格拉底　但是他的忍耐与对手相比没那么聪明。

拉凯斯　这倒是。

苏格拉底　在骑兵的对阵中，懂得忍耐而精于骑术的骑兵与懂得忍耐却不精于骑术的骑兵，你会认为前者不如后者有勇气吗？

拉凯斯　我觉得是这样。

苏格拉底　同样，你会认为掌握投石、射箭或其他技能，懂得忍耐的人不如不具备这些能力的人有勇气吗？

拉凯斯　当然。

苏格拉底　那么按照你的说法，那些准备好展现出忍耐力，能下井、潜水或者从事类似行为，却不以此为业的人，比那些以此为业的人有勇气？

拉凯斯　苏格拉底，你怎么能够否认这一点呢？

苏格拉底　如果你这么认为的话，不能。

拉凯斯　但我就是这么认为的。

苏格拉底　但是拉凯斯，与那些掌握了技能的人相比，没有技能的人所进行的冒险和忍耐是不明智的。

拉凯斯　显然如此。

苏格拉底　我们不是刚刚才提到，愚蠢的鲁莽和忍耐是坏而有害的吗？

拉凯斯　是的。

苏格拉底　但我们一致同意勇气是高尚的品质。

拉凯斯　是的，的确如此。

苏格拉底　但现在我们却自相矛盾，认为勇气是丑陋的，是缺乏智慧的忍耐。

拉凯斯　好像是。

苏格拉底　你觉得我们这个推理正确吗？

拉凯斯　不，以宙斯的名义。苏格拉底，我不这样认为。

（柏拉图，《作品集》，P. 普齐译，拉泰尔扎出版社，巴里，1967 年，卷一，959—963 页）

二、高尔吉亚：语言的说服力——赞美海伦
（摘自残篇，11）

【导读】
《海伦赞》中修辞学的重要性

在《海伦赞》中，高尔吉亚罗列了可能导致海伦背弃丈夫墨涅拉俄斯的理由之后，运用修辞学的所有方法，以一系列论证为海伦开脱罪名，赞美海伦，称其无罪。这种手法被人们称作赞美修辞学。

语言是伟大的女性

如果说是语言说服和欺骗了她的灵魂，那么在这种情况下并不难为她辩护和开脱罪责。语言是否是一名伟大的女性，通过袖珍而无形的身体完成最为神圣的使命？她具有解除恐惧、消除痛苦、激起快乐和增加同情的力量。是否的确如此，让我来给大家证实。

例子

证实这一点需要借助听众们的经验。所有诗歌都是韵律的语言：人们听到它会恐惧得颤抖，感动得落泪，或是陷入痛苦的纠缠；人们通过语言能够对别人境况中的幸运与不幸感同身受。但是，容我转向下一个话题。出自语言的神咒能够化悲伤为快乐——咒语的力量能够运用它的魔法，在与灵魂的相遇中吸引、说服、转化其感受。魔法和幻术导致了两种结果，这就是灵魂的迷失和心理的受骗。他们编造虚构的话语进行说服，影响了多少人、多少论题！如果每个人都能保有过去的记忆，认识现在并遇见将来，那么就算语言维持不变，也同样无法进行欺骗！但是事实上人类无法记住过去、探究现在或是未卜先知。于是，关于绝大部分论题，许多人都误将意见当作灵魂的忠告。但是，意见是危险而不可靠的，将使服从于它的人陷入捉摸不定的厄运之中。

语言的说服力量证明了海伦的清白

那么，是什么让已经不再年轻的海伦沦为语言的受害者，就像她被暴力掳走一样？事实上，说服力和逼迫具有同样的力量，只是声名狼藉的方式不同而已。对她进行说服的论述迫使她被说服的灵魂遵从那些话语，赞同那些事件。但是，虽然是说服者在实施强迫时犯下错误，却是被说服者在语言的迫使下蒙受恶名的冤屈。由于与语言息息相关的说服力同样为灵魂施加了自身想施加的影响，哲学家的理论是首先应当考虑的对象，它们用一个意见取代另一个意见，消除一个看法后再建立另一个看法，使得令人难以置信和无形的意见出现在人们眼前；其次需要考虑的是，在论战中单个论述能够取悦和说服大量的听众，是因为它由技巧写就，而非根据真理成文；最后，在哲学争端中，思维的敏捷性也体现在改变意见立场的能力上。语言的力量和灵魂的志趣之间的关系，同药物处方和身体的本质之间的关系是相同的。正如不同的药物处方能够消除不同的情绪，可以和生命一样阻止疾病的蔓延，对于聆听者来说，有一些话语能够带来痛苦，另一些则带来幸福；有一些带来恐慌，另一些则带来勇气；还有一些怀着恶意的劝说荼毒和迷惑灵魂。因此，海伦只是被花言巧语所惑，她有何罪过？独独不幸而已。

（高尔吉亚，《海伦赞》，G.帕度亚诺译，利果礼出版社，那不勒斯，2004年，79—81页）

三、柏拉图：苏格拉底，因承认无知而成为最具智慧的人
（摘自《苏格拉底的申辩》，21bc—23c）

【导读】
苏格拉底的自辩

因为苏格拉底使公民的传统价值陷入危机，他被要求就渎神和提出危险的问题并用对话腐化青年的指控进行回应。根据柏拉图记述的苏格拉底在法庭上的自辩，他强调正是他作为对话者和真理追寻者的活动引发了敌意和诽谤，从而导致官方的起诉和审判。

【文献原文】
与伪智者的比较

我为什么要和你们说这些呢？为的是告诉你们我遭受诽谤的缘由。我听到那句回答，心里就在想："神想说什么呢？他在暗示什么？我意识到自己并不够聪明，智慧既不多也不少。那么，神明说我是最智慧的人是什么意思呢？他当然不是说谎，因为这是不可能的。"他的意思我很长时间内无法理解，随后我才勉为其难地想到办法来探寻其中的真谛。我去拜访一名被称作智者之人，相信只有这样我才能够反驳神谕，向其表明："你看这个人比我睿智，你却说我才是最智慧的人。"我深入地对这人进行考察，无须报上他的名字，这是一名政客，通过检验和与他交谈，让我想将以下话说给你们听：虽然许多人觉得他智慧，他自己尤其这样认为，但是实际上却并非如此。于是，我试图指出，他自认为智慧，其实不然。结果他记恨我了，在场的许多人也记恨我了。离开的时候我自己暗忖：我还是比这个人智慧，

也许我们二人都对美和好一无所知,但是他相信自己知道某些东西,而我不知道也不以为自己知道。所以在这件小事上至少我要比他更为智慧,这就是不知为不知。在此之后,我又去访问了另一个被认为更具智慧的人,结果完全一样,于是他和许多其他人也开始记恨我了。

推导出"不知为不知是知也"结论的谨慎研究

后来我又继续逐个访问,展开研究,内心也因恐惧受人憎恨而痛苦。尽管如此,我还是将顺应天命作为头等大事。为了探明神谕的意义,需要访遍所有被称为智慧的人。啊,苍天在上,雅典的公民们,这就是我得到的经验:根据神的意旨来看,那些名声最响的人,经过检验我发现几乎都乏善可陈,而其他被认为没那么智慧的人,相反却更倾向于智慧的行为。我必须告诉你们,我浪迹天涯,含辛茹苦,最终发现那道神谕是驳不倒的。在政客之后,我拜访了悲剧诗人、赞歌诗人以及其他各种诗人,相信能够就此证明自己比他们无知。于是我拿着他们的诗歌,那些我觉得字字珠玑的作品,询问他们含义,想从他们身上学到东西。但是啊,公民们,我真是耻于说出真相,可我不得不说。坦率地说,所有在场的你们,在谈论他们作品的时候,都能比他们说得要好。我这才明白,诗人们能够作诗并非因为智慧,而是与先知和占卜师一样,出于天性和神授灵感。他们这些人也说许多美好的话,却不知道自己说的是什么意思。我觉得诗人们的情况也差不多这样,同时我意识到,他们因为能够写诗就觉得自己在其他方面同样具有智慧,实际上却不是这样。于是我也离开了这些人,相信自己比他们高明,就像超过政客一样。

最后,我去拜访了手艺人。因为老实说,我知道自己一无所知,但却确定他们知道许多美好的东西。这一点我不会弄错:他们知道我不知道的事情,在这一点上比我更加聪明。可是公民们哪,我发现这些手艺人和诗人犯了同样的错误:尽管他们知道如何实践自己的艺术,却人人都认为自己在其他更重要的方面同样聪明绝顶,这种愚蠢埋没了他们的智慧。于是,为了遵从神谕,我扪心自问是否愿意和原来那样,既不如他们那样智慧,也不如他们那样无知,还是两方面都和他们一样?我对自己和神谕回答道:对我来说,还是原来那样为好。

对苏格拉底的敌意和怨恨

雅典的公民们哪，正是这一番查访为我招致诸多的敌意，这些敌意如此恶毒，如此危险，滋生出许多的诽谤，使人家给我安了智者的头衔。每次周围的人都认为，既然我说他人对某事无知，那我一定是对此事具有智慧。但是啊，公民们，可能只有神明才是真正具有智慧的，他用他的神谕告诉我们：人类所具有的智慧堪怜，甚至毫无价值。看来他并非认为苏格拉底是智慧之人，只是将我的名字用作例子，就像说："啊，凡人们，你们中间最具智慧之人——苏格拉底，已经认识到自己在智慧方面一无是处。"

因此，我至今仍然风尘仆仆，四处奔波，按照神意的指引寻找和检验每一个公民和外邦人中被认为是智慧的人。如果我发现某人并不智慧，便帮助神明指出他并非智者。这一事业让我无暇为城邦效力，为自己的家庭贡献。为了侍奉神明，我一贫如洗。

（柏拉图，《谈话录》，第一卷，尤太特出版社，都灵，2000年，57—59页）

四、柏拉图：苏格拉底与雅典的法律对话
（摘自《克里托篇》，49e—53a）

【导读】

《克里托篇》的主题

这是柏拉图《谈话录》的早期对话之一，回顾了苏格拉底和克里托之间的对话。克里托是苏格拉底最为年长而忠诚的弟子，他在苏格拉底被法庭判处死刑之后在监狱中奔走周旋。

克里托试图说服老师逃走，但是苏格拉底声明自己必须留下来接受惩罚的理由，拒绝了他的请求。

在我们摘选的以想象为背景的谈话片段中，苏格拉底与拟人化的雅典法律对话，向它们提出一系列问题和论据。如果苏格拉底逃离雅典，逃离这座荫庇他、生养和教育他的城市，法律们会说什么呢？

论点

法律们的回答是，无论如何必须遵守法律。如果法律不恰当，人们应该努力改变它们（然而在法律仍然有效之时仍需遵守），永远不能违犯、背叛它们。为支持它们的论点，雅典的法律们指出，它们给予任何人选择的权利：要么接受和遵守法律，符合它们的准则；要么离开这座城市。

但是，苏格拉底从未离开雅典，以此展示自己对这座城邦和体现其精神的法律的眷恋。

之后的选择

因此，苏格拉底不可能违背与法律们的契约，逃离雅典以避免惩罚。由于法无二门，他必须接受处罚。一向遵守雅典法律的苏格拉底现在也应该保持前后一致。

【文献原文】

苏格拉底　法律可能继续说道：

法律：想想吧，苏格拉底，我们说你现在准备做的事情是不正义的，这没错吧？虽然，我们把你带到世界上，养育你，教导你，让你和你所有的同胞分享全部的福祉。然而，我们还是公开宣告同意这样一个原则：所有成为雅典公民之人，只要认清了国家机构和我们法律，如果对我们有所不满，都可以按照自己的意愿，带着自己的所有财产离开雅典。如果你们任何人，假定他对我们和对国家都有所不满，选择去我们的一个殖民地，或者移居任何外邦，我们法律绝不会妨碍或阻止他带着财产去他愿意去的地方。

但是，任何人，当他认清了我们如何进行司法，认清了我们的其他国家机构，仍旧留下来，我们就认为他这样做事实上是同意按我们的意旨行事。我们认为，如果不服从我们，就犯了三方面的罪：首先是违背双亲，因为是双亲养育了他；其次是违背恩师，因为是恩师教导了他；最后，是违背诺言，因为他已经同意服从我们却没有做到，也未曾尝试指出我们有何不足，尽管我们给出的是建议而不是命令，相反甚至给予了他纠正和服从两者择其一的机会，而他却一概置之不理。苏格拉底，如果你做了你打算做的事情，我们就认为你犯了此类罪行，你不再是雅典人之中少受非难之人，而是最该受到谴责之人。

苏格拉底 如果我问法律们："你们为什么这么说？"也许它们会义正词严地指责我，指出雅典人之中甚少有人如我一般与它们签订协议的。它们可能会说：

法律：苏格拉底，我们有证据表明你对我们和国家是满意的，你如果不是特别喜欢这个城市，就不可能住在这里。事实上，除了参与军事远征前往海湾外，你从来没有因为庆典或其他原因离开过这个国家，你也从来没有像别人那样周游列国，或表现出对认识其他国家和其他法律的热望，这说明你一直对我们和我们的国家很满意。既然你热爱我们，同意承担公民的义务，那么一切活动都遵照这个城市的规定，此外，你生育的孩子就是你的确喜爱我们的证明。进一步米说，如果你愿意，在审判过程中你可以要求被判处流放，也就是说你可以得到国家的批准，做违背你意愿的事情。但是你表现得大义凛然，无惧生死，声称相比流放更愿意选择死亡。而今你要食言，不尊重我们法律，甚至试图践踏我们；你不顾你所签订的履行公民职责的契约和许下的诺言，试图逃之夭夭，你的行为简直比最低贱的奴隶还要下流。回答我的问题：你的确用行动和语言许诺，要像一个公民那样生活，这是否符合事实？

苏格拉底 哦，克里托，我应该怎样回答呢？我们是否只能承认这一点呢？

克里托 别无他法，苏格拉底。

苏格拉底 它们可能会继续说道：

法律：那么，如果你不违背你立下的誓约和许下的诺言，又该怎么做呢？你不是受到欺骗或者被迫在短时间内做出决定，而是有整整七十年的时间进行思考。在此期间，若是你对我们有所不满，认为法律不甚正义，自可以选择离开。但是，你并未偏爱斯巴达或者克里特这两个你常常称颂的法律完备的国家，抑或选择其他希腊城邦和外邦。相反，相比瘸子、盲人和身有其他残疾之人，你是最少离开雅典的——你比其他雅典人都更加喜爱这座城邦以及我们的法律。事实上，离开法律，谁会喜爱一座城邦吗？现在，你不愿意继续履行自己的诺言了吗？听听我们的劝告吧，苏格拉底，这样你才不会因为逃亡而遭人耻笑。

（柏拉图，《全集》，拉斯科尼出版社，米兰，1991 年，60—62 页）

第三章
柏拉图: 哲学与政治宏图

人们应该即刻展示事物的全貌, 而无论这么做有多费力。因此, 倘若听话的人真的是一个哲学家并能够胜任此事的话, 他就会认为自己听到的, 是关于一条非凡道路的言论, 必须立刻踏上这条道路, 除此之外的别样生活将是不可能的。

(柏拉图:《第七封信》)

1. 什么样的交流媒介最适用于哲学思考的表达?

2. 什么是多元世界的唯一实在? 我们如何才能认识这个唯一?

3. 人是否存在某种不朽的组成部分? 我们可以看到它吗?

4. 如何区分真理和意见? 认识真理需要借助何种方法?

5. 什么是爱? 如何区分肉体的爱和精神的爱?

6. 应该选择什么样的人来管理社会? 依据其能力、智慧还是说服力?

7. 如何区分善与快乐?

柏拉图年表

时间	事件
前 428/ 前 427	柏拉图诞生于雅典
前 389—前 388	柏拉图与毕达哥拉斯学派的阿契塔相遇
前 388	柏拉图成为叙拉古僭主狄奥尼修一世的亲属 狄翁的朋友与老师
前 387	柏拉图回到雅典，成立雅典学园
前 367—前 365	柏拉图第二次前往叙拉古
前 361—前 360	柏拉图第三次前往叙拉古为狄翁辩护，但是不幸被囚，在阿契塔的帮助下 才得以脱身
前 360	柏拉图最终回到雅典，完成《理想国》的写作
前 347	柏拉图卒于雅典

历史大事年表

时间	事件
前 431—前 404	伯罗奔尼撒战争
前 404	古典希腊文明开始衰落
约前 397	希腊历史学家修昔底德去世
前 390	雕塑家兼青铜匠人留西波斯诞生
约前 385	雅典最伟大的喜剧家阿里斯托芬去世
前 375	雕塑家普拉克西特利斯诞生
前 338	喀罗尼亚战役失败: 雅典落入马其顿人的统治之下

☙ 1. 柏拉图时期的雅典 ❧

政治冲突和苏格拉底之死

公元前 5 世纪，斯巴达在伯罗奔尼撒战争中经历了长期的挫败，而雅典则在多年的内部冲突后打开了民主的新局面（前 403）。这是一种保守的民主，尚未准备好迎接城市文化中弥漫着的不安和新的躁动。

苏格拉底被判处死刑（前 399），就发生在上述背景下。苏格拉底的死，是一个试图通过激发市民变革创新和自我提升以保障城市福祉的智者之死。许多人因为他的死而陷入哀痛，其中就包括苏格拉底最杰出的学生柏拉图。他独立自主地发扬了老师的学说。

柏拉图认识苏格拉底之时约二十岁；斯巴达击败雅典时，他二十四岁；苏格拉底去世那年，他也才二十九岁。他的一生、经历及思想，遵循着苏格拉底的道路，追寻着苏格拉底之问的圆满答案。

☙ 2. 生平：政治与哲学之间的辗转旅程 ❧

公元前 428 至前 427 年间，柏拉图出生于雅典的一个贵族家庭。他的真名是阿里斯托勒斯（Aristocle），而柏拉图（Platone）是其绰号。根据一些人的说法，这是因为他精力旺盛，肩膀宽阔；而另一些人则认为，因为他前额宽而平，几乎成为他广博思想的外在象征（plátos 在希腊语中意味着"宽度""辽阔""延伸"）。关于他生平的信息，主要来自后人考证为其所作的十三封书信中的第七封。

《第七封书信》清晰地展现了柏拉图的学术历程（哲学研究与政治规划相交织），与其生平脉络和思想发展之间有紧密关系。

最初的旅行

在苏格拉底死后，柏拉图认为自己应该离开雅典一段时间，和其他苏格拉底一派的人一样，他前往麦加拉避难。在麦加拉之后，他前往昔勒尼，即来到埃及境内，并在当地深化了自己的数学知识，近距离地了解了那些古老文明的文化。最后，他来到意大利南部——毕达哥拉斯学派的阿契塔执政的塔兰托以及西西里岛，当时是在僭主老狄奥尼修统治下成为地中海强国的叙拉古。受苏格拉底的启发，他寻找对其学说和建议感兴趣的统治者，以期与他们建立联系。如果良好统治的前提是知道何为善，那就需要让恰好知道什么是善的哲学家们接触权力。他原本寄希望于在意大利找到更为智慧的统治者，结果却大失所望。

叙拉古遭厄和雅典学园诞生

结识年轻的狄翁——狄奥尼修的连襟——是柏拉图在叙拉古唯一愉快的经历，狄翁饶有兴趣地聆听柏拉图的谈话。但是，这一旅程未能善终：当柏拉图谴责狄奥尼修的专制暴政时，狄奥尼修命人将其送上斯巴达大使的船只，并且密令将他当作奴隶对待以示报复。于是，柏拉图流落到爱琴那（Egina）繁荣的奴隶市场，在此遭到奴役，直至被人赎身才得以回归故土。

《希腊商船》，黑绘式基克里斯杯，公元前 6 世纪。
伦敦，大英博物馆。

这一经历为柏拉图的治学生涯开启了新的篇章。柏拉图在雅典购买了一块土地，建造了缪斯（Muse）的圣殿和一座作为校舍的建筑——学校被命名为学园[Accademia，来自所购土地上以英雄阿卡德莫（Accademo）命名的花园]。学园如同真正的学校一般，人们不仅能够在其中讨论和潜心研究理论，也能够接受培养，成为一种凭借其活动与其他人相区别的"思想的工作者"——哲学家。

数学家、天文学家、医学家、政治顾问……学者们从雅典的各个角落来到学园。柏拉图继承苏格拉底的传统，在学园中发展了关于政治和道德论题的教育性谈话，同时科学研究，尤其是数学和天文学领域的研究也得到了深入的发展。

在叙拉古的第二次和第三次停留

在雅典学园成立之后约二十年，即公元前367年，自父亲去世后掌权叙拉古的小狄奥尼修二世（Dionisio II il Giovane）根据狄翁的建议，征召柏拉图作为自己的政治顾问，年逾六十岁的哲学家接受了邀请。这样一个理念激励着柏拉图——如果想要将自己关于法律和国家的宏图付诸实践，这就是行动的时刻。但是，由于小狄奥尼修和狄翁之间的意见分歧，后者因涉嫌阴谋反对新僭主而被流放，柏拉图放弃计划，于公元前364年回到雅典，重新在学园中执教。

狄奥尼修由于仍然需要依靠柏拉图的建议，三年之后（前361）再度对他发起征召。但是，柏拉图在叙拉古与狄奥尼修产生了冲突，将僭主转化成哲学家似乎是一个不可能完成的任务，柏拉图几乎沦为囚徒，直至塔兰托的阿契塔介入，他才重获自由，最后回到雅典（前360）。

《第七封书信》的渊源和柏拉图的晚年

之后，狄翁集结军队，占领了叙拉古，却丧生于一批谋逆者之手，狄奥尼修重掌政权。在这一背景下诞生了《第七封书信》——柏拉图写给狄翁朋友、澄清与此阴谋毫无关系的信函。

尽管柏拉图在积极的政治方面屡受挫折，但是在他余生的最后时间，正如《法律篇》（Leggi）的对话内容所显示，仍然保持着对政治问题的浓厚兴趣，这一文章因为柏拉图之死（前348—前347，此时他已80有余）而未能完成。此时，雅典与马其顿的菲利普（Filippo di Macedonia）之间的较量才刚刚开始。

政治抱负，引导柏拉图思考的动机

柏拉图以对话为形式的写作，倾向于不甚严密地对所涵盖的主题进行阐释。在此意义上，柏拉图哲学的核心元素——关于理念的学说——是指向性的，只是对话中所有研究的参考点和背景，从未得到特别的说明。

但是，柏拉图本人在《第七封书信》中，通过他自苏格拉底去世后所写的作品，表明了一条连贯的线索：理念是拯救希腊世界（首先是雅典）的一种政治热忱，只有通过哲学活动才能超越城邦内部以及城邦之间的本位主义和利益对立，为它们指出明路。

3. 柏拉图与写作：作品和沟通的形式

◆ 3.1 柏拉图作品的分类与性质

柏拉图是第一位留下全部作品的思想家：三十四篇对话录，一篇论述（重现了苏格拉底的自辩）以及一部十三封信件组成的书信集。这部书信集与其他一些归于他名下的对话和短篇一样，真实性有待商榷。

现代学者们将他最主要的作品进行分类，分成三类，分别对应柏拉图一生的三个阶段：

1. 青年时期作品，或称苏格拉底风作品，作于苏格拉底死后，柏拉图第一次前往西西里岛旅行之前（前399—前388）：《苏格拉底的申辩》《伊安篇》《克里托篇》《游叙弗伦篇》《查米迪斯篇》《拉凯斯篇》《吕西斯篇》《大希庇阿斯篇》《小希庇阿斯篇》《普罗泰戈拉篇》。

2. 成熟时期作品，作于第一、第二次西西里岛旅行之间漫长的雅典时期（前387—前367）：《高尔吉亚篇》《美诺篇》《斐多篇》《欧绪德谟篇》《美涅克塞努篇》《克里托芬篇》《理想国》《克拉底鲁篇》《会饮篇》《费德鲁斯篇》。

3. 老年时期作品，作于第二次旅行之后、逝世之前（前 365—前 347）:《泰阿泰德篇》《巴门尼德篇》《诡辩篇》《政治篇》《斐莱布篇》《蒂迈欧篇》《克里提亚斯篇》《法律篇》。

未成文的学说

包括亚里士多德作品在内的各类文献资料记录了柏拉图未形成文字的学说，与对话录中的内容并非完全一致（但是并不冲突）。关于这些学说的真实性和意义，学术界存在着争论。

受苏格拉底影响的选择：对话的形式

除了《苏格拉底的申辩》（关于尊崇司法的长篇论述）和书信集之外，柏拉图在作品中选用的表达形式都是对话，但是，在柏拉图的学术进程中，对话的意义有所演化：如果说一开始对话是不同观点之间的开放式讨论，之后则逐渐具有以完整形式表达柏拉图学说的倾向。

因此，随着时间的推移，对话的走向和苏格拉底在其中扮演的角色也有所改变。柏拉图早期的对话作品生动而充满灵气，仿佛剧本一般，其中绝对的主角苏格拉底的论证旨在把对话者将死。

根据推测，柏拉图就是在这些对话中忠实地还原了老师的思想。

在第二阶段，苏格拉底（总是位于对话的中心）的对话者开始随机支持某一论点，但是并不确信。苏格拉底则不再使用提问的策略，而是井井有条和连贯地表达自己的观点（已经是柏拉图的观点），逐渐让在场的听众信服。

在更晚时期的对话中，苏格拉底的角色逐渐隐去，直至在《法律篇》中完全消失。

在这一过程中，柏拉图重塑了对话的形式，使之适应其思想的发展，并时不时地创作出融合深刻哲学思想和极高艺术水平的文字。另外，通过将人物置于相遇、论述和其他具体场景中（大部分是可考的真实历史事件），柏拉图的对话成为记录公元前 4 世纪时期雅典的大环境、政治文化界大家 [如普罗泰戈拉、高尔吉亚、克里提亚斯（Crizia）、阿尔西比亚德斯（Alcibiade）] 以及雅典和希腊文化传统之间关系的鲜活的文献资料。

◆ 3.2 书面语言和口头语言

沟通与思想：书面语言的局限性

柏拉图选择对话作为表达形式的原因有二：一方面作为向苏格拉底及其哲学探索模式的致敬；另一方面更是因为意识到书面语言具有局限性，无法充分地表现思想的无限活跃。

与将思考的结果局限为固定格式的书面文章不同，就像雅典学园内部所发生的一样，活跃的哲学探索随时随地进行着，在提问和回答的交替中迎接新的发展。书面文章一旦成型就一成不变，无法回应读者的质疑和好奇心，只能重复自身所涵盖的信息。

另外，书面文章不论对方是否是专家，都以同样的方式面对所有读者。口头论述则相反，通过选择更适合受话对象的方法和时间，能够使沟通个性化，从而避免产生误解。只有在对话、在学习特有的思考和大声辩论的习惯中，人们才能够随着自己的步调，逐渐学会如何进行哲学探讨。雅典学园正是如此，年轻和不甚专业的学生在与老师的直接接触中学习，而老师们则在不断的交流和讨论中完善和深化自己的理论。

◆ 3.3 作为哲学论述工具的神话

哲学研究的困难和诉诸神话寻求帮助

人类在哲学研究的道路上不断遇到问题，很多难以运用推理和论证进行分析和解答。在这一背景下，柏拉图式神话诞生了，当理性思维的真正工具遇到困难时，神话被编造出来。神话填补了哲学研究的"空白"，以貌似真实的论述为其助力。

另外，对于尚未具有足够的哲学修养而暂时无法讨论某些命题的人，神话则发出了令其踏上追寻知识之路并形成由浅入深的理解的邀请。

神话的作用

根据情况不同，柏拉图对话中的神话具有以下两种作用：

·通过运用图像，使理性思考的对象或尚未得到充分开发的命题更易理解。神话被作为范例，以最为简单的方式对事物进行解释，几乎是真正的理性分析的序言和准备阶段。

·应对超出人类知识范畴的问题（例如，死亡之后灵魂的命运），并就无法被展示的复杂领域提供一些可能的指导和判断。在某种程度上，神话是理性分析的"延伸"，触及的是其无法到达的领域。

但是，柏拉图所引述的神话并非古老的神话。在他看来，这些传统神话具有欺骗性和误导性，因为它们对血淋淋的主题轻描淡写，赋予神明不符合其至高无上神性的行为，将人类的恶行归咎于神明的意愿。

尽管有时候柏拉图的论述也涉及传统神话传说中的人物形象，但是这更像是为使受话者更容易理解那些重要而晦涩的命题所进行的原创。

◆ 3.4 沿着苏格拉底的道路

抨击诡辩家的相对主义

柏拉图研究的出发点是苏格拉底的对话，在这些对话中，对话者一开始确信无疑地表达自己的观点，却在之后发现这种确信是虚无、含糊和矛盾的。凭借其质疑，苏格拉底重点指出这些意见的苍白无力和毫无根据，同时指出困扰雅典的罪恶之源在于缺乏切实可靠的知识。

相对主义和人类知识的不稳定性是政治动荡的根源：如果人们不知道何为善，何为恶，又怎么能够为城市谋福祉呢？苏格拉底的功劳在于通过这种方式，揭露这些新大师智慧的虚伪。

修辞学在哲学面前的局限性

在同名对话作品《高尔吉亚篇》中，苏格拉底和高尔吉亚的交锋清晰地展示了他对于诡辩家及其基本手段——修辞学——的批判。柏拉图通过苏格拉底之口，指出了修辞学作为伪装或诱惑的工具时的局限性，甚至有害之处。

哲学是真正的政治艺术，能够带来美德（苏格拉底将其解读为"知识"），使灵魂在其中找到真正的善；而修辞学无须真正的知识，仅仅是以简单的说服为目的的技能。

《高尔吉亚篇》中所进行的分析展现了愉悦和善的区别：前者被解读为满足自己的私利，不惜给他人造成损害；而后者，即美德，是秩序和公义，是超出个人利益的道德标准。

青出于蓝而胜于蓝

从苏格拉底的教诲中，柏拉图确定了第一个方向：他与表面上看似坚实可靠的观点相决裂，若非如此，世界便会让位于花言巧语，让位于无关价值的语言的堆砌，甚至在极端情况下让位于真正的暴力。

在反思苏格拉底论题的过程中，柏拉图认为需要更进一步。苏格拉底已经阐明，关于意见的谈论是毫无根据的。那么，是否可以构建一个有根有据的论述，能够解释苏格拉底作此论断的意义以及其原因？是否存在一个普遍性的论述，能够超越意见的易变性和利益的特殊性？

苏格拉底"高尚的诡辩法"的局限性

苏格拉底坚信对话作为工具的价值：对话能够种下疑惑的种子，引导人们进行研究，对善进行定义并追求美德。

但是苏格拉底的对话所围绕的美德、智慧和正义是什么呢？尽管苏格拉底已经指明了方向，但是他的对话中却不存在对于这些问题的回答。他的嘲讽推翻了对话者当前的主张，却并不能推导出最终的真理。相反，在某种程度上，他的嘲讽和驳斥具有沦为诡辩的危险——尽管这是一种"高尚的诡辩法"，是与真正的诡辩派雄辩家进行的才能演练，能够推翻他们的论点，但是并不能获得切实可靠的知识（因为苏格拉底是"无知之人"）不同的。

于是，柏拉图认为应该进一步思考：在研究之外是否能够发现以普遍价值和永恒而不变之物的秩序为基础的恒定真理？或者说，是否可能识别出一组永恒而客观的价值，以定义什么是善，什么是正义，什么是公平公正的国家和公民，建立从这些道德标准中汲取力量的政体？

《赫拉克勒斯（Eracle）释放普罗米修斯（Prometeo）》，黑绘式阿提卡陶器，公元前 6 世纪。
雅典，国家博物馆。

⤞⋅ 4. 关于理念的学说 ⋅⤝

◆ 4.1 存在的两种形式：理念和可被感知的事物

苏格拉底"X 是什么"问题的答案和理念的存在

从对被称为"理念的理论"的精心研究中产生了对这些问题的回答。这一理论是柏拉图学说真正的核心，尽管随着时间的推移它发生了明显的调整，但是在几乎所有对话中都直接或间接地有所体现。理念理论的起源是苏格拉底的问题"X（美德、正义、虔诚等）是什么"。凭借这个问题，苏格拉底将思维导向一般概念，某种事物的本质，即使之成为这种事物的、构成其所有性质的集合。对于柏拉图来说，苏格拉底的疑问所窥见的朦胧的普遍本质是理念。

术语"理念"来自希腊语动词 idéin，"vedere"（看见）；理念是人们所见之物，是一种特定现实的实质。但是，这一术语指的并不是通过视觉器官双眼所见之物，而是通过"思想的双眼"所领悟之物。因此，理念是智力的对象，是智慧的实质，是不同的特殊现实中普遍而均一的组成部分。例如，在不同的正确行为中所体现的正义的理念（每一种都是正义的特殊情况，而非"正义"本身）。美、善、正义、

139

美德、勇气，苏格拉底追寻这些道德标准，却没有能够将其定义为理念，即能够通过思想而非感官（总是以特殊情况作为对象）所感知的实质；例如不是普遍意义上的美，而是这个或那个美的事物。

理念是不变而永恒的现实

因为这些道德标准具有稳定而普遍的特性，作为真正的存在，与它们置身其中的可感知事物不同，从不改变或消失。

与出现、改变随后消失的可感知事物不同，理念是不可改变而永恒的，不受变化的制约。一种美的事物，例如一棵美丽的植物不可能永远存在，并且在存在期间就算不变丑，美丽的程度也会有所下降，直至完全消失，不复存在。所有美丽的事物都可能因为不幸的遭遇，从地球表面上消失。相反，美丽的理念从不减弱，总是保持不变。

因此，柏拉图的理念与我们获得经验的事物有所不同，具有区别，是真实存在的实在，而不仅仅是精神内涵；是构成感官世界的个体之外的真实存在。于是，柏拉图概括出一种本体二元主义，即将存在分为两个层面：

· 可理解的实在（理念）。
· 可感知的实在（经验的世界）。

理念是事物的典范

根据柏拉图的观点，理念是范例，是个别可感知事物的完美典范——理念总是以有限而不完善的方式实现（美的确存在，但完美并不存在；正义的人的确存在，但是没有人能够体现绝对的正义）。由于我们能够从感官经验中获得认识，例如，在认识到什么是美之后，我们就必将以美的理念作为典范。因此，美的理念是所有美的事物的范例。

感官世界中美的事物是美的仿制品，之所以为美（尽管不甚完善），是因为它模仿了美的理念所构造的美的典范。从这个意义上说，美的理念是美的事物成为美的原因和形成的源泉。换言之，美的理念是美的事物存在的原因，如果没有美的理念，就不会有美的事物。因此，理念是人们判断（和思考）事物及其存在原因的标准，是事物存在和可被认识的根源。

为了强调理念的普遍性和稳定性，柏拉图曾说这两个性质存在于理念本身，也是理念存在的原因。举例来说，美并不仅仅与单独的个体有关（如普罗泰戈拉所作的论断将人类提升为万物的尺度），而是适用于所有情况的绝对参考基准。

◆ 4.2 理念的种类

诸天之外的存在

在名为《费德鲁斯篇》的对话中，柏拉图将诸天之外的存在称为理念的整体，在字面意义上指"高于天空之处"，即非实体的位置。事实上，理念不具有可感知的性质，而是思维的对象，和思维一样"居住于"纯粹的感官和仅能用智力了解的世界之外。诸天之外的存在构成了实在的维度，智者只有通过推理才能够领悟。

价值和数学—几何理念

柏拉图首先指出存在的理念是代表美学、政治和伦理的价值，如美、正义、忠诚，即苏格拉底所谈论的道德规范。

除了这些之外，他也指出了有关数学和几何实体的理念，如对等的理念。柏拉图所谈论的对等是完全的对等，如数学由严格的理性准则所定义。例如，几何学将两个具有一条相等的边和两个相等的角的三角形定义为全等三角形。

理念，可感知事物的典范

在第二时期，柏拉图拓宽了理念的领域，将价值的理念以及具有数学—几何性质的理念推及有关不同存在的理念：

· 既包括自然的方面（例如树木、河流等）；
· 也包括人类创造的方面（例如桌子、房屋等）。

可感知的事物总是具有个性特征：这是一棵松树，具有独特的针形叶，四季常青；那是一棵栎树，叶子呈廓形，秋天落叶，春季复萌。尽管如此，人们都用同一个术语"树"来指代这两样事物。语言揭示了现实中存在一种典范，可以适用于不同的可感知事物，但自身并不被感知。

在上面的例子中，树作为一种普遍性的实体（能够适用于所有同类客体之物），其理念与可感知的事物完全不同。这是因为，作为典范的理念是事物存在的原因，在可感知的世界中，万物皆有其理念。

每一个作为典范的理念都是特定类别的所有个体存在的起源，例如，树的理念是可感知的世界上所有树木的起源。

理念和可感知的事物：模仿和分有

存在的事物与构成其典范的理念之间具有什么关系？对此柏拉图的思考是摇摆不定的，并未给出一个清晰的结论。他谈论到：

- 模仿（mímesis）：可感知的事物是以不完善的方式体现其所反映的理念。
- 分有（méthexis）：可感知的事物分有理念，即在这些事物内部具有对应理念呈现完美状态时的特征。

理念是事物存在的原因

可感知的事物通过理念介入，从中获得自身存在的起因和解释的方法。理念是事物存在以及为何以此方式存在的缘由。

"自然主义哲学家同样试图寻找所有存在之物的本原和起因，"柏拉图如是评论道，"但是他们的解释具有纯粹的物理性质，无法令人满意地解决所面对的问题。"

关于事物产生的深层原因，《斐多篇》中有一个切实的例子阐释了物理解释和真正的解释之间的差别。柏拉图借苏格拉底之口，条理清晰地陈述了自己的推理："为什么我，苏格拉底，坐在这个监狱之中？"自然主义的解释只能局限在：苏格拉底的身体由骨骼、神经、肌肉和关节构成，使他能够移动、静止和坐下。但是苏格拉底身陷囹圄的真正原因是他选择接受雅典法官的裁决，遵守城邦的法律，因而拒绝逃亡。

为探明事物存在的真正原因，我们需要超越物质层面和感官认识，在永恒而不变的理念领域——诸天之外的存在——之中寻求答案。

介入的逻辑问题

分有可能采取的不同形式：

1. 任何可感知的事物都能够同时分有多个理念。例如，一件美的事物可以同时小巧或庞大，沉重或者轻盈，等等（多种分有）。

2. 同样的事物能够分有，即与定义过程中相互对立的理念建立关系。例如，一种事物可能比一种更轻，而比另一种更重，在此分有了轻与重两个理念。通过这一对比，我们得到了通过差异而产生的定义，之后会从不同角度看待同一事物。

3. 但是，没有一种事物能够同时且从同一种角度分有某种理念及其对立面。例如，没有什么能同时被定义为重和轻，否则就会产生矛盾。

这是柏拉图所阐述的逻辑问题之一，也是之后许多思想家所不断思索的课题。

◆ 4.3 理念的等级

善的理念，所有理念的起因

在《理想国》中，柏拉图深入地探讨了理念的理论，声称存在一种至高的理念，是所有其他理念的起因——这就是善的理念。尽管种类繁多、各有不同(道德规范、数学几何实体、可感知事物的理念)，但是理念是具有等级的有序集合，在等级的顶端是道德规范的理念，而位于其至高之处的便是善。

正如特定的事物分有理念一样，其他理念同样如此分有善，即在自身之中反映善，从善的理念中获得完美。

太阳：善的象征

在《理想国》的一节中，柏拉图大致地指出善这一至高的道德规范存在于哪些方面。为了谈论这一非常重要而复杂的话题，并使其更易理解，他使用了一种形象的语言，将论述从善转移至"善之子"——太阳，它的形象有助于以此类推地阐明至高的实在，所有理念的顶峰——善。

在感官世界中，眼睛在微光或者昏暗的情况下视物，只能看清少许，甚至什么也看不到；而如果在日光下观察同一些事物，我们却能够清楚地看到其形状、颜色、体积等。这是因为太阳使事物变得可见，使双眼能够恰当地发挥其作为视觉器官的作用。然而，太阳并不仅限于照亮事物，通过其热量还能够滋养万物，使其生存，因此是事物存在的起因。与太阳具有相似功能的是仅能被智力理解的实在，即理念实在中的善。首先，善的理念照亮其他的理念，换言之，使其能够被智力理解，因此成为其可认知性的原因。我们也可以说，善的理念是其他理念存在的原因和意义，是它们之所以成为它们的缘故；由于理念又可感知事物的成因，因此善的理念是所有实在的绝对本原。

事物的超感官本原

通过这种方式，柏拉图将第一代哲学家们的研究结合起来，但与他们有所不同的是：对于第一代哲学家而言，事物的本原具有内在性，即事物的本原是位于其

《马车上的太阳神》，红绘式花瓶，公元前 4 世纪。
慕尼黑，州立文物博物馆。

内部之物；而对于柏拉图而言，某种超感官、先于（即超越）事物并位于事物之外的独立之物才是其本原。

◆ 4.4 理念和语言

语言的问题：两个对立的命题

在《克拉底鲁篇》中，柏拉图分析了语言以及事物与名称之间的关系。谈话的主角是赫拉克利特的学生之一克拉底鲁（Cratilo）。

在对话中，克拉底鲁认为语言自身就能够反映事物的性质（称呼其名字，即等于谈论这一事物），因此语言能够让我们了解实在。

与克拉底鲁的论点相反，有部分人认为语言是约定俗成的某物，从人类群体内部的协议之中产生，决定用 X 作为名字指代某样特定的事物。其他所有事物的命名方式也以此类推。

柏拉图的论点：语言是一种工具

柏拉图对上述两种理论并不认同。根据他的观点，语言是一种工具，人们选择它是因为它能够实现特定的目标——指代事物，将其与其他事物相区分，以便加以认识。和其他工具一样，语言的有效性和正确性只有使用者才能够评估，也只有使用者才能够检验语言是否胜任其既定的功能。在命名方面，什么人能够担任"法官"？只有认识事物的存在，即理念之人才有资格担任。因此，理念的知识成为判断的准绳，我们以此为基础才能判断某一名字是否妥当。

词语和谬误

"语言总是正确地表达事物的实在。"——无论是支持名字源自自然之人，还是认为语言是习俗的产物之人（因为习俗一旦确立，便为人所接受）都认可这一命题。但是，站在语言是一种工具的立场上，柏拉图对此并不认同。

同样，他使得巴门尼德的学说陷入危机。后者认可存在和语言之间的对应性，认为真理和存在具有一致性，虚假和不存在同理，因而虚假不可能被言说。相反，柏拉图并没有排除谬误的可能性，他认为语言也有可能叙述虚假的情况。

❧ 5. 人类、死亡和永生 ❧

人类和超感知

理念的世界位于可感知的现实之外，具有仅凭智力才能理解的形象，只有通过思维的眼睛才能够被领悟。那么，迷失在可感知事物之中的人类，怎样才能够接近真正的存在，从意见的多样性和变化性层面提升到以理念为对象的真正的知识层面呢？他们怎样才能够学会善和正义，这些唯一能够保证城邦和个人生活稳定有序的道德规范呢？这些问题引导我们进行反思，探索涉及如人类的本性、认识以及学习的过程这些互相之间紧密相连的命题。

◆ 5.1 人类的本性

由躯壳和灵魂组成的人类

人类由灵魂和躯壳组成，因而具有复合的性质。在柏拉图的观点中，灵魂与躯壳是有所区别甚至相互对立的组成部分：

· 一方面，躯壳只有在需求和感官刺激的推动之下才行动，是不合理的激情和冲动的场所，从中可能产生任何形式的恶；

· 另一方面，柏拉图认为灵魂是最为优秀而珍贵的部分，是人类的真正实体，甚至认为灵魂的善——美德——就是人类本身的善。

◆ 5.2 躯壳是灵魂的坟墓

肉体：灵魂的牢笼

出于自身的需要，躯壳阻碍了灵魂与最符合其志趣的可知现实之间的持续联系。当肉体倾向于获得生理与物质的满足时，灵魂则倾向于获得知识和真理。那

146

么，当肉体需求的问题接踵而来（设法谋求生存必需品、面对危险自我保护、休息等）之时，人类如何才能够投身于学习知识、研究真理和沉思呢？

显然，躯壳对于灵魂的活动构成了严重的阻碍，甚至成为一种拘禁灵魂的监牢或坟墓——柏拉图如是说道，并将其与毕达哥拉斯学派的俄耳甫斯传说联系在一起。

哲学：死亡的演练和生命的练习

在《斐多篇》讲述苏格拉底人生最后时刻的对话中，通过老师之口，柏拉图这样阐释道：当灵魂与躯壳相结合时，如果希望完整地实现自身的本性，升华至仅凭智力才能够理解的认识，就需要试图摆脱躯壳的制约。

在这一意义上，真正的哲学家——被定义为"热爱真理之人"——渴望死亡，而真正的哲学则是"死亡的演练"，即为脱离躯壳的幸福时刻所做的准备。

同时，哲学作为一种卓越的精神活动，是"真正生命的练习"，使灵魂提前感受到摆脱笨重躯壳之后能够与可知现实建立完美而持续的联系。

《雅典战士的墓碑》，浮雕，公元前 5 世纪。伦敦，大英博物馆。

◆ 5.3 支持灵魂不朽的论点

《斐多篇》：灵魂与理念的相似性

灵魂在尘世生活中被禁锢在肉体的牢笼内，在躯壳死后仍然存在，终于能够自由地按照自己的真正本性来实现自我。

柏拉图在《斐多篇》中通过多种论据验证了灵魂的不朽，其中最为重要的论据以灵魂和理念之间的相似性作为基础。如果灵魂与永恒而不变的实在具有相似性，我们怎么可能领悟它呢？灵魂的认识活动证明了其不朽性。柏拉图通过苏格拉底之口建议道：如果通过认识，即与永恒的理念建立起联系，已然超越死亡，尝到了不朽的滋味，那么还有什么好畏惧的呢？根据轮回转世（灵魂的转移）的理论，灵魂不仅比肉体存活的时间长，也比其存世时间早。以灵魂的双重优越性（与肉体相比存在早、存活久）为基础，柏拉图在《斐多篇》中接连叙述了以下论点：

·第一个论点以时间循环概念为基础，认为所有的事物都通过增长—减弱（由大变小，由小变大）、组合—分解、加热—冷却等过程，产生于其对立面（交替转化）。以此类推，从生到死之后，会再次经历由死到生。

·第二个论点以灵魂先于躯壳存在为核心，以灵魂能够记住前世所获得的概念理论为基础（轮回转世）。

·第三个论点认为，灵魂是生命的起源，因而其内部无法容纳其对立面死亡。

《赫尔摩斯收殓萨尔珀冬（Sarpedonte）的遗体，引领其进入冥府》，红绘式陶器，公元前 6 世纪末。罗马，维拉·朱里亚国家博物馆。

◆ 5.4 灵魂在亡故之后的命运

在《斐多篇》中，灵魂轮回转世的内容占据了大量的篇幅。在糅合哲学思想和宗教学说之后，柏拉图草拟出关于灵魂命运的壮丽篇章（在其他对话中得到完整表述）：

·根据柏拉图的解读，有一些灵魂在尘世阶段与肉体关系密切，受激情和感官愉悦的奴役，甚至在死亡之时都无法从肉体的束缚中解放出来。这些灵魂无法回到阴间——希腊传说中的九泉，而是和幽灵类似，在特定的时间内游荡在陵墓周围，直至根据前世的表现，投胎转世进入人或动物的躯体。

·有一些灵魂过着有德的生活（以普遍的美德作为典范，而非根据哲学的美德范例），投胎转世时便会成为正直的人类或者驯良的动物。

·有一些灵魂将自己的兴趣投入对知识的热爱之中。这些灵魂受到哲学的培养，完全地脱离了躯体，无须再度转世，有幸领悟理念，可以重新回归神性。

·在极端的反例中，有一些灵魂由于犯下了不可饶恕的罪孽而被发配到希腊神话中的地狱——深渊。

伊尔（Er）的神话

由于在处理类似主题时遇到问题（宗教元素因此被赋予重要性），柏拉图开始寻求神话传说的帮助，来支持自己的哲学论述。

《理想国》中提到的伊尔的神话以灵魂注定要轮回转世为讨论对象。柏拉图的观点与希腊人的信仰相反，后者认为关于人类命运的任何决定都应该由神祇和涅刻西塔斯[①]做主，而柏拉图坚持灵魂可以在命运三女神（Moire，掌握人类生命线的神明）之一的拉切西斯（Lachesi）建议下，而非指定的生命模式中自由地做出选择。

因此，每一个灵魂都需对自己的选择负责，这样一来人类的行为举止才能够合法地接受正义的支配，根据行为的不同获得奖赏或是遭到惩罚。

伊尔的事迹阐述了"人类的灵魂具有选择自己命运的可能"。他是一名勇敢的战士，在战斗中牺牲，却奇迹般生还，向人讲述自己在阴间的所见所闻。

———————————
① 罗马神话中命运和必然性的拟人化神。——译者注

《有翼马车上的厄利俄斯（太阳神）》，红绘式陶器，公元前 5 世纪末。
伦敦，大英博物馆。

有翼马车的神话

《费德鲁斯篇》中讲述的另一个神话是关于灵魂与躯壳结合的问题，试图解释与理念相似的灵魂（属于超感觉的世界）降临进入躯体（属于感官世界）的原因。柏拉图启发我们想象：人类的灵魂就像是高空（领悟真理之所）中由驭车者驱策的两匹骏马拉的有翼马车，其中一匹马野性未驯，另一匹温顺驯良，代表了柏拉图在《理想国》中提到的人类个性的两个方面：

·一个是饕餮的灵魂或饥渴的灵魂，受到欲望的支配。《费德鲁斯篇》中的野马代表我们灵魂的这一面，是不受控制的欲望的根据地。

·一个是易怒的灵魂或冲动的灵魂，受时而慷慨而丰富、时而失控而具有破坏性的冲动刺激。驯良的马代表的是灵魂的这一面，从这里产生的兴奋和热忱既能引人向善，也能引人向恶。

最后，驭车者代表理性，需要与两匹马所造成的反推力相较量。他试图引导灵魂升往其天然的栖居之所——天空，但是野马却将马车向下扯，而驯良的马则一会儿服从驭车者的命令，一会儿听从身边野马的召唤。

来自天空的灵魂坠入躯壳之中

灵魂断断续续地忽上忽下，努力理解着眼前所展开的真理的平原上真正的存在。但是，不受控制的野马使得驭车者陷入困难，阻碍了许多灵魂到达此地。于是，它们拥挤、碰撞，相互践踏，在混乱中弄断了翅膀，因而坠入凡间，进入物质的躯壳，并在其中根据各自在理念天空中所见的程度，过着伦理道德上价值或高或低的生活。有翼马车神话从意义深处提出了一种苦行的概念（来自希腊语 áskesis，"练习"）。根据这一概念，人类若要达到善的境界，就必须遏制欲望，听从理性的呼唤。

灵魂之间的差别投射在社会之中

灵魂的复杂本质是人类具有不同秉性和才能的缘由，由于每个人身上灵魂的侧重点有所不同，灵魂也各有千秋：

· 理性的压倒性优势造就聪慧而正义的人类。
· 心灵和情感的统治地位造就勇敢而行动力强的人类。
· 欲望的优先性使次等的人类屈从于身体的本能，但仍拥有一项美德——节制。这一项美德同样存在于智者和勇士身上，但是对于"欲望之人"来说具有决定性的作用，使其能够控制和遏制自己的欲望。

这三种人类是不同灵魂质量的产物。根据柏拉图的观点，分别对应构成社会的不同社会群体：哲学家、战士和生产者。于是，在灵魂的份额、不同人类性格所特有的美德以及社会阶层之间，建立起完美的身心平行论。

三种灵魂

理性的灵魂	智慧	统治者，哲学家
冲动的灵魂	勇气	战士
饕餮的灵魂	节制	生产者

⫷ 6. 人类的认识：从可感知世界到超感知世界 ⫸

灵魂坠落的后果

坠落的"创伤"与躯壳的结合，使灵魂对于已经获得的真理模糊不清，但是知识仍然潜藏着，认识便是使其从深处浮现的过程。因此，学习不是掌握外在的一般概念，而是通过内省，发现人类灵魂所固有的宝藏，这便是柏拉图所支持的论点。让我们来看看他是如何进行论证的。

◆ 6.1 理念和认识

认识的基础：理念，思想固有的宝藏

理念是可感知事物的典范，是其存在的原因，也是其存在的理想解释。另外，因为美、善和正义都是永恒而不变的道德规范，理念也是超越不断变化的观点的、有根有据的知识的条件。

以正义的理念为基础，我们能够确认一个人（一座城邦）是否公正；以美的理念为基础，我们能够分辨美与不美的事物；诸如此类，不一而足。人类是如何获得关于正义、美和其他理念的呢？理念使我们认识可感知事物成为可能，因此"先于"事物存在，不可能来源于这些事物。那么，它们来自何方呢？

理念来源于思维，永远存在于脑海之中，如同与生俱来的财富。

学习就是重拾记忆

在《斐多篇》和《美诺篇》中，这一主题得到特别的阐释：柏拉图认为学习相当于回忆（记忆，轮回转世），通过这一过程，思维记起自己始终拥有却在不同程度上被遗忘的记忆，并在可感知现实的刺激下，逐渐地从黑暗晦涩之中重获光明。因此，可感知现实的唯一任务便是唤醒记忆。

在《斐多篇》中，根据轮回转世学说，关于回忆的主题与灵魂不朽，尤其与灵魂先于肉体存在的主题相交织：灵魂保留着前世所学的记忆。

在《美诺篇》中，柏拉图以神话—宗教的考虑为基础，通过推理，阐述了真理是人类思想中与生俱来、永远存在的财富。

将知识解释为记忆的两种方式

神话—宗教的解释再一次采用了轮回转世学说：不朽的灵魂在数世生命中已经认识了所有的实在——无论是肉眼可见的还是不可见的世界。认识不是自主产生的，而是一种记忆，是灵魂之前所获得并拥有的先天的知识财富。

这一推理受到一段苏格拉底式对话的启发：柏拉图想象他的另一个自己（alter ego）——苏格拉底——向一名对几何无知的奴隶提问，通过诘问的方式引导他运用毕达哥拉斯定理的知识（显然奴隶对此一无所知），解决复杂的几何问题。在问题的驱策下，奴隶作为几何学的门外汉，并没有时间去专门了解相关的知识，却能够在自己身上寻找到解决问题的方法。

和这名奴隶一样，每个人都能够进行自我挖掘，从自己的思维中寻找到之前并不知道，也无人教授的真理。学习即回忆，换言之，即从我们灵魂的暗影之中找出之前被埋没的记忆，引导其上升到认识的层面。因此，认识具有可能性，是依靠灵魂之中关于真实的原始直觉。

◆ 6.2 通过美与爱提升至理念的层面

因此，人类的灵魂似乎介于可感知的实在和仅能凭借智力理解的实在之间——后者使人类能够超越对这个世界事物的认识，上升至理念的高度。

根据柏拉图的观点，上升运动只有在理性的土地上才能开展。

我们通过某些经验的内容，如美与爱，可以超越感官世界的局限，接近作为哲学论述特殊对象的"另一个"世界。但是，就像柏拉图在《会饮篇》（全篇的对话讨论关于美与爱的话题）中所展现的那样，需要对其进行深入考察。

厄洛斯（Eros）的神话

爱被表现为一种在可感知和超感知世界之间充当媒介的力量，推动着人类通过对经验中领悟的不同形式的美，思考自身的内在之美。

《厄洛斯》，红绘式陶器，公元前 4 世纪中期。 威尼斯，莱奥尼·蒙塔纳里宫。

《爱欲》，红绘式盘，公元前 5 世纪。 巴黎，卢浮宫。

哪些特性能使爱成为一种向上的力，推动人类前进，摆脱凡尘俗世价值观的桎梏，上升至理想的价值观呢？

答案来自最令人印象深刻的柏拉图神话之一。在其中，他将厄洛斯（爱神）描述为介于人性和神性之间的存在。因此，没有任何存在是像神祇一样绝对善或者美的，而是对善与美的渴望。渴望某物意味着缺乏并期望获取。这种缺乏与对缺乏物的紧张感构成了厄洛斯的本性。亲热的关系大体上标志着爱的施予者全身心地实现自己所追求之物的愿望。

在此意义上，厄洛斯是"热爱知识之人"，是通过不断的探索渴望征服知识之人——哲学家——的象征。

阿里斯托芬和圆球人

阿里斯托芬的描述

在《会饮篇》中，柏拉图描绘了一群聚集在诗人阿加（Agatone）家中的朋友的聚会。宴会之后，他们开始谈论关于爱的话题。参与者中包括阿里斯托芬，他曾在其喜剧作品《云》中嘲弄苏格拉底。他发表了一篇精彩的讲话——不愧其喜剧作家的名声——旨在解释性别之爱的起源和社会中不同性别定位的出现。

圆球人和宙斯的惩罚

阿里斯托芬援引了一则充满想象的神话,讲述了一种由圆球人构成的早期人类。圆球人是一种"滚圆"的人类,具有对立性别的两面,由圆柱形脖子上的同一个脑袋相连接。他们共有四条胳膊四条腿,当快速前行时就像街头卖艺人高举着双腿翻筋斗一样,手脚并用,滚动前进。他们具有生殖器,通过与大地交合进行自性繁殖。当时,人类共有三种性别:男性、女性和双性(即雌雄同体)。男性来自太阳,女性来自地球,而第三种性别来自太阳与地球之间的月球。他们的圆球形状正是基于各自所在的星球的轨道。

这些人类非常强壮,精力旺盛,趾高气扬,不可一世,甚至胆敢挑战神明的权威。为了惩罚这种傲慢无礼,宙斯决定削弱他们,把他们劈成两半:宙斯命令阿波罗在分割的过程中将他们的脸和脖子从被切割的部分扭转,使所有人都只能看到完成的切割面。阿波罗将他们的头拨转,将皮肤向前拉,与肚脐紧紧相连,试图抚平最大块的褶皱。

寻找失去的另一半

遭到分割之后,每个人都开始寻找自己丢失的另一半,找到时就将双臂圈在脖子上,试图重塑最初的整体。但是,这些被分割的新人类的悲惨努力只换来饥饿和动弹不得,最终以死亡收场。

于是,宙斯对他们产生了恻隐之心,决定将每一半的生殖器官移至前方(切割之后原本都位于背部),如此一来,通过媾和,人类不仅能够繁衍,也能获得愉悦,重回对生活满意的状态。从此以后,每个人都在生命中寻找自己对应的另一半,努力恢复亘古时期的圆满。

原始人类的形态同样解释了人们在生活中的性取向选择:来自雌雄同体的半球人成为异性恋伴侣,而来自纯男性或纯女性个体的半球人则成为同性恋伴侣。但是无论如何，每个人都在寻找自己失去的另一半，无论男女，与其合二为一。

无论是精神之爱还是肉体之爱，在阿里斯托芬的话语中，似乎都是对完整的追寻，是对从自己与他人所建立的关系中获得圆满的渴望。

对于美的渴望

渴望主要产生于什么呢？产生于美的事物——这些事物相比于其他，在视觉中具有更直观、更明显的体现，具有巨大的吸引力。因此，在人类的经验中，对于美的渴望享有独特的重要地位，是能够吸引并升华普遍价值的力量。

在第一阶段，对于美的渴望促使人类追求肉体之爱，如对美好身体的喜爱。之后，从这第一层面过渡到对不同身体中的美的喜爱，即从肉体之爱升华至精神之爱（对于灵魂、正义、法律、科学的喜爱）。最后，达到喜爱自身之美的境界。对希腊人来说，美与善是共生的，领悟美与善真谛之人自然向善，是幸福的。因此，爱是一种积极的力量，一种神明的恩赐，激励人类超越理性的传统路径，上升到超感性的世界。柏拉图谈及这一主题的两篇主要对话分别是《会饮篇》和《费德鲁斯篇》。

爱与不朽灵魂对理念的回忆

在《费德鲁斯篇》中，关于爱的主题与不朽灵魂对于理念的回忆挂钩。灵魂在从理念的天空跌落之后，费力地试图回忆起在天国生活中所获得的知识，在美的事物中寻找对恢复记忆的强烈刺激。和其他理念相比，美的理念具有殊荣：在事物之中格外惹眼，能够强烈地吸引人类的注意力。

美的吸引力激励着灵魂，赋予其回到真理之地的强烈渴望——恰恰是使灵魂重拾失落的古老双翼的爱。

柏拉图之爱和凭灵魂生育

爱与教育

在《会饮篇》中，关于爱的对话不仅是受邀宾客讨论的话题，通篇场景中，宾客们都在浸润着爱欲的氛围中活动。在场者皆为男性，人群中弥漫着的情欲暗指同性之间的爱，而唯一的女性形象狄奥提玛（Diotima），曼提尼亚（Mantinea）的女祭司，则是苏格拉底在叙述中提及的旧识。

在希腊世界中，同性之爱，尤其是以鸡奸为形式的爱（少年之爱）盛行于社会的某些阶层。这一行为畅通无阻（直至诸多城邦立法禁止为止），被认为是最为有效的教育方式之一。通过这种方式，成年人照料少年，关心他的政治—公民、文化和军事训练。自古以来，人们就以宴会为场所，称颂成人与少年的友情和爱情关系造就的阳刚之美和教育力量。在 eros（爱）和 paidéia（教育）的交织中，恋爱关系的特有冲动成为实现教育目的的媒介，爱人者为被爱者服务，帮助他积极地发展自己的个性，努力实现伟大的理想。

阿喀琉斯（Achille）和帕特洛克罗斯（Patroclo）之间的关系

在《伊利亚特》中，荷马在主角阿喀琉斯和帕特洛克罗斯之间呈现了这样一种关系：正是这种爱的羁绊促使年轻的阿喀琉斯在爱人帕特洛克罗斯被害之后，重返阵地，为其复仇。阿喀琉斯和帕特洛克罗斯之间的关系同样在柏拉图的《会饮篇》中被提起，在这一篇章中，回忆古老的希腊文化传统具有明确的目的：赋予爱以更高级别的正当伦理理由。

爱欲趋向于追求理想的美

在《费德鲁斯篇》中，宴会中宾客的第一场发言已经隐约暗示了这一目的，揭示了爱欲如何激起人类的荣誉感和道德倾向，是友谊、社会关系的基础，因而也是城邦本身的基础。

在费德鲁斯之后发言的是保萨尼亚斯（Pausania），他对庸俗的爱欲（盲目地追求感官的满足）和神圣的爱欲（追求真正的善和被爱者的完善）进行区分。

柏拉图作品的高潮在苏格拉底介入谈话之时产生：后者概述了哲学家如何在理性世界中攀登，最终从中满足对爱欲的基础——永恒之美——的渴望。视觉所感受到的肉体之美提供了首要的刺激，促使情人通过循序渐进的方式实现绝对的美。

凭肉体生育和凭灵魂生育

苏格拉底在论述中重复了狄奥提玛（他之前认识的女祭司）的话语，其中提到了能够生育的异性之爱。这种爱满足了凡人的一项重要需求：在与自己相像的生物身上留下存在过的痕迹。苏格拉底所复述的女祭司的论述全篇都参考了女性作为母亲以及生育者所获得的经验。

但是，狄奥提玛在谈话中将生育分为两个层次：一种关于身体，一种关于灵魂，后者优于前者。

物理性的生育以在世间繁衍子嗣为目的，与男女关系有关；而精神性的生育，正如《会饮篇》中所述，与男男关系有关。对于希腊文化来说，这种男男关系构成了人类性格发展的真实环境，因为只有在这种环境中，受到真理吸引的两个灵魂才能够真正相遇。

于是，女性的角色被降低至肉体的边缘，排除在只有男性个体才能够参与的精神提升之外。

在所有情况中，激情之爱都只属于致力于将人类从感性束缚中逐渐解放出来的经验的第一层级。

因此《会饮篇》所认可的画面——两个灵魂通过爱相结合，逐渐上升，前往永恒之美的国度，为我们指明了道路，告诉我们如何从爱的物质实体中净化和升华，上升到其精神形态——理念。

◆ 6.3 认识的等级

科学和意见

对于柏拉图来说,对真理的认识是人类认识活动的最高峰,可以分为多个等级。

理念的学说将客体分为两类——理念和可感知事物,与将认识分作两类的类似做法相呼应:

- 真实的科学或知识（epistéme）,以不变的理念为客体。
- 看法或意见（dóxa）,以可感知事物的变化世界为客体。

这两种认识与各自的客体具有相似的特征:科学是关于真理的稳定认识;意见则和其所对应的种类繁多、不断变化的事物一样,变幻莫测。与本体主义二元论相对的是二元主义认识论。

科学是一种不容置疑（无法反驳）的知识,清楚地知道自己的客体不可能与本来面目有所不同。

因此,这种知识是永远真实的,其对象不会发生变化。例如,"整体大于局部"或"真实是虚假的对立面"的命题。

相反,意见和其内容一样,是不稳定的,因此其断言既可能是真实的,也可能是虚假的。如果我说"庭院的树木繁花似锦",而望出窗外之时看到花满枝头,这一命题便是真实的。如果在树木凋敝花叶全无之时重复这一命题,它便是虚假的;而断言"庭院的树木光秃秃"的命题,则是真实的。

就算意见是真实的,也与科学有所不同,因为其内容并非永远真实,科学的内容则相反。意见的客体是可感知的事物,而非绝对、永恒和不变的存在——理念（尽管意见对其有所介入）。因此,意见以介于或存在或不存在之间的某物作为客体:可感知而变化的存在,正是存在与不存在的集合。

科学和意见的距离决定了两者之间互不相干。因此,意见无法为仅凭智力理解的认识奠定基础,只能提供刺激,帮助记忆。在可感知的事物面前（在某种程度上与理念相似）,思维受到振奋和激励,开始通过记忆内省,寻找真正的认识。

但是,大部分人都只停留在认识美、雄伟、正义等事物的层面,而没有上升到美、雄伟和正义的内部。由于事物是理念的映像，停留在对事物认识层面的人就像活在梦中一样。柏拉图将存在于这种梦境之中的感官世界的认识命名为意见。和巴门尼德不同，柏拉图认为看法同样有效：我们不能说意见的客体是虚无。因此，与科学相反的极端不是 dóxa，而是愚昧，缺乏认识，一无所知。

于是，产生了现实层面与思维层面之间的身心平行论：

· 与科学有关的是不变的存在。

· 与愚昧无知有关的是不存在（虚无）。

· 与意见有关的是变化（介于存在和不存在之间）。

认识的等级

意见和知识被各分为两个等级。在这里，认识的过程被分成四个阶段，区别在于与其有关的客体种类，从事物第一抹明灭不定的微光出发，直至其完整地绽放出自己的光芒。

· 意见的第一层次是想象（eikasía，来自 eikón，"映像"），即对于可感知事物映像的认识（例如镜中或是平静的水面上映出的脸庞）。

· 意见的第二层次是相信（pístis），关于可感知事物的直接认识不再通过图像，而是具体的了解。

· 理性认识的第一层次是计划性理智（diánoia），通过推理论证所获得的认识（dianoéin 的意思是"通过连续的时点进行思索"），并以由数学实体构成的理念的映像作为客体；

· 理性认识的第二层次是纯理性的理解（nóesis）或努斯（noùs，智力作用、才智），存在于对理念用智力理解的真正认识和对于理念的纯粹掌握之中。

意见／看法代表着对可见世界的认识，由人类通过感官理解；科学／知识代表着仅凭智力才能理解的认识，数学的客体和哲学的客体——理念，知识的最高形式，由思维的双眼所揭示。

认识的层级

感性认识	想象	可感知的现实	可感知事物的映像
	相信		可感知的事物
理性认识	计划性的理智	仅凭智力才能理解的现实	数学实体
	纯理性的理解		理念

数学科学

根据柏拉图的观点，学者推演几何学的方式明显地体现了哲学高于数学科学。他们证明特定的几何体具有特殊的性质，例如，两条与同一条横线相交的直线构成的对顶角内角相等。这一定理在由同一条横线所相交的平行竖线的所有情况中都成立。但是在论证的过程中，几何学家利用的图像的辅助，即一种可感知的表现形式。

另外，在数学科学中，定理是从假设（或前提）出发的，如数字、点、线的定义基础上推导而出的。定理的有效性，更宽泛地说，整个数学科学的构造受到假设真实性的制约，但是在数学科学的内部并不存在能够检验这些假设真伪的工具。因此，这些假设被假定为真，作为定律，我们却无法评估其有效性。

哲学或辩证法

最高且最真实的认识形式哲学，或者按照柏拉图的说法，辩证法的行为方式则有所不同。

首先，辩证法不考虑任何可感知的信息，以此领悟仅凭智力才能理解的、纯粹的实在形态。

另外，尽管辩证法也从假设展开，却并不将假设作为真实而确信的原则，而是作为攀登的阶梯，以逐渐上升到达终点。如果在研究过程中驳倒了最初的假设，辩证法就会转向不同的假设，如此往复，通过以理念为基础的唯一推理过程，排除可感知映像的干扰，直至确定一条绝对切实可靠的定律。

寻找非假设的原则

关于假设的论述在《斐多篇》中得到深化。

为确定其真实性，需要考察假设是否能够被引申至更普遍的、已得到证实的假设（即是否能够从其他假设出发获得）。例如关于美德是否能够被教授的问题。为验证其有效性，我们将其引申至一条更为普遍的假设：美德是知识。如果美德是知识，则可以被传授；但是美德是知识本身就是一个问题。

因此，如果在更为宽泛的假设中仍无法得到确定的答案，我们需要回溯至另一个更普遍的假设，以此类推，遵循自下而上的过程，直至获得非假设的、完全确信的原则。

是什么赋予这一原则以真实性？是否存在一种真理的普遍保障，在最后的分析中为认识奠定基础？《理想国》中就这最后的步骤进行讨论，认为所有真理的原则在于善的理念，是这一理念使得所有其他的理念变得"可见"（可认识）。

洞穴的神话

柏拉图在《理想国》中通过洞穴的神话，阐明了认识的等级。这一神话将复杂的情景搬上舞台，举例说明人类认识的不同方式。

想象一下，人类被迫自出生起就永远住在地下的洞穴中，朝向光明之处有一个开阔的入口。洞穴居民的腿和脖子都拴着链条，只能望向洞穴的深处。就在洞穴之外，有一堵一人高的矮墙，矮墙内活动着一些人类，他们将塑造所有物体形象的雕塑背在背上。墙外燃烧着熊熊大火，高悬着的太阳熠熠生辉。墙内人类的声音由于回声的作用，反射进洞穴深处。洞穴中的囚徒只能看到雕塑落在洞穴深处的投影，听到声音的回声。他们从未见过或听过其他的内容，因而相信这些投影是唯一而真正的实在，而声音便来自投影。

现在，想象下如果其中一个囚徒摆脱了枷锁，受到引导，转变自己的视角，经过多年半明半暗的生活之后，受到光明照耀的囚徒逐渐费力地习惯了之前无法见到的东西。首先，他注意到那些雕像，发现它们比投影更为真实；于是，越过围墙，他看到人类和存在物——起初只是水中的倒影，之后便见到有血有肉的人。最后，从反射到吸收，他终于和他们一样直接沐浴着太阳的光辉中。于是，他明白：真正的实在只存在于洞穴之外，太阳是所有可见事物的起源，即它们的成因，因为太阳用热量使它们存活，用光芒将它们照耀。

在被解放的囚徒的经验中，四个认识层级依次排列：

· 想象出来的事物，以投影作为象征表现。
· 信念，以比投影更真实的雕塑表现。
· 可论证的理性，以水中倒映的客体表现。
· 直观力，以日光所真实照耀的客体表现。

谴责模仿的艺术

对形象艺术的批评产生于《理想国》中谈及的认识程度的层次结构。柏拉图认为此类艺术是一种对可感知事物的模仿，而可感知事物则是对理念（所有存在物的永恒典范）的模仿和复制。因此，形象艺术实际上是复制品的复制品，与真实的现实——理念——的偏差很大。

7.《理想国》中的政治计划

寻找正确的做法

洞穴的神话未以囚徒感受到太阳而告终，被解放的囚徒需要回到幽暗的洞穴中，帮助仍被困在假象的重重暗影包围中的其他人。

我们能够在被解放的囚徒身上认出哲学家的形象，柏拉图赋予他教化他人、引导他们追寻真理和善的任务。

在讨论"公正的国家"问题的《理想国》中，提及洞穴的神话绝非偶然。问题因理念的发现得以解决，这是因为掣肘城邦的暴力就产生于相互矛盾的意见之中，而理念是永恒不变的，超越了变化而多样性的意见，是至高的参照标准和思维的连接点。它填补了苏格拉底所留下的"高贵的诡辩"——真理——的空缺。理念能使人们忽略个体的倾向，剥夺有势力之人的强权，而使多数人的意见占据主导地位，并以此为中心决定哪些是对于公民和社会更好和更正确的做法。

哲学家和城邦

在意见进行无止境交换的城邦中，认识到理念的真谛的哲学家应当持什么态度？按照苏格拉底的计划，他们难道不是应当承担起将同城邦之人从虚假的意见中解救出来，为城邦谋求福祉的任务吗？

柏拉图从经验中知道，没有任何一项现行政治体制身体力行地做到了这一点。

因此，我们必须设想出一个公正的城邦，在其中，比其他人都更了解真理的哲学家，不仅从事自己的活动，也同样承担起引路人的职责。

公正是一种伦理和政治价值

在柏拉图的论述中，公正这一术语获得了超越法律—政治领域的宽泛意义。公正意味着秩序、效率和理性，意味着与至恶——不公正——进行斗争，甚至在《高尔吉亚篇》中，他通过苏格拉底之口宣称宁可忍受不公正，也好过使他们承担罪责。

公正不仅与社会也与个体有关，是这些个体应当遵循的行为准则，以此来自我约束，并约束与其他人的关系，是道德和政治之间的紧密纽带。公正是《理想国》（希腊语 politéia，"秩序"，城邦的宪法）的中心论点，其研究的目的是定义：

· 使城邦公正的政治体制；
· 使每个人的特点得到公正对待的社会组织方式；
· 使人类的灵魂公正的行为方式。

城邦作为交换的场所诞生

对话正是以"什么是公正"这一问题作为开篇，一开始以个体为对象：一个人怎样才算是公正的，什么时候才是公正的；之后便被扩展至城邦：一座城邦怎样才算是公正的，什么时候才是公正的。

研究过程中首先需要考虑的是人们是否参与了城邦的建设过程，是否参与了同一社群中人类关系不可避免的公正与不公正的活动。于是，我们需要思考城邦是如何诞生的。

《农民开垦和耕种土地》，黑绘式基克里斯杯，公元前 6 世纪初。
巴黎，卢浮宫。

城邦作为社会生活的领域，之所以形成，是因为没有任何个体能够独立地提供生存的必需手段：耕种田地、生产物品、缝制衣物、发展知识，等等。同时，每一个个体都被赋予了不同方面的天赋，擅长某一些领域，在另一些领域则存在短板。因此，人们需要组织起来，交流个体之间的才能。

城市正是这一交流发生的场所。

因此，城市生活以任务的分配为基础，每个人都被委托从事其天生擅长的工作。这是获得公正定义的必不可少的一点：每个人都履行自然赋予自己的职能。

若非如此，一些社群的成员被要求完成不适合自己的任务，不公正便由此产生，冲突就会爆发。因此，正义的城市是运转良好的城市，其中人人各司其职、各安其位。

全体居民包括三个基本的类别，每一类都有其特有的任务：

· 生产者（农民、手工艺者、商人）：为整个城市供应所有的生活必需品。

· 战士，城市的守护者和保卫者：确保城市免遭外来侵略，维护内部治安。

· 统治者：领导城市实现其利益者。由于与福祉（善）有关的知识与哲学家有关，统治管理的任务被赋予了他们。

《准备战斗的士兵》，红绘式花瓶，公元前 5 世纪。
梵蒂冈，梵蒂冈博物馆。

《雅典年轻人交谈的场景》，红绘式双柄大口酒坛，公元前 5 世纪。

柏拉图指出，在现实的城邦中，获得正义的途径——上述任务的良好分配，受到家庭和私有财产两个因素的制约。

舐犊之情推动着父母尽可能地为子女争取高等的社会地位，而不顾他们自身的天赋。类似的情况也发生在获取财富时。因此，有必要限制统治者和战士阶层的家族和私有财产——他们数量最为有限，但就其在政府或保卫城邦中承担的社会责任而言，则最为权威。

因此，这些阶层不应该拥有私有财产，而只能共享；不应该存在固定的抚育子女的伴侣，而应该男女混居，共同教育下一代。男女之间周期性的结合由统治者根据共同利益（生育子嗣的可能，为尽可能地培养最优质的个体）来决定。家庭和私有财产对于其他居民（占据大多数）仍然有效。

在描绘这类城邦的过程中，柏拉图受斯巴达模式的启发——战士构成的统治特权阶层实践一种集体生活，并将其理想化。

统治者和战士的教育

在公正的国家里，需要对未来的统治者——哲学家以及战士——进行特别的培训。

第一阶段，教育的任务主要是通过体操和音乐（受缪斯启发的广泛意义下的艺术：歌咏、诗歌、舞蹈，以及真正的音乐），锻炼其体魄，培养其性格。

第二阶段，具有不同智慧才能的个体在严苛的数学科学（算数、平面几何、立体几何、天文学）、音乐（以音调之间的数学关系为基础的关于和谐的科学）训练之后受到筛选。在继续哲学的研究之后，最终的受训者才有资格跟随国家的统治者，进行实践和跟班学习。

妇女的平等权利

保留对妇女的尊重证实了柏拉图城邦的理想特征。与当时希腊城邦的实际情况不同，柏拉图认为男女各方面均应当平等。

因此，如果妇女具有才能，也能够被称为统治者或战士，接受和男性同样的教育。

与当时的习俗相比，柏拉图的展望标志着根本性的转折：不存在天生属于男性

《女子收到一束花作为礼物》，红绘式提水罐，公元前 5 世纪末。
慕尼黑，州立文物博物馆。

的角色或职能，反之亦然。性别之间的生物性区别只存在于生理结构的强弱以及
生殖方面，与城邦各成员被交付的工作无关。任务的分配应当选择最适合某一特
定职务之人，而非基于性别做出的判断。

城邦的堕落形式

完美的城市并不能避免腐化堕落的危险，从现实存在的城邦身上，我们能够
勾勒出其特点：

·第一种堕落形式是勋阀政体（timocrazia），即以荣誉立国的政体。当统治者
受野心的驱使，不再涵养知识而是追求荣誉和个人肯定，从哲学家变为战士之时，
这种政体就得到确立。

· 第二种堕落形式是寡头政体（oligarchia），即少数人的政体。从积累荣誉声望，很容易就发展为积累财富，第二种形式由此产生。在这种制度下，财富的价值达到顶峰，而对道德和正义之人的尊重却不复存在。掌权者混淆了公共与私人事务，使不拥有财富之人边缘化。

· 第三种形式是平民政体（democrazia）。当事态发展到这一程度时，穷人们开始反抗富人，夺取政权。根据柏拉图的观点，这一政体会带来混乱、纪律涣散和对法律的藐视。

· 第四种形式是僭主政体（tirannia）。在这种混乱无章的情况下，当民众的头领之一独自掌控了权力，并将其完全用于为自己谋私利时，僭主政体由此产生。

◆ 8. 关于理念学说的反思 ◆

理念的学说，新旧问题的症结

柏拉图以理念的学说对最初的问题做出解答：

· 证明存在一种不可改变的现实，围绕这一现实可以表现出扎实且合法的知识。
· 证明存在绝对的道德规范，能够定义善与恶、正义与非正义等。

但是，理念学说一方面解决了基本的问题，另一方面也引发了新的疑问。
因此，柏拉图展开了一系列新的分析。

以理念学说为方向的思考

柏拉图学说的一个基本点是：尽管理念与可感知事物有所区别，但由于可感知事物分有理念，两者之间亦有所联系。通常来说，每一个理念都是多元体的统一。柏拉图在以巴门尼德（曾称多样性而变化的事物具有虚假的特征）为主角的对话中如是说。

柏拉图假设这位埃利亚的哲学家已然垂垂老矣，在芝诺的陪伴下来到雅典，与苏格拉底相遇并与他讨论一和多的关系。埃利亚派的学者与苏格拉底想象中的会面构成一个契机，使我们重新思考关于理念的实在及其与可感知事物之间的关系。

作为永恒典范的理念和一与多的关系

柏拉图在重新审视有关巴门尼德理念学说的批评之后，一些问题浮出水面，其中首要的便是可感知事物的永恒典范——理念——的作用：

·从理念学说的连贯发展中，我们确认对于每一类可感知事物都存在一种理念，就算是卑微的污泥或是秽物也不例外。但是，如果绝对而不可改变的理念表达的是尽善尽美，上述观点怎么可能成立呢？

·另外，可感知事物分有理念典范，成为其存在的原因；但是，分有到底意味着什么呢？是否意味着理念均唯一地存在于分有它的可感知事物中？如果是这样，理念便将分裂成多个部分，不复存在。

·一与多的关系问题同样与理念的整体有关：每一个理念都是一个单体，但是统一起来看，整体理念又是一个多样体。

一和多的关系：与巴门尼德的对比

为了进一步推进《泰阿泰德篇》中的研究，需要将柏拉图关于"一和多的关系"的观点与巴门尼德的观点进行对比。

这是检验理念理论有效性的决定性问题，是柏拉图整体思想的核心。如果严格按照巴门尼德的角度来看，理念本身便具有多样性，与巴门尼德的论断"不变的存在具有独一无二性"相矛盾，因此这一学说似乎令人难以接受。于是，柏拉图面临如下问题：是否能够保留永恒而不可改变的理念的稳定特性，同时承认其多样性？他在《诡辩篇》中展开了关于这一问题的讨论，巴门尼德关于存在唯一性的观点遭到批判和超越。

反对将认识沦为感觉

在疑问和困难面前我们应当如何自处，是要放弃理念的学说吗？通过深层次的重新思考，柏拉图提出新的问题：什么是认识？这就是他在《泰阿泰德篇》中，通过对经验主义理论（来自诡辩派，将任何形式的知识都简化为感觉）的深入批判所提示的道路。

感官经验所获得的资料总是瞬时而主观的：在感觉器官和被感知事物之间建立起联系时，或是个体沉浸在某种特定感觉的条件下，当周围环境和个体变化时，感觉随之改变。例如，现在我觉得可口之物在其他情况下可能难以下咽，令我感到愉悦之物对于其他人来说并不愉悦。因此，易变而主观的感觉不足以产生确切的知识，换言之，无法带来科学。

关于区分真实与虚假准则的研究

如果说认识不可能存在于单一的感觉之中，那么，我们有必要寻找到一条准则，以区分真正的意见和虚假的意见，通俗点来说，即去伪存真。由于在感觉为认识唯一形式的理论基础之上，存在一种"现实是不断变化的万物"的观点，因此需要和其相反的论点——"存在者存在"——进行对比。换言之，我们需要就这一埃利亚派的论点进行讨论，并探讨它所带来的深层问题：一和多的关系。但是，这一主题在《泰阿泰德篇》中未得到详述，而是以存疑的方式（没有给出一个明确的答案）结束讨论。

灵魂存在于感官之上

尽管如此，在《泰阿泰德篇》中，柏拉图通过准确地定义感觉的作用——理解现实的工具，获得了重要的进步。眼睛是我们用来看东西的工具，耳朵是我们用来分辨声音的工具，不复赘述。我们通过听觉（噪声，声音）所理解之物并不能通过视觉来获得，反之同理。这两种感觉的任何一个，都无法单独地使我们理解听觉的对象和视觉的对象——现实的两个不同方面。甚至，在感觉的基础上，我们无法超越直接的感受，肯定一般情况下事物之中存在声音和颜色，或是断言声音和色彩与自身相同而与其他相异。在此，必须有比感觉更高的能力——思维（柏拉图称为灵魂）——介入，在感官获得的资料之间建立起联系。

作为"不同存在"的不存在

在《诡辩篇》中，柏拉图通过再一次与诡辩家的活动作对比，为分析上述问题提供了契机。他从诡辩派——表面知识的大师——言不符实这一命题开始研究。

言不符实是什么意思？就是说与实际情况不符的内容。例如，在我面前的桌上有一本打开的书，但我说"书是合上的"，这就是言不符实。但是，在这一情况中，柏拉图评论道，不存在意味着与其所说的存在不同（书本是打开的，而非合上的）。

为驳斥巴门尼德将不存在明确定义（不存在等于虚无）的观点，柏拉图宣称：

·不存在有一层含义，不指代虚无（存在的对立面——绝对的不存在），而是"与存在不同"（相对的不存在）。

·言不符实并不意味着讲述虚无，而是讲述与事实情况不同的事物。

《诡辩篇》中对话的引导者是一名来自埃利亚的外乡人，对其哲学之父巴门尼德而言，他可谓是一名弑亲者。他认为不存在在某种程度上存在，而存在在某种程度上不存在。

打开的书不是合上的，反之同理，但是在两种情况中书本都存在。这两种不存在的意义的区别"保留了现象"，也就是说，从虚无中拯救了埃利亚派学说所认为的可感知而变化的事物。

通种

《诡辩篇》中对于非存在的反思与存在交织，推动柏拉图对通种或最普遍的理念进行定义。通种是所有其他理念都分有的理念，包括存在、相同、不同、运动和静止的理念。

柏拉图这样主张它们的区别：每一个理念都在（存在），与自身相一致（相同），与其他理念不一致（不同）；与这些其他理念可以建立关系（运动）或不建立关系（自我封闭，静止）。

理念的相通：判断论述真伪的标准

通种论为衡量论述的真伪提供了可靠的依据。

由于分有相同与不同，理念之间具有联系，形成以思维—语言（逻各斯）为基础而实现的共通（koinonía，交融）或复杂化（symploché）。对于柏拉图而言，这意味着每一种理念都分有其他理念，与其他理念相结合，例如人类的理念分有表示跑步、思考等功能的理念。

理念之间的复杂关系反映在使思维和语言相连的名词与动词，即两种不同事物的关系之中，例如，当人们说"阿尔西比亚德斯在跑"之时。如果理念之间不存在互通（即每一种理念都是自我封闭的，不与其他理念产生联系），语言便不可能存在，措辞（主语、谓语）之间无法产生联系。

但是，并不是所有的理念之间都是互通的，否则便可能产生如"静是动"（将两个对立的理念相联系）或"泰阿泰德在飞"（将两个无法相提并论的理念"人类"和"飞翔"相联系）这样自相矛盾的命题。

因此，理念之间的关系成为判断联系名词与动词的命题之正确性的准则：

· 当论述将对应于互通的理念的名词与动词相结合之时（"泰阿泰德在跑"）是真实的；

· 当论述将对应于不互通的理念的名词与动词相结合之时（"泰阿泰德在飞"）是虚假的。

这一观点同样解决了谬误的问题。由于将谬误等同于谈论（绝对的）非存在之物，因而变得无法解释（因为绝对的非存在，虚无不可说）；而如果将其解读为在谈论不同的存在之时犯错，则可以解释得通。

辩证法的任务

辩证法被赋予了如下任务：研究理念之间的关系；定义哪些理念之间可以互相沟通，哪些则无法沟通；明确哪些关联能够使两个理念相结合，而哪些则无法做到。

柏拉图将辩证法定义为理念的科学，在此表示为哲学论述所采用的技能。

在《费德鲁斯篇》中，辩证法被描述为一种分为两个阶段的研究方式：

1. 统一（synagogé，汇编），将多归结为一，即将一种理念归纳为其所属的更宽泛的种类（例如，金属加工被归为技术类）。

2. 分解（diáiresis，分开），根据具体的差异将一个统一的理念进行分割（按照上述示例，哪一种技术，用什么工具等，进行一系列连续的分解）。

因此，辩证法的目的是在一个特定的类型内部定义一个种类、一种特殊情况。

实践中的辩证法：示例

柏拉图本人在《诡辩篇》中所提出的示例——一分为二的分组或二分法，有助于解释其论述的这一方面。

我们试图解释什么是用钓鱼线来钓鱼。首先，我们将其归为包含其他活动在内的更宽泛的范畴。然后，我们自问：运用钓鱼线钓鱼之人是否以某种技术为基础？答案无疑是肯定的，因此其一般类别正是技术。于是我们来到辩证研究的第一层次：将多归结为一。

现在，让我们推进至分解的第二层次，将技术分为两个领域：

· 生产技术：制造，使之前不存在的事物产生的技术。
· 获取技术：占有已经存在之物的技术。

用钓鱼线钓鱼属于后者（以获取已经存在的事物鱼作为目标）。

无疑，用钓鱼线钓鱼属于运用力量获得的技术，而这一领域又能够根据获得对象的种类、获得方式和工具的不同而被继续细分。在这一过程中，我们突出了使用钓鱼线钓鱼与使用其他技术之间的不同。

苏格拉底曾以"甲乙丙丁各是什么"这样连续提问的方式开展自己的研究。现在，柏拉图将其完善成一个准确的方式，以此着手为特定的事物下定义：首先，需要确定我们的研究对象所属的更宽泛的范畴，接着一步步地识别其与同类对象的不同之处。

通过这种推进方式，我们得以验证发现"不存在"是"不同的存在"的重要性。事实上，要定义某一特定的事物，需要同样经过确定其不是哪些事物的步骤。

作为通用科学的辩证法

因此，理念是由更宽泛和更狭隘（从前者细分而来）的理念构成的复合体。

例如，生物的理念包括植物和动物，比人类的理念更为宽泛，而人类的理念又比士兵、渔夫、商人等更为宽泛。在所有之上则是所有理念所隶属的至高种类。

于是，辩证法成为所有理念的一般分类，或者一种普遍的科学。

☙ 9. 宇宙的图景 ❧

《蒂迈欧篇》中近似真实的论述

错综复杂的理念世界与自然世界呈什么样的关系呢？柏拉图在后期的一篇谈话《蒂迈欧篇》（*Timeo*）中详述了这一问题。这篇谈话的主角毕达哥拉斯学派的蒂迈欧是天文学家，被安排谈论宇宙起源的问题。然而宇宙是可感知而变化的实在（既存在又不存在，出现、改变随后消失）的集合，无法和不可改变的理念一样，成为真正科学的研究对象。因此，蒂迈欧只能提供一段貌似真实而绝非科学的论述。

他讲述了一个神话故事，以此为媒介，柏拉图试图使一系列倾向于连贯而精确地描绘自然世界的分析和论证变得尽可能有序而合理。

造物主的神话

蒂迈欧的论述阐释了一条重要准则：凡事必有因。就世界的起源而言，起因共有三点：

1. 首先考虑是否有人创造了它，这便是造物主（demiurgo），他与工匠无异，是塑造世界的创造之神，运用先存在的物质——四大自然元素（空气、水、土和火）进行造物。

2. 紧跟着造物主（第一个起因）之后的是第二个起因，典范，即理念，可感知事物以其为参考塑形。和手工艺人一样，造物主造物时也需要参考示范性模型。他对理念世界中仅能用智力了解的实在进行模仿，而非自主创作。

3. 但为此需要第三个起因，即构成事物的材料：原始物质。这是一种混乱而无形的混合物，一种由所有对抗造物主劳动之物组成的岩浆。

在混乱无序之中，自然元素激荡不安，而造物之神则将秩序和分寸（按柏拉图的说法：形状和数目）引入其中，赋予宇宙以数学关系为基础的结构，使其变为可知。

因此，造物主的任务是在可感知的实在与仅能用智力了解的实在之间充当媒介，承担着超越理念世界和变化事物世界之间的距离的使命。

世界的灵魂和躯体

由造物主创造的宇宙被赋予了生气，它是一种有生命的巨大生物体，和人类一样，具有灵魂和躯体。首先，造物主塑造灵魂，以精确的数学比例为基础，将实在之相同、不同及介于两者之间的部分相混合。由于世界的灵魂与理念极为相近，因此，尽管它是被创造的，却是不朽的，具有自己的运动，也是宇宙中所有运动的起因。

之后，造物主创造躯体，将其塑造成自转的球体。如此一来产生了包含行星而围绕地球转动的天空。地球同样呈球形，位于宇宙的中心。

时间

时间的度量从行星均匀而规律的轨道运动中测定，用"永恒的运动图景"这一启发性的表达定义。这个表达到底意味着什么呢？

我们需要参考理念的世界来解释这一表达。理念的世界是永恒的，因此对于其本身以及与其相关的内容来说，"曾"和"将"都没有意义。

时间作为"存在之物"的动态景象，是一种在"曾"和"将"之间蜿蜒盘旋的"存在"。

宇宙的数学结构

在《蒂迈欧篇》中，柏拉图最后时期的哲学活动倾向十分明显：他开始将实在数学化，使实在能够通过数学关系得以解读。

宇宙的结构以数学关系为基础，在其内部就连单独的躯体都具有数学—几何形状。这是因为四大原始元素各自是规则几何实体（四面体、立方体、八面体、二十面体）。因此，所有的事物都可分解为平面，而平面又可分解为规则的点、线、面。同样，感觉的现象——颜色、味道、气味、声音、触觉——都可归纳为数学关系。

造物主拨乱反正的作用也体现在人类躯体的结构中：

· 与人类灵魂协作配合的方式。
· 灵魂存在于躯体特定部位的方式

——理性的灵魂位于头部，即大脑之中；

——易怒的灵魂位于胸腔靠近心脏之处；

——贪食的灵魂位于腹腔的脏腑之中。

有限和无限的原则

同样，在《斐莱布篇》中，柏拉图倾向于将宇宙描绘成一幅数学图像，将其与以有限和无限的对立原则为实在基础的毕达哥拉斯学说重新联系起来。这一对话提出了相当大的解释难题，强调了柏拉图后期作品中所描述的突出数学科学首要地位的数学—数字观点。

在柏拉图对这一观点的复杂再加工之中，有限和无限的两大原则分别代表秩序（或节制）和趋向于无限的多样性。无限在有限的作用下获得秩序和约束，成为某种匀称而和谐之物——数字。

未成文学说中实在的数学结构

《蒂迈欧篇》和《斐莱布篇》中的数学化倾向在柏拉图的未成文学说中也有所体现。这是一系列在雅典学园内部进行的课程，被命名为《论善》，多亏亚里士多德的记载，我们才对此略知一二。柏拉图在口头教学中承认存在介入可感知事物和理念之间的实在，它可以用数学的对象数字和几何的量值来鉴别。

数字和几何的量值被认为是真正的实在，存在于人类的思维之外，是理念的映像，正如《蒂迈欧篇》中所说，可感知事物是这些数字实体的映像。

至高的原则，《理想国》中称作善的理念是所有理念的根源，在此被称作"一"。与"一"并列且对立的是另一种等级次于一的本原：大与小的二元（Diade）或二重性（Dualità），它往往在同一时间内趋向于无穷大或无穷小。二元性代表分解的原则，以此类推产生了无限而不确定的多样性，而"一"则作为有限而确定的原则对其产生作用。在此意义上，"一"表现为善，因为它制定秩序和分寸，对无限进行限制。

上述考虑因素明显地体现出对毕达哥拉斯学说的回溯。

10. 关于伦理—政治主题的重新思考

看待政治现实的新方式

推动柏拉图思考伦理—哲学主题的力量，与导致他思考理念学说的作用力相似，尤其是《理想国》中提及的理想城邦的主题。与统治者关系的失败并没有使柏拉图放弃其哲学工作的基本问题，而是使他将思考引向了新的方向。他开始研究实际上能够实现的伦理和政治模型，更加专注于人类经验发展的方式，这首先体现在对善的概念的新分析中。

◆ 10.1 美好的生活

在《斐莱布篇》中，柏拉图试图定义的不是善本身，而是其与人类的关系：什么是善，什么是对于人类来说美好的生活？

在此，他再次提出了愉悦的问题。这一话题是雅典学园内部激烈争论的对象，其间产生了两个对立的观点：

· 一种认为善即是愉悦；

· 另一种认为善是一门科学。

愉悦与智慧的正确比例

柏拉图的观点属于第三种，认为人类的善是愉悦与智慧按比例的混合。他是如何得出这一结论的呢？

首先，善应当是完美而自给自足的，对外物无所求。那么，是否存在一种不需要智慧的愉悦，或是一种缺乏愉悦的智慧？在第一种情况中，由于智慧的缺位，人们无法意识到愉悦本身。在第二种情况中，则忽视了人类个性非常重要的、与享乐有关的一面，排除了认识活动可能为实践者带来快乐的可能性。

所以问题在于找到正确的比例，以混合愉悦和智慧，带来美好的生活。从愉悦配比的角度来看，柏拉图认为相比知识而言，纯粹而无私的愉悦与满足特殊需求无关，且更为高尚。

迪卡依奥斯画家，《社交中的美少年》，红绘式两耳细颈酒罐，公元前 6 世纪末。
巴黎，卢浮宫。

◆ 10.2 《政治篇》

在《政治篇》的理想之外

当柏拉图开始重新思考《理想国》中所钻研的关于政治的主题时，已经垂垂老矣。在和统治者的接触中，他发现无法实现自己理想的城邦，因而对他们之间的关系感到疲惫而失望。于是，他不再奢望依靠智者的统治才能实现的伟大教化计划的假想，而是以更专注于切合实际的分析取而代之，设想了一种考虑到公共生活实际情况的国家形式。关于这一点，他在《政治篇》和《法律篇》中进行了进一步的阐述。

黄金时代

柏拉图在《政治篇》中重新讨论了这一主题：从理想的角度出发，由于哲学家具有知识，所以是真正的政治家。但是，在他所生活的时代，现实情况并非如此。为解释这一区别，柏拉图让人们想起神秘的黄金时代，当时的神祇为人类提供必需品，而一名颇具政治科学才能的牧羊之神，引导着盲从的人群。

在完美的城邦中，科学无论何时都以公共生活为导向，法律则与政府之人的作为相吻合，倾向于实现善。因此，在这一时期，宪法不是必要的——文字落到实处之后，面对着变化万千的人类世界，甚至还可能带来危害。

政治家在劳动时代内的作用

但是，现在时过境迁，神话的黄金时代已然逝去，人类必须用劳动和技术活动的发展来满足自己的生存需求。政治家是芸芸众生中的一员，他扮演的角色是织布工，负责有序地组织同乡人的活动。为了达成这一目的，必须再一次审时度势，避免过度和不足。

因此，他必须知道哪些是对所有人都合适的选择，能够在世事发生变化或感觉到需要用最好的方式介入时重新审视自己的决定。

法律的作用

在处事有度的真正政治家治理的地方，适用于所有公民的法律规范没有存在的必要。如果不存在真正的政治家，那么法律就必不可少，尽管存在一定的局限性，但是两害相较取其轻。

于是，当统治者关心自己而非民众的利益之时，法律就成为防止政府堕落退化为不同历史形态的唯一保障：

· 君主政体（一人政府）退化成为僭主政治；

· 贵族政体（优秀者的政府）退化成为寡头政治（少数人但并不是最优秀者的政府）；

· 民主政体（民众的政府）退化成为以触犯法律为基础的负面的平民政体。

柏拉图用同一个术语①指代民主的正面与负面形态，后者也可沦为煽动群众、蛊惑人心的政治。

根据柏拉图的观点，最好的政体是君主政体，因为它最接近优秀政治家的统治，但是其退化形态僭主政治则代表了政体最为恶劣的形式。

◆ 10.3《法律篇》

可能实现的城邦

在《法律篇》中，关于法律的问题得到了再度讨论。这是柏拉图最后的作品，并未完成，以对人类和公民团体的深深失望为基础，标志着对《理想国》中完美城邦理念的摒弃。

此时，柏拉图明确宣称不再希望打造理想的城邦，而是将自己的注意力转向"二等"城邦，即在历史上能够实现的、接近理想典范的城邦。因为其政治顾问生涯中的屡屡受挫，柏拉图不仅开始反思自己原先在《理想国》中所持的观点，也开始审视《政治篇》中表达的观念（优秀政治家的政体以科学为基础，法律没有必要）。

柏拉图对人类本性之脆弱大彻大悟，他的这一新观点突出了维护"二等"城邦秩序的法律和制裁处分的必要性——法律应当被执行和尊重，违反者应当受到相应的惩罚。但是无论如何，向公民解释清楚施行这些法律规章的理由是重要的。

《两名运动员互相交谈》，红绘式酒杯，公元前 5 世纪下半叶。巴黎，卢浮宫。

---

① 原文均使用 democrazia，民主政体。——译者注

《士兵在角斗中训练》，黑绘式双柄大口酒坛，公元前 6 世纪。

社群生活的管理

在限制性法律的框架内，土地的分配，奴隶和外邦人从事的农业、手工业及商业活动，青少年的教育，城邦的保卫等公共和私人生活各方面的规定和管理都细致入微。

与《理想国》中所描绘的城邦规划不同，"二等"城邦允许所有的家庭和私人财产的存在，而宗教（在理性城邦中基本不存在）则获得了重要的地位，成为秩序和稳定的因素，甚至无宗教信仰或无神论都被列为重罪。

《法律篇》中所说的宗教并非希腊的传统宗教，而是将天意安排的行星视为支配世界和人类的神明，以此构建宗教的仪式和信仰。

从这个新的角度来看，实际上最好的宪法应当包含三种形式的有效内容。这三种形式在历史上被定义为：

·团结和睦，属于君主政体的典型；
·智慧，属于贵族政体的典型；
·自由，属于民主政体的典型。

于是，柏拉图以在克里特和斯巴达施行的法律为模板，草拟出一种混合的宪法，其中君主政体（国王）、贵族政体（理事会或参议院）以及民主政体（众议院）的权力并存。

在《理想国》中，柏拉图已经展示出对于贵族政体宪法的偏好，这一点在"二等"城邦中也得到确认。他要求将大部分权力交付给由智者组成的"夜间"参议院，这些智者在夜晚会面和商议问题，无人得见其面，因此不会受到任何条件的制约。

于是，《理想国》中阐述的理想城邦让位于主要以法律和制度的制约作用为基础的国家模式。

❖ 11. 柏拉图逝世后的雅典学园 ❖

在柏拉图去世后，他所创办并进行口头授课的学校雅典学园，成为哲学发展进程中传承和讨论柏拉图主义的场所。

第一批继任者

毕达哥拉斯的数学化转折与影响，是柏拉图思想最为成熟时期的特征，为其直接的后继者——斯珀西波斯（Speusippo，前393—前339，柏拉图的侄子）以及卡尔西顿的色诺克拉底（Senocrate di Calcedone，前396—前314）——确立了研究方向。前者在公元前347至前339年担任学园的领导者，而后者则在公元前339至前314年间引领学园。

为避免理念学说中所遇到的困难（柏拉图本人在巴门尼德学说中同样遇到困难），斯珀西波斯摒弃了这一学说，认为存在与可感知事物相分离的数字实体，就像是实在根本结构的组成部分一样。

色诺克拉底认为理念与数字是一致的，认为它们是万物的本原。学园最为重要的学生亚里士多德则与他们分道扬镳，开始了自己原创的研究路线。

艺术

《会饮篇》：肉体之悦，精神之趣

在雅典社会中，欢乐的祭祀庆典的主角是一群希望共同度过时光、享受彼此陪伴的朋友，他们不仅品尝美食珍馐，也进行辩论。

宴会按照一丝不苟的节奏推进，首先是筵席，真正的晚餐，即会饮，在此期间同席者懒洋洋地躺在躺椅上，专心畅饮、谈论、歌唱和游戏，欣赏音乐家和舞蹈家的表演。通常来说，会饮都会变成醉酒狂欢的场合，一直持续到第二天。这便是柏拉图《会饮篇》中重现的画面，在许多陶器装饰上也有所描绘。

《会饮的场景》，红绘式凉酒器（psykter，用于将酒浸在盛满冰块的双耳大口酒坛中冰镇的容器），公元前 5 世纪。
美国普林斯顿大学艺术博物馆。

会饮是宴会的收尾部分。宾客在完成沐浴仪式之后，开始向神明进行祈祷和奉献。其中一人被选为会饮的主持人，成为主导浇祭仪式的会饮之王。他需要根据参与者的区别（有的更愿意享受喝酒的愉悦，有的更愿意谈话）决定祝酒的数量和需要与红酒混合的水的分量。

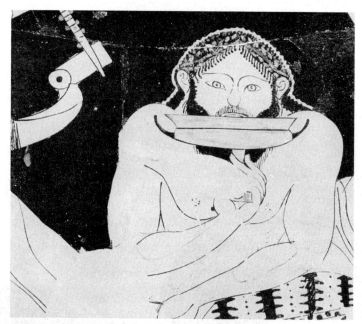

《同席者从大杯中啜饮》，截选自红绘式基克里斯杯（大而宽的酒杯），公元前 6 世纪。
慕尼黑，州立文物博物馆，古代雕塑展览馆。

宾客的选择不是随机的，他们以朋友（etairoi）互称，以友情的纽带相连，分享理想、文化和生活方式。

《会饮期间的名妓》，绘制在阿提卡红绘式凉酒器上，公元前 5 世纪。
剑桥，科珀斯·克里斯蒂学院。

高级妓女（etera）也是会饮的一部分。她们文质彬彬，优雅讲究，通常来自外邦，是奴隶或被释放的奴隶。在希腊社会中，相比家庭妇女而言，她们享有个人的特权地位：能够自由地出入、参与公共生活。

《少年用酒壶从双柄大口酒坛中取酒》，来自红绘式花瓶，公元前 5 世纪。
巴黎，卢浮宫。

由于纯红酒被认为是有害的，所以很少被直接饮用，而是以水稀释（三份水加两份红酒，或两份水加一份红酒），
并用蜂蜜加香料调味。

《一名醉酒的同席者从过量饮酒中解脱》，红绘式阿提卡式基克里斯杯，公元前 5 世纪。
梵蒂冈，梵蒂冈博物馆。

尽管会饮诗赞颂克制和贞节，称其是贵族的道德准则，但是在会饮的场合很少有不饮酒的机会。柏拉图的《会饮篇》间接地证明了这一点：在一名宾客的倡议下，大家决定每人根据自己的喜好畅饮，但是不能喝醉。

《会饮期间玩 Kottabos 的年轻人》，红绘式酒杯，公元前 5 世纪。
巴勒莫，大区考古博物馆。

　　Kottabos 的游戏在伊特鲁里亚人和希腊人之间非常流行。游戏规则是用食指扣住酒杯的把手，把杯中酒向特定的
靶子投射出去——靶子可能是放置在柱子上的另一个酒杯，悬在杆顶的一个金属圆盘中，或是漂浮在盆子中的小花瓶，
从结果中获得预兆（尤其是关于爱情方面）。

⊶ 本章小结 ⊷

柏拉图：苏格拉底的弟子

雅典人柏拉图（前 428/ 前 427—前 347）是第一位我们能够完整地了解其思想的哲学家。他以对话形式写就的作品几乎被全部保留了下来。

他从老师苏格拉底之处学到的内容包括：认识人类意见的局限、偏颇和不稳定性；追寻真正的道德规范以及它们的定义，如善与真实；将对话用作哲学研究的方式。

理念和可感知的事物

柏拉图认为知识的真正客体在于理念（希腊语 eidos，其词根源于动词 idéin，"看见"），"所见之物"。但是，这种所见是智慧通过"思维的双眼"领悟的。例如，美的理念优于被称为"美"的可感知个体。

理念是存在于自身的某物，永恒而不可改变，可感知的事物将其作为模范和准则，并以其为基础而成形和获得价值。

因此，存在两种维度的实在（本体主义二元论）：

◇ 一种超越感官世界，柏拉图称其为"诸天之外的存在"，真正知识的客体——理念——存在于其中；

◇ 一种将可感知事物与理念的关系描述为：模仿的关系（可感知的事物是永恒典范的仿制品）；分有的关系（可感知的事物从理念中获得存在）。

理念的种类与善的理念

存在于"诸天之外"的理念并不全是同一种类：有使道德规范具体化的理念（例如善、真实、正义等），也有与数学—几何概念有关的理念（例如相等的理念）以及可感知事物的理念（如树木、马等）。所有理念都是超验世界的组成部分，为首的是善的理念。

知识是一种回忆

怎么才能认识理念的世界呢？柏拉图提到，人类是由灵魂和躯壳组成的：多亏了躯壳，人类才能够成为可感知世界的一部分，而通过灵魂，人类得以生活在仅能用智力了解的世界之中。

灵魂独立于躯壳，先于其存在，在其物质灭亡之后仍然得以存续。灵魂诞生之时已经拥有丰富的知识（来自与理念世界的直接接触）。因此，在凡间获取知识是回想在诸天之外获得而后遗忘的内容的过程，这一过程就是回忆。

对于知识，尤其重要的是，美的事物比其他事物吸引更多的注意力，而爱则被解释为推动人类感受自身内部之美的力量。

认识的层级

与本体主义二元论对应的是二元主义认识论。

人类的认识分为两种形式：

◇ 意见，以可感知的事物为客体，和这些事物一样是变化的。

◇ 科学，以不可改变的事物为客体，这些事物能够通过以下媒介获得：

——智慧，通过推理或计划性的理智，正如数学——几何科学那样；

——直觉，努斯。这是仅凭智力才能够了解的认识的更高形式，柏拉图称其为辩证法，与哲学一致。

相对的"非存在"

和巴门尼德的观点一样，对于柏拉图来说真正的科学与不变的存在（总是与自身相同）有关；但是，与巴门尼德不同的是，他并不认为变化的世界就是虚无。

这一点是可能的，因为柏拉图将"非存在"定义为两种方式：

◇ 绝对的非存在（不存在）；

◇ 相对的非存在（不同的存在），尽管与变化的事物有关，但的确存在。

这些观点可以用通种论进行思考。

世界的起源：造物主的劳作

由于感官实在的世界由变化的事物所构成，因此是貌似真实的论述的对象。

柏拉图通过造物主的神话详述了这一观点。

因为凡事皆有因，为解释世界的起源，我们应当思索是谁创造了世界——是造物主，神之工匠：

◇ 他运用其创造之前已然存在的物质（四大基本元素：气、水、土、火）塑造了世界；

◇ 他参考示范模型——理念的世界（独立于造物主的行为之外）。

造物主所创造的宇宙具有灵魂。

关于政治的反思

柏拉图的政治思想分为两个阶段：在《理想国》中，他描述了理想城邦的特征。关于政治的反思与理念学说紧密相关：真正的知识能够指明什么是善，并为公民群体指出达到善的方向。因此，城邦或城市国家的领导者应当是哲学家——真理的掌握者。之后，在《政治篇》和《法律篇》中，他提出了可能实现的城邦的典范，其中法律作为秩序和稳定的原则，具有头等重要性。

∽◌ 本章术语表 ◌∽

爱：从对完整性的渴望中产生的动态力量，表现在跨越某种需求和缺乏状态，获得原本未拥有之物的推动之中。爱在可感知的世界和理念的世界之间充当媒介。

回忆：来自希腊语 anámnesis，"不朽灵魂对理念的回忆"，"记忆"。是唤起记忆中被遗忘部分的思维活动，因此与作为保留记忆的能力的记性（memoria）有所不同。在柏拉图的哲学中，这一术语指代"知识即回忆"的学说，即通过与具有刺激作用的可感知实在的接触，灵魂回忆起诞生前获得却又在诞生时遗忘了的基本知识。

灵魂：非物质的实体，与躯壳共同构成人类的本质，先于躯壳存在，且由于不朽性在躯壳消逝之后仍然不灭。可以被区分为：理性的组成部分——最高的代表；易怒或冲动的组成部分，受可能向善、可能向恶的热忱所支配；饕餮或饥渴的组成部分，与物质需求有关。

造物主：来自希腊语 demiourgós，字面意思为"为社群完成作品之人"。"工匠，手艺人"，是工匠之神，具有智慧和意愿，以理念作为模范，运用自然元素塑造宇宙。

辩证法：与理念的科学，即哲学相一致。后来柏拉图用这一术语指代由两个环节组成的研究过程：将某一理念归于其所归属的更为宽泛的类别，以及将理念进行内部解构。

计划性理智：如数学科学中通过串联而相继的步骤进行的思维。

通种：其他所有的理念都分有的最普遍的理念，分别是存在、相同、不同、静止和运动的理念。

理念：不可改变而永恒的实在，是不完美而多样性的可感世界事物的完美典范（范例、示例）。理念不是以感官为媒介认识的，而是智力洞察的对象。

善的理念：是所有其他理念的依赖，是最高的道德规范，也是所有存在与真理之源。善的理念不创造、不产生永恒的理念，而是通有其完美性。

诸天之外的存在：天外的领域，位于空间和物质性之外，是永恒而不可改变的理念存在的场所。

神话：幻想的作品，与古代神话不同，神话在柏拉图的谈话中具有了支持论据的作用，这样做一方面使特定的内容更易接受，另一方面促进人们思考。

虚无：根据柏拉图的观点是绝对的不存在，毫无存在可言。与作为"另一种不同的存在"的非存在不同。

努斯：哲学智慧（或直觉），以理念为客体，是认识的最高层。努斯用一种一目了然的方式即时领悟理念。

意见：对与其客体同样形成、变化和不确定的可感世界的认识，可以分为两个层级：想象，以事物的映像为客体；信仰，以可感知的事物为对象。

分有：在柏拉图著作中具有两层含义，首先指代的是可感知的事物与理念之间的关系（《斐多篇》中阐述的论点）；其次指代的是理念之间相通的关系（《诡辩篇》中阐述的论点）。

科学：具有绝对可靠性的认识，以不可改变之物为客体，因而永远真实。可分为两个层级：推论的原因（diánoia），以数学理念为客体；哲学直觉（nóesis），以理念为客体。

柏拉图的基本问题

本体论	理念世界 vs 可感经验的实体
	灵魂 vs 躯壳
伦理 / 幸福	从虚假的意见中解脱
	热爱知识（哲学）就是通往幸福之路
哲学 / 宗教	神话的新含义
知识	真正的知识 vs 以经验为根据的知识
	知识即回忆
逻辑	定义的问题（这样事物是什么？）
	最后的阶段：辩证法是化多为一的工具
哲学 / 知识	对话和口头教学是真正知识（哲学）的工具
	知识的原则：凡事皆有因
自由 / 权力	真正的智者在执政时享有首要地位
	妇女可以参政

文献选读

一、洞穴的神话和光线的意义

（摘自《理想国》，514a—518a）

【导读】

叙述的阶段

在《理想国》第七卷中，柏拉图通过苏格拉底之口讲述了洞穴的神话，其内容与现实的不同客体以及相应的认识方式有关。叙述可被分为四个阶段：

◇ 对于洞穴和被囚禁在其中的人类状况的描述；

◇ 被解放的囚徒离开洞穴，当他的目光离开阴影转向真实的事物之时，观念有所转变；

◇ 艰难地向着光明攀爬；

◇ 被解放的囚徒返回囚禁他的洞穴。

现实的形态和认识的等级

这一暗喻是柏拉图哲学的中心观点，通过神话分别对应：

◇ 通过囚徒的双眼逐渐发现现实的不同形态：起初是与实物不相符的阴影，之后是真实的实物，最后是使整个现实清晰可见的光源。

◇ 认识活动的等级：起初是对映像的简单理解，之后是对真正的模型——理念——的发现，最后则是感悟到太阳所象征的善的理念。

主题

在洞穴的神话中交织着以下主题：

◇ 本体论（存在的形相）；

◇ 认识论（认识的等级）；

◇ 伦理观点，由"转化"代表——使前囚徒（哲学家）从虚假的意见中解放出来，上升到更高层次的真理；做出选择，返回洞穴之中教化同胞。

【文献原文】

洞穴的描述

人类的一般处境是不知情的囚徒。他们背对着光明和真实的事物，只见到其投影。

——接下来，让我们把有文化和没文化的人的本质比喻成下列情形。假设人类生活在一个地下洞穴之中，它有一条长长的通道，占据了整个洞壁的长度，通向光明。他们自幼就被关在洞穴之中，脖子和双脚上都拴着链条，被迫待在原地，由于脖子上的锁链阻碍了他们回头，所以他们只能朝前看。在他们之上，高处远远地燃烧着火光；在火光和囚徒之间有一条上升的路，沿着路边筑有一圈矮墙，类似街头卖艺人在表演时与观众隔起的屏风，在屏风后面艺人展示自己的奇才。

——是的，我看得见。

——好的。沿着这些矮墙有一些人拿着各种物品，举过矮墙，有的还拿着石材、木料和各种式样的假人和假兽。这些人路过时，很自然地有一些在说话，而另一些则闭口不言。

——多么奇怪的景象！多么奇怪的囚徒！

——不，他们是和我们类似的人类。你且想想看，除了火光投射在他们面前洞穴墙面之上的阴影之外，他们还能看到自己或者同伴的什么呢？

——我的回答是不可能。若是他们一辈子被拴住无法移动头颈，怎么可能看到别的什么呢？

——那么，对于高处路人举着过去的物品来说，是不是也是同样的情况？

——没错。

——如果这些囚徒能够互相交谈，你觉得他们还会认为自己看到的景象是真实的吗？

——必定无法避免。

——如果洞穴对面的墙壁能够反射回声呢？当一名过路人发出声音，囚徒不会认为这是阴影在说话吗？

——以宙斯的名义，肯定会。

——那么对于这些人来说，现实只存在于事物的阴影之中。

——绝对不可避免。他回答道。

被解放的囚徒离开洞穴

一名囚徒努力来到矮墙前，观察之前只能看到投影的物品；"转化"（来自拉丁语 convertere，"彻底改变"）的时刻来临。

——现在，设想一下他们可能被解除禁锢，迷途知返。一名囚徒终于获得自由，被迫站立，转动头颈，走动并抬眼注视光明，你觉得这时他会怎么做呢？他在做这些动作时会感受到痛苦，一直眼花缭乱，无法看见之前只见过阴影的事物。如果有人告诉他，他之前见到的只是虚伪的表象，而如今由于目光更靠近存在，转向了更为真实的物体，因而所见更为真实，他会说什么呢？如果有人指给他看矮墙之上经过的每一样物品，强迫他回答那是什么，你不觉得他会手足无措、无言以对，并认为之前所见到的比现在所被展示之物更加真实吗？

——是啊，真实得多。

——如果他被迫直视光明，他的眼睛会感到痛苦。他会试图转身走开，逃回他双眼能够视物之处，认为原先所见到的映像比他人所希望展示的实物更为真实，不是吗？

——会这样的。

——如果有人拽着他走上一条崎岖坎坷的上升道路，而不让他首先躲避太阳的光芒，囚徒难道不会觉得痛苦，因为这一行为而恼火吗？一旦来到阳光之下时，难道他的眼睛不会因光线的刺激而失明，连一样我们认为真实的物体都无法理解吗？

——是的，至少不是一下子就能做到的。

——因此我认为要理解高处的现实，需要逐渐适应。首先看阴影最为容易，其次要数人类的形象和所有其他物品在水中的倒影，最后则是事物在现实中本身的样子。在此之后，他大概会觉得在夜间星月之光下观察天象和天空本身，比在日间阳光闪耀之时更为容易。

——当然。

通往光明的艰难之路

在善的理念的象征——太阳——的光芒的帮助下，囚徒超越了可感认识，领悟了真实的存在——理念。

——我认为他终于能够领悟太阳本身，而非其在水面或是其他表面的倒影，能够在其本来的地方看到其本相了。

——一定是如此！

——接着他应该能够得出结论了：造成四季轮回年月更替，以及可见世界所有现象的主宰正是这个太阳，在某种程度上是这些囚徒所见之物的原因。

——显然，在反思之后他会得出这样的结论。

——之后他会怎么做呢？回想起他之前在地下的住所和知识水平，以及囚禁中的同伴，你觉得他不会庆幸自己命运的改变，同情同伴的遭遇吗？

——毫无疑问。

——如果这些洞穴的居民中有人敏于观察阴影，精确地记忆其经过的先后以及共同顺序，并以此为基础，用高超的技巧猜测每一时刻注定经过的物体，并因此获得尊荣、赞扬和奖赏，你觉得被解放的囚徒还会渴望和嫉妒他们的荣誉和能力吗？还是觉得自己就像荷马史诗中的英雄，宁愿热心地作为“贫穷农民的雇工”，远离所有痛苦，也不与囚徒们共有意见，如他们一样生活呢？

——我相信他会愿意忍受任何苦楚也不愿意重回囚徒生活。

回到洞穴之中

这是哲学家面对普通人的愚昧之时的形象：哲学家的双眼饱含着光明，只能见到黑暗，因而引起了同伴的讥讽甚至憎恶。

——如果这名囚徒重新回到地面之下，突然离开阳光，双眼不会因黑暗而难受吗？

——那是肯定的。

——如果他的眼睛仍然模糊不清，还未习惯黑暗，且习惯黑暗需要一段时间，但却需要重新审视这些阴影，与这些永远的囚徒相互较量，你不觉得这很可笑吗？他们难道不会说他上去走了一趟把视力弄坏了，攀登毫无价值？如果他们能抓住试图解放其他人并使他们也上到地面之上去的人并杀害他，难道他们不会这么做吗？

——毫无疑问。

（柏拉图，《理想国》，G.洛扎译，蒙达多里出版社，米兰，1990年，537—545页）

二、书写和记忆

（摘自《费德鲁斯篇》，274c—275e）

【导读】

一则关于书写起源的神话

柏拉图在《费德鲁斯篇》的结尾部分探讨了关于书写的局限问题，就书写的特征和作用，书写和记忆的关系，以及书面文字的局限进行了思考。在谈话中，苏格拉底运用以埃及为背景的一则神话展开关于这一主题的论述。在埃及，书写早已经有所发展，在希腊人的眼里那是最古老智慧的起源之地。神话的主角是赛斯（Theuth）神——字母的发明者和埃及国王泰姆斯（Thamus）。

【文献原文】

书写不是真正知识的工具

苏格拉底 我听说在埃及的诺克拉提斯（Naucrati）附近有一位最古老的神明，名为赛斯，其圣徽是人们称作白鹮（ibis）的鸟。他创造了数字、计算、几何和天文学，也创造了棋类、骰子游戏，特别是字母表。当时的国王是泰姆斯，居住在被希腊人称作底比斯的上埃及城中，城市的保护神是阿蒙。赛斯前来拜访国王，向他夸耀自己的才能，声称需要将这些技艺在埃及人中普及。国王询问这些技能各有什么用途，在赛斯解释的过程中，他对自己觉得负面的技能进行非难，而对自己觉得有益的技能加以赞扬……当讲到字母表时，赛斯说："噢，国王，这一项认识能够使埃及人更加聪明，更善于记忆，因为这一发现是知识和记性的良药。"国王则回答道："最具创造力的赛斯，创造新技能的能力是一回事，评估这一新技能对使用者将带来多大的好处或危害则是另一回事。现在你作为书写之父，由于偏爱儿子想要体现其优点，却把功用恰恰说反了。由于书写不锻炼记忆，习得者的灵魂中会产生遗忘。他们依赖书写，不再凭借自身的脑力回忆，而是通过外在的标记回想。所以说你的发现只医治回想，而不医治记忆。你教给你门徒的并非真理，而是表面的知识。在你的作用下，他们可以不用老师就知道许多事物，因而自认为智慧，而实际上大部分人都一无所知。和他们讨论是一场折磨，这些人毫无智慧，却满嘴意见……"

费德鲁斯 我同意底比斯之王关于字母表的观点。

苏格拉底 所以说自以为留下文字就留下某一技艺之人，以及接受了这文字就以为它是清晰确凿之人，都太傻了。他们居然以为文字所唤起的他们的记忆，能够超过书写这文字之人对事物的认识。

费德鲁斯 非常正确。

书面文字的局限

苏格拉底 你看，费德鲁斯，书写处在一个奇怪的境地，和绘画相类似。画面在你面前栩栩如生，但是如果你向它们提问，它们却哑口无言。成文字的语言也是一样：你能够对它们所说的内容有所印象，觉得它们几乎有思考的能力，但是如果你就它们谈论的话题进行询问，它们给出的回答却只有一个且一成不变。论述一旦落到纸面上就开始四处流传，不仅传到内行人手中，也传播到毫无关联之人手中。文字不知道该向谁说，又不该向谁开口。如果遭到误解或虐待，它总是需要父亲的援助，自己本身却无力辩驳或是自保。

费德鲁斯 这一点你也很有道理。

（柏拉图，《作品集》，P. 普齐译，拉泰尔扎出版社，巴里，1967 年，第一卷，790—792 页）

三、追寻真正的起因

（摘自《斐多篇》，100b—100e）

【导读】

《斐多篇》重现了苏格拉底的最后时刻以及他在监狱中与弟子关于灵魂不灭主题的对话。在其中的一节中，柏拉图通过老师之口，揭示了理念的作用——事物存在方式的根源。

【文献原文】

阿那克萨戈拉的观点

——有一天我听人读到一本书，书的作者名叫阿那克萨戈拉。他说所有的事物都由智慧的心灵安排和产生。这让我欢欣鼓舞，觉得智慧的心灵是万物的起因好像有点道理。我想：如果的确如此，这一智慧的心灵安排世间万物之时，定是把它们安排得各尽其用。如果有人想弄明白一件事物为什么产生、为什么消亡、为什么存在，那就得探究它在这世间什么样最好——处于什么样的被动形态或怎么样主动为好。在这一推理过程中，我想追究原因之人无须追寻其他，只要知道对自己和对事物来说，什么样最好就可以了。但是，他也有必要知道最差的情况，因为最好和最坏都是同一门科学。这么想着，我觉得阿那克萨戈拉是我的老师，可以根据我智力的需求，教导我万事万物的起因。他会告诉我地球是扁是圆，在此之后告诉我是扁或是圆的成因，以及对于地球来说这样更好……

然而期望太高，我逐渐在阅读中感到，这个人并没有充分说明智慧的心灵的作用，并未指出其安排世间万物起源的方式，相反却把起因认作气体、以太、水或许多其他物体，全是胡说八道。

理念是可感事物的起因

——现在我试着告诉你们，我所追寻的这一起因到底是什么。让我重回到老生常谈的话题上来。我认为美、善、伟大等都是存在于自身的……

——好的，齐贝特（Cebète）说，你不妨认为我同意你的设想，请继续说。

——那么看你们是否同意我的下列观点。我觉得如果说除了美本身还存在其他美的事物，那这件事物为什么美呢？是因为它绝对地分有了美的本身。自然这一点也适用于所有其他事物。你是否同意？

——同意。

——关于是否还有这些智者解释之外的原因，我暂时还不知道，也无法分辨。如果有人和我说任何一样事物都是美的，因为色彩鲜明、形状特殊或是其他同类的原因，我都不予理会，因为它们让我困惑不解，而我只简单而笨拙地认定这一个原因：一样事物之所以为美，是因为它或是具有美本身，或是与其互通，抑或是具有任何形式的关系。我不再拘泥于方法了，只说所有美的事物因为美而美。这是我觉得回答自己也好、回答他人也罢最为稳妥可靠的理由。我只要坚持这个回答，就能立于不败之地。我相信，对于我和所有人来说，美的事物之所以为美，是因为美本身。

（柏拉图，《作品集》，M. 瓦尔基里译，拉泰尔扎出版社，巴里，1967 年，第一卷，161—162 页）

四、灵魂和躯壳
（摘自《斐多篇》，79a—80b）

【导读】
灵魂不朽的主题

在《斐多篇》中，对话以灵魂不朽为中心论点，以多个论据证明了人类身上存在不朽的组成部分，其中最重要的是灵魂和永恒而不可改变的理念之间的密切关系。

【文献原文】

灵魂类似不可见的事物，躯壳类似可见的事物

——我们假设有两种存在的形式：一种可见，另一种不可见。

——就这么假设。

——不可见的存在总是保持同等的状态，而可见的存在永远在变化之中。

——假设这一点也成立。

——好的，那我们是不是由两部分组成的呢，一部分是躯壳，一部分是灵魂？

——没错。

——那么，肉体和上面我们提到的两种存在的形式，哪种更相近、更密切呢？

——更贴近可见的存在，大家都知道。

——灵魂是可见还是不可见的呢？

——至少对于人类来说无法看见。

——但是，我们现在说的不是人类本性所能见到或见不到的事物吗？还是说你思考的是其他的性质？

——不，我思考的是人类的本性。

——那么，我们所说的灵魂是可见的还是不可见的？

——是看不见的。

——那就是不可见的。

——没错。

——所以说灵魂更像是不可见的存在，而躯壳更像是可见的存在。

——这是必然的。

以感官为基础的认识易逝，以智慧为基础的认识长存

——我们曾说，灵魂借助肉体通过视觉、听觉或其他感官进行探究时——通过躯壳探究意味着通过感官探究，接触的就只有这样变化无常的事物了。于是灵魂被躯壳带入了变化无常的世界，像个醉鬼一样摇摇晃晃，迷失方向。不是吗？

——定然如此。

——但是，灵魂自主探究时，就上升到纯粹、永恒、不朽而不可改变的境界。这是因为它进入了与自身相亲相近的境地，可以长留此地；因为它接触的事物是不变的，它可以不再徘徊，而是安定不变了。灵魂的这一状态就叫作智慧。

——你说得好极了，对极了，苏格拉底。

——现在，根据我们之前和现在所说的内容，你觉得灵魂与哪种存在形式更相像？

——苏格拉底，我觉得就算是思维最愚钝的人，在被这样引导之后，在各个角度都应该承认灵魂更像不可改变的事物，而不像可以改变的事物。

——那么躯壳呢？

——与变化的种类更相像。

管理支配躯壳的灵魂类似于永恒的神性

——我们现在从另一个角度来考虑这个问题。灵魂与躯壳结合时，自然让躯壳服从其支配，而由其进行统治和管理。从这一方面来看，哪一个更类似神明，哪一个更类似肉体凡胎？难道神性不应当统治和发号施令，凡人不应该被统治和服从吗？

——是的。

——因此，灵魂更像哪一种呢？

——苏格拉底，这很明显。灵魂更像那神圣的，而躯壳更像那凡人的。

——那么齐贝特啊，我们的讨论只得出这样一个结论：灵魂极肖那神圣、不朽、智慧、一致、不可分解而且永远不变的，而躯壳极大程度上与那凡人的、现实的、种类繁多、不明智、可分解而且永远变化的相似。亲爱的齐贝特，我们能否认这一结论吗？

——不，我们不能。

（柏拉图，《全集》，鲁斯科尼出版社，米兰，1991 年，89—91 页）

五、学习即记起

（摘自《斐多篇》，73c—76）

【导读】

《斐多篇》中关于回忆的主题

《斐多篇》是柏拉图再现苏格拉底狱中最后时刻的对话，围绕不朽灵魂的命运这一主题展开：灵魂在与躯壳结合之前就已存在，在其寄存的躯壳消亡之后继续存在，通过不断的轮回转世迁居。

在这一章节中，通过苏格拉底之口，柏拉图发表了下列命题：所有学习都是一种回想、一种记忆。灵魂恢复在进入肉体之前获得而在降生之时遗忘的知识（保存在深处），在与感性认识接触下得以被"唤醒"。

【文献原文】

由感觉复苏的记忆

——一个人如果记得某件事物，那一定是因为他在之前肯定知道它，没错吧？

——是的。

——如果一个人通过从前知道的事物获得知识，这是回忆你也同意吗？我的意思是，如果一个人看到、听到或通过别的什么感官方式知晓了某件事物，之后不仅认识这一事物，也能够举一反三地认识一些不同的其他事物。因此，我们是否可以说他脑海中出现的其他事物是他回想起来的呢？

——什么意思？

——举个例子：人的概念和里拉琴的概念是不同的。

——当然。

——你知道当有情人看到一把里拉琴、一件披风或是其他自己心爱之人经常使用的物品时，认出里拉琴的同时，脑海中也会浮现出琴的主人——心爱之人——的样貌吗？这就是回忆。就像有人看到西米（Simmia）就会想起齐贝特一样，这些例子不胜枚举。

——的确数不胜数。

——这些不就是回忆吗？尤其是有些事物由于年深日久不再出现在眼前，就被遗忘了。

——没错。

——如果有人看到一匹马的画像和一把里拉琴的画像，会不会想起某人？如果看到西米的画像，会不会想起齐贝特？

——自然如此。

——那么，看到西米的画像时，他会不会想起西米本人呢？

——当然。

——从这些例子之中，难道我们还不能得出结论？相似和不相似的事物都能够引起记忆？

可感世界的相同和内在的相等

——那么，还有一句话你看对不对。有些事物我们称之为相等。我不是说这块木头和那块木头相等，这块石头和那块石头相等，抑或是其他类似的事物，而是超越了所有事物的相等，内在的相等。这种内在的相等存在吗？

——无疑存在。

——那么，我们知道什么是内在的相等吗？

——当然知道。

——这一知识从何而来？是从我们所说的相等中挖掘而出的吗？我们认为木头、石头或其他相同的事物相等，和这种相等并不是一回事，你承认吗？我们还需要考虑到，就算这些木头和木头、石头和石头保持不变，对于有些人来说是相等的，而对其他人来说则并不相等。这没错吧？

——绝对没错。

——但是，绝对的相等能够不相等吗？内在的相等能不相等吗？

——不可能。

——所以事实上内在的相等和相等的事物不是一回事。

——我觉得挺对。

——但是，尽管相等的事物与内在的相等不同，我们还是从前者出发思考后者不是吗？

——的确。

理念认识先于感官认识

——因此，在我们知道如何用眼睛看、用耳朵听、用其他感官感受之前，我们已经获得了关于内在相等的认识，从感觉中获得它们相等的判断。不然的话，我们怎么会认为所有的都和这一件事物相似，却又不是完全相等呢？

——从你的话里判断，苏格拉底，只能得出这个结论。

——那么，我们是否一生下来就有视觉、听觉和其他感觉呢？

——当然。

——但是我们刚刚不是才说过，在此之前我们应当先获得相等的知识吗？

——是的。

——所以说在出生之前我们就已经有这一知识了。

——似乎是这样。

——如果在我们出生之前就拥有这一知识，并且这一知识伴随着我们降生，那就是说在我们出生前和降生后，我们有的不仅是相等这一概念，还有大和小，以及所有其他理念。因为我们谈论的不仅仅是相等，还有内在的美、内在的善、内在的正义和内在的神圣，总而言之，所有我们在质疑和回答中盖棺定论为内在的概念。因此，我们必然在出生之前就已经拥有所有这些理念的知识。

——是这样。

（柏拉图，《全集》，鲁斯科尼出版社，米兰，1991 年，89—91 页）

六、哲学家厄洛斯

（摘自《会饮篇》，203b—205a, 206a—207a）

【导读】

苏格拉底和狄奥提玛

苏格拉底的论述，是柏拉图《会饮篇》中关于爱的讨论的最高潮。与其他顺序表达自己观点的参会者不同，苏格拉底复述了过去与曼提尼亚的女祭司狄奥提玛的对话。

【文献原文】

厄洛斯是介于神和人之间的存在

——在阿佛洛狄忒（Afrodite）出生时，众神举办筵席，其中就有墨提斯（颖悟）之子波罗斯（计策）。在筵席散场后，由于声势浩大，潘妮娅（贫穷）前来乞讨，待在大门附近。酒还未上，波罗斯就因为多饮了两杯琼浆，头脑昏沉，在宙斯的花园中沉入梦乡。由于波罗斯拥有一切而潘妮娅却一无所有，于是她心生一计，决定和波罗斯生一个孩子。她躺在波罗斯身边，怀上了厄洛斯。由于厄洛斯是在庆祝阿佛洛狄忒诞生的宴会上被创造的，因而成为阿佛洛狄忒的随从和代理人。他天生就爱美，因为阿佛洛狄忒也是美丽的。因此，厄洛斯作为潘妮娅和波罗斯之子，命运定然如此。

厄洛斯是哲学家，既不智慧，也不无知。

厄洛斯……处在智慧和无知之间。情形是这样的。诸神之中无人从事哲学，也无人希望变得智慧——因为他们已经有哲学和智慧了。已经有智慧的人就不会再去探究哲学；而无知之人也不愿意从事哲学，也无意变得智慧。事实上，无知之人令人怜悯之处在于，尽管他们和美、善、智慧毫不沾边，却沾沾自喜，自夸其德。凡是不觉得自己有欠缺的人，都不想弥补其未觉察到的自身欠缺。

——那么，狄奥提玛，如果既不是智者，也不是无知者，从事哲学的是什么人呢？

——就连孩子也很清楚，她回答道，就是那些介于智慧和无知之间的人，厄洛斯就是其中之一。事实上，智慧是最美的事物之一，而厄洛斯爱的就是美。因此，厄洛斯必然是哲学家，而作为哲学家，他是介于智慧和无知之间的……

厄洛斯为人类指明幸福之路

于是我说："没错，外邦的客人，你说得很好。但是如果厄洛斯是这样一种存在，他能为人类带来什么好处呢？"

——现在让我来解释这一点，苏格拉底。因此，厄洛斯的本质和出身正如我所说，而他爱美的事物，你也承认了。但是，如果有人问你：为什么厄洛斯以美的事物为爱的对象？或是说得更明白点：爱美之人爱的究竟是什么呢？

我的回答是：爱的是美的事物最终归于他所有。

——你的回答引发了另一个问题：在美的事物归他所有之后，又能带来什么好处呢？

我的回答是，这一问题暂时还没有答案。

——那如果我们换个问法，问的是善而不是美：请问苏格拉底，爱善之人爱的到底是什么呢？

——我的回答是：爱的是善的事物最终归于他所有。

——那么，拥有这些善的事物之后，会有什么好处呢？

——这个问题更容易回答：他们会觉得幸福。

——事实上，她说，这些幸福的人正是因为拥有这些善的事物才变得幸福。我们无须继续追问。他为什么希望变得快乐？你的问题已经得到了终极的答案。

——你说得没错……我回答道。

——于是，她继续说道，也许可以说人类只是简单地爱善呢？

——是的，我回答。

——是否也无须追问他们是不是喜欢拥有善呢？

——没错。

——是不仅仅拥有善，而是永远拥有善吗？

——关于这一点我们也需要追问。

——她总结道：爱是永远拥有善的欲望。

——说得太对了。

（柏拉图，《全集》，鲁斯科尼出版社，米兰，1991年，511—515页）

七、当政的哲学家

（摘自《理想国》，479d—485）

【导读】

科学和意见

在《理想国》的第五卷中，通过与格劳孔（Glaucone）持不同意见的苏格拉底之口，柏拉图清楚地解释了科学和意见之间的区别。前者是永远真实，与存在有关的知识，而无知则以不存在为客体；后者认为变化形成的事物是真实的，其中一部分存在，而一部分并不存在。

在确定了三大领域之后，柏拉图坚持知识和意见之间的区别，强调和意见相比牢固而确定的知识的优越性。前者参照的事物多种多样，本身即是变化而不确定的，而后者参照的则是不可改变的理念。

拥有真正知识的哲学家的优先地位

这一分析在理想国的构建中具有特殊的目的：以拥有的知识为基础选出能够自主地领导国家之人。与满足于片面而不确定的意见之人相比，投身于真正知识的哲学家享有首要的地位。

【文献原文】

Filodossi 和哲学家

——人们虽然见过许许多多美好的事物、许许多多正义的事物以及许许多多其他的事物，但是就算有人指导，却看不到内在的美或正义本身。我们可以说他们对一切都只能有意见，但是对于那些他们有意见的事物却一无所知。

——这是必然的。

——相反，那些能够看到每个事物永远不变的内在本身之人，我们是否应当说他们有知识但是不发表意见呢？

——这也是肯定的。

——所以，我们是不是可以说，一些人关心和喜爱知识依附的客体，而其他人则偏爱意见依附的客体呢？后者喜爱而赞赏美妙的声音、悦目的颜色和类似的事物，但却意识不到内在的美本身是一个实在的个体？如果我们称其为爱发表意见之人即 filodossi，而非热爱智慧之人即哲学家，是不是不太对呢？如果我们这样说，他们是否会对我们生气呢？

——那么，那些热爱事物内在本身之人，我们是应该称其为哲学家，而非 filodossi，不是吗？

——这是自然。

我们选择谁来领导国家？

——好的，格劳孔，经过这么冗长而艰难的讨论，我们终于搞清楚了什么样的人才是真正的哲学家，什么人则不是了。……既然哲学家是能够触及永恒不变事物之人，而那些无法做到这一点，在千变万化、千头万绪之中迷失方向的人就不是哲学家。那么，我们应该选择哪一种人作为城邦的领导者呢？

——你说我们应该怎样回答为好？

——这么说吧。我认为最能守卫城邦的法律和传统的人应该做城邦的守护者。

——再说，将看守任何一件事物的任务托付给失明的护卫还是眼神敏锐的护卫，这也无须多问了吧？

——怎么会有人质疑呢？

——你认为下述这种人和失明之人有什么不同吗？他们不知道任何一种事物内在本身，脑海中毫无清晰的范本，因而无法像画家参考自己要画的物品一样，注视着最高的真理，不断地进行参考，尽可能精确地按照原样理解它，如有需要，便在我们的世界中制定出关于美、正义和善的事物的法律，并守护这些已经生效的准则。

——不，以宙斯的名义，这些人和瞎子没什么两样。

——另外还有一种人，他们知道每一种事物内在的实体，在经验方面不逊于上面提到的那种人，而且在所有领域的能力都不遑多让，那么，难道我们不应该任命这种人作为护卫者吗？

——当然，不选这种人简直就是荒唐。如果他们任何一方面都不差，又在最重要的方面占优势的话。

（柏拉图,《作品集》,第二卷, F. 萨特罗译, 拉泰尔扎出版社, 巴里, 1967 年, 305—308 页）

八、妇女也能够当政

（摘自《理想国》, 455—457b）

【导读】

理想城邦中的女性

《理想国》中概述的理想城邦为统治阶层提供了一个以消除家庭和私有财产为基础的集体范本。作为私有之处的家庭消失了，妇女的定位也有所改变，她们不再按照传统模式从事家务活。与当时的风俗完全相反，柏拉图勾勒了一个不根据男女，而是根据本质进行分工的社会。

禀赋不由性别决定

——那么，我亲爱的朋友，没有任何一项国家的管理工作因为妇女在从事就专属于妇女，因为男性在从事就专属于男性。各种的天赋才能以同样的形式出现在男女两性之中。自然希望所有的职务男女都可以参加，尽管总体来说妇女比起男性要弱一点。

——没错。

——那么，我们是否要把所有的职务都分配给男性，而完全不顾女性呢？我觉得有的女性有从医的天赋，有的则没有；有的女性有从事音乐的天赋，有的则没有。

——的确。

——是不是有可能有女性热衷于体操和战斗，有的则憎恶这些呢？

——有可能。

——同样，是不是有人热爱智慧，而有人深恶痛绝？有人豪气干云，而有人怯弱胆小呢？

——这也没错。

——因此，有的女性具有担当护卫者的能力，而有的则没有。我们难道不能根据同样的禀赋选择男性护卫者吗？

——正是如此。

——因此，男女在护卫城邦方面具有相同的禀赋，只不过在本质上女性更羸弱，男性更健壮而已。

——显然。

个体的差异来自禀赋的不同

——既然男女才能适合，禀赋相似，那么这些女性也应当能入选，和男性一起担任护卫者，不是吗？

——毫无疑问。

——相同的禀赋难道不应该给予相同的职务？

——是的。

……

——给予担任护卫者的女性以音乐和体操的训练，这并不违和，不是吗？

——当然。

——那么，既然我们的立法符合自然，那就不是不可行或是不切实际的空想。反倒是现在的情形比较违反自然，与这些原则背道而驰。妇女根据同样的禀赋成为守卫者，那么她所受到的教育和男性所受到的教育，不应该是一样的吗？

——是的。

（柏拉图，《作品集》，第二卷，F. 萨特罗译，拉泰尔扎出版社，巴里，1967 年，277—279 页）

九、辩证法的双重动向

（摘自《费德鲁斯篇》，265c）

【导读】

辩证法的两个阶段

《费德鲁斯篇》揭示了辩证法作为认识工具，甚至是哲学探究的卓越方法的意义。柏拉图在其中将辩证法分为两个特殊的阶段：

◇ 将多样性归为统一性，即将一种理念归纳为将其包含在内的更宽泛的类别；

◇ 将物品按照自然肌理进行分割，即根据自然的形态将整个事物进行细分，以通过一系列具体的差异，定义某一特定的事物。

【文献原文】

统一和细分

——在我们至今说到的其他内容中，我们能够科学地把握这两个步骤的意义。

——你说的是什么步骤？

——第一个是将纷繁复杂却又相互关联的事物归纳在一个种类之下，用统一的眼光把握，目的是使我们时常论述的内容的各个方面清晰地显现出来。正如我们刚刚所做的，对爱进行定义，无论好坏，都能使我们的论述清晰而前后连贯。

——那么，苏格拉底，你说的另一个步骤是什么呢？

——是顺着自然的肌理将整体划分为部分，避免像笨拙的屠夫一样弄破任何一个方面。……

——相信我，费德鲁斯，我本人就是划分和综合的爱好者，因此，我具有讲话和思考的能力。如果有其他人能够凭借本性，承认和理解在多样性中天然存在的统一性，我就会追随他，"就像追随神的足迹"。能够这样做的人——只有神明才知道是好是坏，我称他们为"辩证法家"。

（柏拉图，《作品集》，P. 普齐译，拉泰尔扎出版社，巴里，1967 年，第一卷，778—779 页）

十、造物主：宇宙的缔造者
（摘自《蒂迈欧篇》，27d—31c）

【导读】
叙述者

《蒂迈欧篇》的同名主角蒂迈欧是其城邦洛克里（Locri，大希腊）的佼佼者、法官和政治家，也是天文学和自然现象的学者。柏拉图使其以神话的形式，讲述了宇宙以及生物的起源。

叙述的内容

叙述的中心是造物主的形象。他从理性而完美的世界中获得模板，运用不成形的物质进行塑造，为其混乱的整体订立秩序，由此创造宇宙。

【文献原文】
凡事皆有因

——首先，根据我的观点，我们需要作出以下区别：什么是永远存在而不产生，什么是产生而不永远存在的？前者可以通过理性推理获得，因为它始终如一；后者则是意见借助非理性的感觉所领悟的对象，因为它产生、变化，从来不真实地存在。所有产生之物，必然由于某些原因才产生，因为如果没有原因的话，没有任何事物会产生。现在，当造物主创造这一事物的形状和性质时，如果他把自己的眼光停留在永远不变的东西上，以它作为范本，那么他创造的东西必然是美的；如果他所注视的范本是创造出来的东西，那他的创造必然是不完美的。因此，围绕着整个的天空或宇宙，或是任何其他你想称呼它的名字，我们首先应当思考：对于任何其他事物来说，世界是永远存在而没有起点的，还是从某一种起源中诞生的呢？世界是创造出来的，因为它看得见，摸得着，具有实体，而所有这类事物都是可感知的，而可感事物乃是意见借助感觉的帮助认识的对象，所以属于被创造的事物。我们又说过，凡是被创造出来的事物必然有其产生的原因。但是要发现这一宇宙的创始人和缔造者，恐怕并非易事；而且在发现之后，要向其他人说明白也是不可能完成的任务。关于宇宙，我们还是应该就造物主创造的范本进行思考：他选取的范本是始终如一、永不变化的，还是被创造出的呢？如果这个世界是美的，而造物主是善的，很明显，他参考的是永恒的范本；如果情况正相反，无须多言，参考的是被打造的范本。然而所有人都清楚，造物主所注视的是永恒的范本，因为这个世界是最美的被打造之物，而造物主则是最善的作者。

关于宇宙起源的论述只能是似是而非的

世界是以范本为参考产生的。这一范本能够通过理性和智慧理解，永恒不变。如果是这样，这一世界定然是某物的映像。我们研究任何一项事物，最重要的都是从其自然的性质着手。因此，我们需要区分映像和其范本，就必须认定在我们的论述中，事物本身和被说明的事物具有相近之处。对于那些永恒不变、可以被智慧认识的事物来说，我们所作的说明应当是稳定而不易变的，要尽可能地做到不可辩驳和不可更改，缺一不可。但是，对于那按照范本创造出来的事物，本身只是一种映像，我们所作的说明就只要匀称得当，大概近似就可以了。这是因为实体和产生形成的关系，就和真理与信仰（pístis，信任）的关系一样。因此，苏格拉底，如果我们在人们对神明和宇宙的起源提出了大量疑问后，无法一一给出始终如一、首尾连贯而确切的推理论证，请你不要见怪；但是我们也应当庆幸，我们给出的说明不比其他任何人在相似性上差，毕竟作为发言者的我和作为评判者的你们，都不过是肉身凡胎而已。所以，对于这些问题，我们不妨接受近似真实的神话，而无须过度探究了。

（柏拉图，《著作集》，第二卷，C. 贾拉塔诺译，拉泰尔扎出版社，巴里，1967 年，476 页）

第四章
亚里士多德：知识的百科全书

哲学被称为真理的知识确属应当。这是因为理论知识的目的在于真理，而实用知识的目的在于实践……因此，我们认识真理，就必先认识其缘由。

（亚里士多德：《形而上学》，第二卷，第1页）

1. 语言是最为即时、完整而丰富的沟通方式。语言是如何诞生的？如何发挥其作用？具有哪些规则？

2. 是否存在正确推理的规则？是否能够学习如何推理？

3. 现实产生于哪些起源？是否能够对物质世界进行科学认识？

4. 是否可以解释一样事物是如何从另一样事物中产生的？认识仅仅以经验为基础吗？还是说存在不同等级和形式的知识？

5. 什么是躯壳，什么是思维？它们之间呈什么关系？

6. 幸福是什么？人类可以以哪种方式幸福地生活？

7. 对于个人来说，在不与其他人建立联系的条件下，是否能够获得人性的特征？

亚里士多德年表

时间	事件
前 384	亚里士多德诞生于马其顿斯塔基拉
前 367	亚里士多德来到雅典，进入柏拉图的雅典学园
前 347	柏拉图去世后，亚里士多德先后前往阿索斯和米蒂利尼
前 343	被国王腓力征召至马其顿宫廷，担任其子亚历山大的家庭教师。
前 335	回到雅典，在吕克昂建立自己的学园。在之后的数年中，其教学作品逐渐成形
前 323	离开雅典以逃离渎神的指控
前 322	在哈尔基达去世

历史大事年表

时间	事件
前 371—前 362	底比斯在希腊称霸
前 351	德摩斯梯尼发表第一篇《致腓力书》，抨击马其顿国王腓力的演说
前 338	腓力二世随着喀罗尼亚的胜利，控制了希腊地区
前 336	在腓力被谋杀后，其子亚历山大登基为王
前 330	雕塑家普拉克西特利斯去世
前 323	亚历山大大帝去世，其手下的将军瓜分了王国

☙ 1. 生平和作品 ❧

作为马其顿宫廷医师之子，亚里士多德的一生与马其顿王朝的变迁相互交织。在公元前 4 世纪后半叶，腓力国王在希腊城邦获得霸权地位，而其子亚历山大则成就了一个浩瀚的帝国。

公元前 384 年，亚里士多德诞生在马其顿的斯塔基拉。公元前 367 年，年满 17 岁之时他前往雅典，进入柏拉图的学园求学，在当地足足待了 20 年，同样从事教学活动。在学园中，亚里士多德得以结识当时顶尖的科学家 [其中包括数学家欧多克索斯（Eudosso）]，吸收了柏拉图哲学的基本原理并批判地对其进行反思。

在柏拉图去世（前 347）后，亚里士多德离开雅典，先后前往特罗亚（Troade）的阿索斯和莱斯沃斯岛（Lesbo）的米蒂利尼，在当地潜心研究动物生物学。

其间，他与皮奇娅（Pizia）成婚，生育两子，并与一名富有的布商之子泰奥弗拉斯托斯（Teofrasto，约前 370—前 287）建立了亲密的关系，后者成为其门徒。

公元前 343 年，亚里士多德被腓力国王征召至马其顿宫廷，担任王子亚历山大（生于公元前 356 年）的家庭教师。

在腓力王被谋杀（前 336），亚历山大登基为王（前 335）之后，亚里士多德和泰奥弗拉斯托斯一同回到雅典。

他在此地建立了一所学校，因为靠近阿波罗·吕克昂神庙而得名为吕克昂学园，又因学园的花园中有一条散步的小径而被称为逍遥派（散步，Peripato）学园（peripatéin，在希腊语中意为"散步"）。在吕克昂，亚里士多德和其较年长的门徒（包括泰奥弗拉斯托斯在内）保持着有规律的散步习惯。公元前 323 年，亚历山大去世后，雅典成立了反马其顿同盟。

根据传统，与马其顿宫廷颇有渊源的亚里士多德应当被以渎神罪起诉。在这一紧要关头，他说出了一句闻名后世的名言——"我不愿雅典人重犯反对哲学的罪孽"，暗示了苏格拉底的遭遇。离开雅典后，他隐退至埃维亚岛（Eubea）的哈尔基达，公元前 322 年在此与世长辞。

◆ 1.1 亚里士多德：新型学问家

亚里士多德与老师柏拉图在学问方面的差别主要体现在两个方面：

·改变了对于政治的兴趣：亚里士多德不再渴望担任立法者和统治者，或者领导社会进行伦理—政治革新；

·对科学和道德领域产生兴趣：将一生致力于研究学习，对认识所必然需要的理论知识一视同仁。

亚里士多德很好地代表了这一新型哲学家的形象——他来自与希腊接壤的地区（其出生地斯塔基拉位于古希腊的边界），与马其顿宫廷颇有渊源，还是腓力国王的儿子亚历山大的家庭教师。

由于他的社会和家庭与雅典世界不相干，再加上其兴趣和工作种类，亚里士多德得以成为一位全新的人物，不仅与最初的哲学家——智者有所区别，也与热切关心城邦问题的哲学家（柏拉图眼中最高尚的模范）不甚相同。

亚里士多德一生中没有任何直接参与政治生活的经验：他的祖国被马其顿君主

多里斯，《音乐学校》，红绘式花瓶，公元前 5 世纪。
柏林，国家文物博物馆。

国牢牢地控制，因而断绝其从政的希望，而在其逗留的其他城市中，作为外邦人，他也被排除在公共生活之外。

◆ 1.2 亚里士多德去世后的吕克昂学园

亚里士多德去世后，吕克昂学园的领导权交棒至其最得意的弟子泰奥弗拉斯托斯手中。后者继续运用现有的材料（文章、笔记、课程计划）进行老师的教学工作。

这是一组以教学为目的，在学生的积极参与下写就的作品集，以孤本的形式流通，是学园内使用的珍贵样本，在问题和开放性研究的刺激下，其内容经过了反复的修订，但从未编成完整的文章在外界流传。

◆ 1.3 著作

明传著作

亚里士多德最初的著作同样面向学园外的公众，因此被称为明传（来自希腊语 eksoterikós，"外界的"）著作，它们对柏拉图哲学的主题进行了深化。

事实上，亚里士多德的哲学素养正是在雅典学园形成的，之后他在那里开设教学课程，完成了第一批以柏拉图对话为范本的作品。

秘传作品

亚里士多德也有秘传（来自希腊语 esoterikós，"内部的"）作品存世，仅面向学园内的学生。这些是亚里士多德于吕克昂学园中授课时，在学生的积极参与下逐渐成形的作品。其风格朴实无华、枯燥乏味，有时由于突然的话题转换、内容重复和急速的记载而显得晦涩：这是一种笔记的草稿，记录了一些基础内容，需要在教学中通过增加的部分、例证和深入研究加以补充完整。这解释了改动、修正和相继的层理的存在，因而在此体现的并不是系统的阐释，而是亚里士多德的实践实验室。

罗德岛的安德罗尼柯（Andronico di Rodi）的系统整理

亚里士多德得以作为有条理的著作的作者而为人所知，罗德岛的哲学家安德罗尼柯的努力功不可没。他在公元前1世纪对亚里士多德的文章和笔记进行梳理，形成井井有条的最终形式：

1. 安德罗尼柯将类似题材的作品归于同一标题下，按照当时哲学惯用的逻辑、物理、伦理分类按序排列。

2. "形而上学"（metafisica），这一名词是安德罗尼柯导入的。字面意思为"在物理学之后（希腊语为 metà）的"，用于指代：

·对于现实整体的研究——以特殊方式探索物理层面之外的现实，被亚里士多德称为第一哲学；

·在安德罗尼柯编纂的亚里士多德的完整作品中，这些篇章被整理在名为《物理学》的合集之后。

3. órganon（器械，工具）这一术语也是安德罗尼柯导入的，指代的是亚里士多德研究的一个重要领域，被用作有关逻辑研究作品的共同标题，如思维和哲学研究的工具。

亚里士多德著作的框架

亚里士多德的著作可以按以下方式进行细分：

1. 柏拉图风格的对话。在古代享有盛名，如今只剩下少许残篇。其中涉及的主题有：修辞学的局限、灵魂的本质及其俗世之外的命运、理念、善、一和多之间的关系。

2. 逻辑学（安德罗尼柯将其收录在《工具论》中）、语言学和美学著作（《修辞学》和《诗学》）。

3. 关于物理实在的著作（《物理学》《论天》《气象学》《论生灭》）。

4. 收集在《形而上学》中的哲学作品（共计十四本书）。

5. 关于动物世界的生物学著作，有从动物学角度写作的《动物志》，解剖学和生理学角度的《动物的构造》，遗传学和胚胎学角度的《动物之生殖》，运动特征角度的《动物之运动》以及心理学角度的《论灵魂》。

6. 伦理政治著作 [《优台谟伦理学》《尼各马可伦理学》《政治学》《雅典政制》（收录一百余座希腊城邦政治体制的文集中唯一幸存的文章）]。

前三组著作属于亚里士多德在柏拉图去世前的作品，而后三组大部分是吕克昂学园成立后所作。

◆ 1.4 亚里士多德的深远影响

亚里士多德令人叹服的作品在之后的数个世纪（直到中世纪晚期为止）都有着不同程度的影响，他也因此被誉为出类拔萃的"哲学家"。

对于赞同者和反对者来说，他的思想都是参考的基准，比较是不可避免的，而他的术语则对哲学和文化的发展产生了深刻的影响。但丁·阿利基耶里称他为"智人之王"（《地狱篇》，第四卷，131）。

⟡ 2. 超过柏拉图之处 ⟡

◆ 2.1 亚里士多德与柏拉图的比较

对于亚里士多德而言，柏拉图的教育只是他后来展开创新性研究的起始点。在他青年时期的对话《论哲学》中，亚里士多德概述了从最早的哲学家开始至柏拉图时期的哲学思想发展史。

按照亚里士多德的评判，柏拉图因第一个强调下列论点而受到褒扬：

· 仅仅参考物质或构成事物本身的元素，我们无法解释事物的起源。
· 必须寻找到一个非物质的起因，即理念。

批判理念学说

但是，亚里士多德也对柏拉图的观点进行了批判。这是因为：

· 理念作为起因，与其引发的事物是陌生而割裂的，由于这一"距离"，我们不甚清楚它是如何作为起因的；

· 分有的概念触及了理念和事物的关系，却无力解释，只是一个诗化的隐喻。

在这些批判深处存在其他的考虑：

· 柏拉图被迫承认现实中不存在的理念，如品质的理念（世界上存在白色的事物，但不存在某种叫作"白"的"事物"），或者是事物之间存在的关系；

· 另外，理念的不可改变并不能解释可感世界的运动特征，因为理念并不从事任何运动。

综上所述，理念的学说导致了对世界的某种重复，使得现实的结构更加复杂，而不是对其加以解释。

理念和事物、普遍性和特殊性的不正确分割带来了许多困难。例如，人性本身并不是一个独立存在的理念，而是被称为人类的生物内在（"存在于内部的"）的、确定其本性的特征的集合。

区分过程缺乏事实根据，辩证法根基薄弱

在批判理念学说的同时，对辩证法的批判也同时展开：

· 根据亚里士多德的观点，区分的方法徒劳无功，因为事实上区分必须以其发现的事实为前提。例如，假如我们要定义人类，根据柏拉图的方法，需要将人类的理念纳入更宽泛的理念之中，如"生物"，就此开始区分的过程："植物"和"动物"（即具有灵魂的生物）。之后，将后者细分为"缺乏理性"的动物和"具有理性"的动物。

《老师和他的学生》，红绘式花瓶，公元前 5 世纪。
巴黎，卢浮宫。

　　亚里士多德提问道，如果我们不是在脑海中预设了"人类是富有理性的动物"的定义，为什么在第一个分岔路口我们选择了"动物"，而在第二个选择了"具有理性"的动物？

　　·亚里士多德同样拒绝认同苏格拉底的启发模式：柏拉图以意见作为对话的开端，对话者有时为一人，有时为多人；有时是普通民众，有时是智者。但是，为获得真理，根据亚里士多德的观点，必须从真实的前提出发而非从意见出发，通过论证，得出可靠的结论。

两种不同的哲学态度

由来已久的解读传统视希腊哲学界最具代表性的大家——柏拉图和亚里士多德——为两种对立哲学态度的形象代表：

·一种以激扬的理想、诗化的倾向、政治的热情和构建理想城邦的抱负为标志；
·另一种的特征在于以现实主义的方式看待事物及其特殊性，具有科学推理的扎实力量，从事研究之人受纯粹求知的渴望推动，与研究本身毫无关系。

这一对照具有正当的理由，但却也带来一定的危险：可能会掩盖两位思想家之间仍然存在的延续性，导致对亚里士多德思想的误解。

为确定亚里士多德思想的创新性及与老师的不同之处，需要考虑到随着科学发展而发生的历史和文化的变迁。

◆ 2.2 亚里士多德和科学的发展

公元前 4 世纪，主流科学（天文学、数学、生物学）各自形成了独特的面貌，明确了原则和方法，确定了各自的研究对象。

亚里士多德为其发展提供了便利，在吕克昂学园内部为不同知识领域的专业化研究预设了空间。在学生的帮助下，他收集了大量的材料和科学数据，并在课程循环和论文写作中，逐渐系统化、条理化，不断加以完善。

一部洋洋洒洒的知识百科全书纲要就此成形，其中所有的科学都具有自主性和相同的价值（与柏拉图认为数学具有首要地位的观点不同）。这是因为尽管每一种科学都对存在的某一特定方面进行研究（物理结构、运动、数量，等等），但是都以"存在之物"为对象。

亚里士多德注重科学整体框架内各学科的关联性和现实的整体经纬，认为有必要找出考察这些问题的线索。

哲学作为一门知识，能够：

· 连接起不同的科学。

· 在这些科学的贡献下，重构世界的结构和秩序。

科学的框架

在《形而上学》第六卷卷首，亚里士多德构建了科学的框架：

1. 理论性科学（来自希腊语 theoréo，"看，认为"）：包括数学、自然科学、哲学（形而上学），这些科学纯粹受对于知识的渴望推动，以对于现实无差别的认识为目的；而其他科学则有切实的目标。

2. 实践性科学（来自希腊语 prâxis，"行动"）：与人类个体行为（伦理）和集体行为（政治）有关。

3. 生产性科学（来自希腊语 poìesis，"产品"）：与生产美丽的作品（例如诗歌）和物品有关。

语言的线索

要串联起各自独立的不同科学（各有自己的研究对象、方法和原则），需要把握贯穿所有科学的统一线索。亚里士多德认为这一线索存在于语言之中。语言作为人类沟通和表达必不可少的组成部分，是反映和体现思维的元素，也是逻辑学研究的对象。

语言的整体——话语及其意义、语法、词句结构，是所有描述、思考和解读世界活动的基础。因此，哲学以对语言的思考作为开端，结合了对于语言的普遍特征的分析。

和巴门尼德以及柏拉图一样，亚里士多德同样认为逻辑层面（与逻各斯有关，"思想/语言"）和本体论层面（与存在有关）紧密相连，相互反映对方的问题。因此，在进行对于现实本质的研究之前，需先对语言的实质进行探讨。

分解学（逻辑分析法），思维和语言的科学

亚里士多德将研究思维和语言的科学称为分解学，因为这一科学运用各种正确的研究工具，分析了思维的构成因素。

亚里士多德称为分解学的科学，后来被命名为逻辑学，得名于逻各斯。

罗德岛的安德罗尼柯对亚里士多德的著作进行了梳理，并将收录了所有关于"思维工具"文章的《工具论》排在第一位。这一安排符合明确的方法论准则：在开始研究之前，需要独立于每次研究的内容，确定运用语言和思维的原则。

《工具论》的内容：知识的工具

《工具论》对思维和语言的要素进行分析：

· 一般或普遍的概念；
· 判断，即概念之间的关系；
· 推理论证，即判断之间的相互关联。

组成《工具论》的六篇文章分别是：

· 讲述普遍概念的《范畴篇》；
· 分析判断的《解释篇》；
· 解释并发展推理论证的《前分析篇》；
· 深入研究科学推理或演绎的《后分析篇》；
· 讲述辩证推理的《论题篇》；
· 揭示诡辩派虚假推理的《辩谬篇》。

◆ 3.1 普遍性或一般概念

普遍性概念（后被称为一般概念）是所有论述的基础元素，是适用于多种根据共有特征而定的同类客体的基本观念。

例如，所有人身上所具有的特征（"以某种特定形式塑造的生物""具有理性的能力"），使我们能够归纳出普遍的观念或本质，以确定是什么构成了人类。

其他的特征，尽管在人体个体上也能找到（例如"是雅典人""头发是金色的""能够快跑"，等等），却并不是人人所共有的，因此不属于人类的本质。

普遍性或一般概念存在于人类的思维（含义）之中：是事物的映像，通过与现实的接触产生，并在所有人类的脑海中以同样的方式出现。

口头表达和书面写就的话语则是常用的符号，表达存在于人们思维之中的观念（词音）。让我们举一个例子来说明，在不同语言中，anthropos、homo、uomo、homme、man、hombre 等表达的都是人类的概念。这些就是同一种概念的不同常用符号。

概念的内容和适用的领域

每一种概念——"人""马""树"——都可以指代多数或者少数的个体。例如，对于"猫科动物"来说，"哺乳动物"是更为宽泛（包括更少的具体特征）的术语，而相对于"猫"来说，"猫科动物"则更为宽泛。因此，"哺乳动物"相比"猫科动物"，包含的个体数量更多；而"猫科动物"相比"猫"，包含的个体数量更众。

所以说，一个概念的包含（包含特征的数量）与范围（适用主语的数量）成反比：一个概念固有的特征越多，适用的个体数量越少，反之亦然。因此，我们可以将概念纳入一个由高至低的等级顺序之中，从更为普遍的概念（类别）逐渐过渡到更为特殊和狭隘的概念（品种）。

◆ 3.2 判断

名词、动词及其连接词

首先，语言是由名词和动词构成的，这些词本身来说（"人""跑"，等等）并无真假，只是纯粹的含义。

真伪来自名词和动词的连接词，通过这种方式产生句子，肯定或否认某些事，例如，"人在跑。"

当连词连接的是现实中真实相连或真实分离的动名词时，句子是真实的，反之则是虚假的。

论述的其他形式：修辞学和诗学

还有一些句子尽管具有含义，却既不真实也不虚假。这些就是命令祈使句（"拿上那本书。"）、请求祈使句（"请把那本书递给我。"）和感叹句（"好棒的书！"）。这些句子无法鉴别真伪，不是逻辑学的对象，而是其他学科，如修辞学和诗学的对象。

判断的种类

连接起名词和动词，承认或否认某事的句子就是判断。以主语和谓语的关系为基础，存在多种不同类型的判断。

1. 从数量的角度而言，有：

·普遍性判断，承认或否认同属于某一类别的成员的某种情况，例如，"所有人类都终有一死"；

·特殊性判断，将谓语指代同一类别的一部分主语，例如，"有一些人是金发"；

·个体性判断，例如"苏格拉底是哲学家"，其中主语是单独的个体。

2. 从品质的角度而言，句子有所不同，即根据谓语承认或否认与主语有关的某种情况，成为肯定句或否定句。例如，"人类说话""人类不是永生不死的"。

3. 或者也可以通过表达模式来区分：

·可能性，即当时不存在但未来可能发生的某事："可能要降温"；

·偶然性，即可能发生也可能不发生的某事："天气冷"；

·必然性，即必然存在，不可能不发生的某事："三角形有三个角"；

·不可能性，即不存在且不可能发生的某事："三角形没有三个角是不可能的""三角形不可能没有三个角"。

命题的框架

将数量和品质的特征相结合，我们能够得出肯定性的普遍判断和否定性的普遍判断，特殊性判断和个体性判断也可以以此类推。通过这种方式形成了命题的框架，将同一主语和谓语所涉及的情况涵盖在内，包括两种情况相反、一真一伪，以及两种情况共存、两者皆为真或皆为假。

◆ 3.3 推理

从判断的相互关联中产生了推理

在最早的逻辑分析方法中，亚里士多德研究了完美的推理：三段论法（= 相互关联的推理），由两个被称作前提的判断构成，从这两个前提中必然能够推导出第三个判断——结论。

这一点如果要成立，就需要一个共同的词项，成为第三词项。如下列例子所示：

所有的动物都必有一死（每一个动物都必有一死）　　　大前提

所有的人类都是动物　　　小前提

因此

所有的人类都必有一死　　　结论

上述三段论被亚里士多德称为第一格，其中第三词项（动物）是第一个前提的主体，第二个前提的谓词。其结论是一个演绎推论，即从作为前提的命题中引出（推导出）的判定。

但是，三段论可以根据前提中中间词项的位置，确定三段论的其他三种格（在大小前提中都是主体，或都是谓词，或在大前提中是谓词而在小前提中是主体）。

这些不同的格区别在于肯定、否定、普遍性或特殊性的前提。在所有可能的组合中，有一些是虚假的，会导致错误的结论。

三段论的式

在构建良好的三段论中，从前提中必然能够推导出第三个判定。这是因为，有这些前提的情况下，无法不得出这一结论。

在此意义下，三段论展现了推理的本质，独立于其组成部分判定的内容之外：决定三段论价值的是其结构，判定—前提的项之间的关系，即三段论的格。命题的项可以用字母 A、B、C 代替，以在论述中构建一种代数学。

上述三段论可以被归纳为下列通过字母来指代的三段论同属：

每一个 A 是 B

每一个 C 是 A

因此

每一个 C 是 B

科学的论证

在最初的逻辑分析法中，亚里士多德强调三段论法如何保证从前提中获得形式上正确而连贯的结论，但却并未能就这些结论的真相进行说明。这就是第二代逻辑分析法所面对的课题，以论证三段论法或科学三段论法作为研究对象。

当前提为真时，使用的是科学三段论法，如此一来真实的前提必然能够保证引申出的结论内容真实。只有当前提为真时，结论才能为真。例如下述以虚假的前提为基础（大前提），却形式上正确的三段论（其项与上述三段论的项相同）所示：

所有的动物都会兽鸣

所有的人类都是动物

因此

所有的人类都会兽鸣

于是，问题转移到前提的价值上。这些前提在之前的论证中被验证是真实的，即由其他前提所得出的结论，而这些其他前提则是以更为初始的前提为基础的。

演绎过程的基础：归纳和直觉

但是，我们无法无穷尽地研究真前提。亚里士多德认为，这是由于论证在某一特定的点上会停滞不前，所以必须找到能够不言自明的前提——这些前提不是论证的对象，而是所有后续论证的出发点。那么，我们怎样才能认识这些前提呢？

亚里士多德提到了作为三段论法前提的两个活动：

·归纳，即通过对一系列以经验为根据的特殊情况的观察，认可具有普遍性的情况（例如，从对于人类死亡的不断观察中得出所有人类都必有一死的结论）；

·直觉，即人类的智慧（努斯）用于掌握知识首要原则（思维中完全明显的原则，无须证明）的行为，是所有科学的基础。

知识的首要原则

首要原则分为两种：

·各类科学自有的原则（例如，从几何学角度出发的点的定义）：是对于致力于某一特定学科研究的学者来说能够立马显现的原则（例如，几何的定义相对于数学的研究者来说显而易见）；

·各类科学所共有的原则（例如，全部大于部分的原则）：对所有学科而言都不言而喻，因此被称为公理或自明之理，即因其直截了当、清楚明了而应当被承认的命题。这一类原则为所有科学共有，适用于其各自特有的研究领域。

非矛盾律

这些公理中最为著名的是非矛盾律，在任何一门科学中都不可或缺，适用于所有类别的存在。这种定律可以这样构成：在同等的时间和条件下，同一件事物不可能同时与同一件事物一致又不一致（可断定其为具有或没有某种属性的事物）。例如，我们无法断言一本书既在又不在桌上，除非这两个谓词指代的是不同的时期：书原本在桌上，但是现在已经不在。

从非矛盾律中产生了被称为排中律的定律。根据这一定律，两个矛盾对立的谓词之间不可能存在一个中间项（即两者对立中一者是另一者的否定）：数字要么是奇数要么是偶数，字母"x"要么比"y"大要么比"y"小，选举要么成功要么失败，并不存在第三种可能性。

在作为先于认知的原则时，非矛盾律无法得到证明。但是，亚里士多德认为如果可以通过反驳的手段，突出其应当否定的荒谬性，就能够证明这一定律的有效性。

更确切地说，对于在语言上否认这一定律的人来说，亚里士多德的反驳使他们不得不运用这一规则来支持自己的论点。

要发表明晰的论述，需要确定语言表达的是某些确切的意思而没有歧义。排除一词多义（这些含义之间相互矛盾）的可能性，意味着将非矛盾律同样运用在否认这一定律的语句中。

归纳三段论法或概括

如果只存在纯粹的理性推理论证，那么三段论法的唯一形式就只有科学三段论法一种，并具有必要性和真理性的特征。但是，尽管演绎推理进行的方法是正确的，也并不能增强认识，而是使在前提中含蓄未明的内容变得清晰明白。

亚里士多德称为归纳三段论法的方法使我们对知识的了解有所扩展，能够从具有特殊性的前提中获得普遍性的结论（概括），并以此举例说明（根据当时的科学知识）：

人类、马和骡子寿命长
人类、马和骡子没有胆汁
因此
所有没有胆汁的动物寿命都长

在这里，我们从对特殊例子的观察中发现所有动物按照特定的模式都符合的某种情况。由于推理从一些具体而特殊的事件或例子出发，遗漏和忽略了许多其他的情况（事实上并没有参考所有没有胆汁的动物），因而结果并不切实。然而，在人类的实际认识经验中，通过概括，归纳获得了重要的地位，对扩展知识的领域产生了帮助。

也有一些三段论来自既不绝对正确，也不虚假，而是貌似真实的前提，以意见为基础。这些三段论被亚里士多德称为辩证三段论（其中的形容词辩证指代与科学三段论有所不同的推理论证类型），在《论题篇》中有所分析。文中举出一系列的处所（tópoi），"共有之处"或在各种大相径庭的讨论中。

辩证三段论以为大众所接受的意见或因出自权威之人口中而获得特殊价值的意见为基础。在这里举一个例子：埃利亚学派学者和苏格拉底都运用过的驳斥法和归谬法。在《论题篇》中，亚里士多德阐述的正是这些技巧，同时他也展示了自我辩护的方法。

辩论三段论法

在《辩谬篇》中，亚里士多德提到了三段论法的另一种形式——辩论三段论法（来自希腊语 erizein，斗争）。这是因为在辩论中需要不惜代价，不择手段，甚至以欺骗的方法获得成功。

这一三段论法从虚假的或是只有表面上被所有人接受的意见出发，例如，当同一个名词被理解为两种不同的含义时，正如下列例子所述：

犬会吠叫
犬也是一种星座①
因此
一些星座也会吠叫

正如我们可以简单地发现，由于"犬"一词在此具有两种不同的含义——"动物"和"星座"，表意不明，因此此处三段论的相互关联并不成立，换言之，没有得出正确的结论。

科学和意见

关于三段论法的思考和对其不同种类的分析使亚里士多德发现了以下几点内容：

·*科学论证的严肃性，其论断具有真理的价值；*

---

① 大小犬座。——译者注

· 在科学之外进行正确的推理论证的可能性；

· 在意见的领域有一些是真理：有真实的意见，也有虚假的意见，可以区分两者；

· 为确保论述的科学性，方法比内容更重要；

· 科学的界限得到扩展，我们能够对变化生成之物、具有特殊性的可感事物产生科学的认识，这些事物是自然世界的一部分，对于亚里士多德来说是现实的基本对象。

◆ 3.4 论断和词

在对哲学逻辑问题的分析中，亚里士多德再次提起柏拉图在《诡辩篇》中提及的关于理念之间相互"联通"（"一致"）的关系。这是某物在与其他事物对比时对属性的论断问题，即将某一宾词与某一特定主词相关联的可能性。亚里士多德在《论题篇》中详细阐述了这一论题。在文中，他将对属性的论断分为四种，每一种都有特定的宾词。

四种宾词

当谈到四种宾词时，我们有：

1. 第一种是出现在定义中的宾词。正如命题"人类是有理性的动物"一样，在这种定义中，主词和宾词是一致的，用不同的语言"讲述"同样的事情。在宾词"有理性的动物"中，"有理性的"具有具体区别的功能，即在与同类（"动物"）其他属的事物相比时，突出主词所在属（"人"）所具特征的元素。定义指代事物的本质——"这是什么"——的问题。

2. 第二种宾词是指代属的宾词，正如命题"猫是一种动物"所述，其中"猫"和"动物"并不对等，不能像上一个例子一样相互对调，因为这里的宾词比主词的范围更宽泛（"猫"与"动物"是不一样的，不涵盖其所有的范畴，因为动物还包括狗、鳄鱼、狐狸，等等）。

3. 第三种宾词是固有性，即代表属于某一具有特定本质的主词的某物、某种存在。让我们以"人"为例，人的固有属性是"劳动者"，指代人所特有而其他动物没有的劳动能力。

4. 第四种宾词是偶然性，即"偶然发生"（来自拉丁语 accidit）在主词身上之物，例如个人可能是金发或是棕发，可能高大或者矮小，等等。

个别词和个体

在《范畴篇》中，亚里士多德对属性论断的另一方面问题进行了探讨，认为有一些词能够同时扮演主词和宾词的角色（例如下列两个命题中的"人"："人是有理性的动物"和"苏格拉底是人"），而其他的则只能担任主词（"苏格拉底个子矮""苏格拉底胡子浓密""苏格拉底是哲学家"）。

后面所述的这些就是个别词，即指代实际存在的个体（苏格拉底、泰阿泰德、这只猫、这棵树，等等）的词。与实际存在的个体有关的是属、类、固有性和偶然性："苏格拉底是人，是有理性的动物，是哲学家，胡子浓密"。

在亚里士多德的观念中，由于上述原因，是个体构成了基本的实在，如果没有个体存在，就不可能具有属、类、固有性、偶然性的现实存在；换言之，如果不存在苏格拉底、泰阿泰德和其他所有个体，就不会有"人"这一属的存在，也不会有"是哲学家"这一固有性或"胡子浓密"这一偶然性等的存在。

于是，在本体论层面（关于存在）和逻辑层面（关于思维）之间，实际存在的事物层面（如个体）和仅存在于思维中的事物层面（类、属——动物、树木、人，等等）之间的区别就由此浮现。

4. 实体的首要地位和类别

◆ 4.1 第一实体和第二实体

通过将这些因素进一步展开，亚里士多德引入了术语实体，指代存在，即头等重要之物，作为这类存在是任何其他现实存在的基础。

在此意义下，先于世间万物的存在是切实可感的个体（tóde ti，"此处这个东西"）：这棵树、这块石头、这个人、苏格拉底，作为自主存在的任何实体。个体即第一实体。

类和属在思维中有"一席之地"，只在个体存在时存在，是第二实体。

然而，由于固有性和偶然性虽然是真实的，却不能独立存在，相反被迫"依靠"其他实在而存在，因而没有实体。

"劳动者""高大"或"矮小"，都不能自主存在，而是需要依靠某一切实的个体而存在。

在真正的实体中，第一实体包括柏拉图所认为最卓越的实体——理念。从亚里士多德的角度来看，普遍性的理念（人类、树木、马等的理念）只存在于思维之中，在现实中只存在切实的个体（苏格拉底、泰阿泰德、这一棵或那一棵树，等等）。

◆ 4.2 实体和偶然性

亚里士多德的文章特别强调了第一实体和偶然性之间的区别。后者依托前者，依托"位于之下之物"（正如拉丁语名词 substantia，来自 sub-stare，"sottostare"，即"在……之下""服从"），换言之，依靠主词（sub-iectum）或基础语言（希腊语为 upocheimenon）存在。

第一实体的特殊性在于它是孤立的，即自主存在，无须依靠他人；相反，偶然性总是依附于某一实体"之上"。

实体和偶然性进一步的区别在于实体：

·没有对立面：不存在"苏格拉底"的反义词，或"树木"的反义词，而存在"高""好""苦"等的反义词；

·没有等级之分：一个人不可能在人的身份上有多少之分，但是"高""好""可爱"等方面的程度却有差别。

◆ 4.3 范畴

所有的宾词，无论其指代的是第一或第二实体，还是表达固有性或偶然性，都可以被归纳在亚里士多德称为范畴的十大通种之内。它们是用于存在事物的普遍性宾词,位列第一的宾词是本体,指代某物的本质,某物的"这是什么"(例如"苏格拉底是人")。其他的九大范畴则表达了实体的偶然性,分别是:

- 性质(例如,白、大、丑、可爱);
- 数量(例如,四米、三磅);
- 关系(例如,是……的父亲/儿子,比……大/小);
- 地点(例如,在广场上,在吕克昂学园中);
- 时间(例如,昨天、去年、明天);
- 状态(例如,站立、坐着);
- 具有(例如,拥有某物,戴着一顶装饰帽);
- 主动(完成某一行为);
- 被动(是他人行为的对象)。

每一种属性论断、每一种可能的主词和宾词关系都属于下列范畴一览表的内容。

范畴一览表

苏格拉底			本体
苏格拉底身高 1.7 米	高度		数量
苏格拉底长得丑	丑陋		性质
苏格拉底是父亲	父亲的身份		关系
苏格拉底在角力场	在角力场		地点
苏格拉底今天在场	今天在场		时间
苏格拉底站着	站立		状态
苏格拉底穿着披风	穿着披风		具有
苏格拉底向蒂迈欧问好	问好		主动
苏格拉底被蒂迈欧问候	问候		被动

◆ 4.4 从语言到现实

从对于逻辑的思考中，我们发现了亚里士多德关于现实概念的深层脉络。其中，实体具有核心功能，而其中由个体所代表的实体则具有基础的作用。

巴门尼德和柏拉图所理解的语言、思维和存在之间的关系得到了亚里士多德的再次肯定，是他勾勒整体实在理性框架、定义知识不同领域的基础。排在逻辑学之后（优先于其他任何研究）的是探索自然世界的物理学；之后分别是重塑宇宙图景的天文学；研究生物的生物学；物理学"之外"，研究作为一个整体的实在的形而上学；最后则是伦理学、政治学这些生产性和表达性活动的不同形式。

≪ 5. 物质世界 ≫

一旦确定了逻辑工具和其正确功能的框架，我们就可以从一目了然之物——可感事物、物质世界和自然（phýsis）——开始，深入地对实在进行研究：

自然世界在亚里士多德的思想中具有战略性地位。根据他的观点，我们需要从我们最熟悉的事物出发，逐步过渡到不那么熟悉的事物，展开对实在的研究。

我们最熟悉的事物就是可以通过感觉直接接触的、属于经验世界的事物。与柏拉图（承认物质作为变化的客体具有科学的价值）相比，亚里士多德的态度全然不同，他认为应当探索这一实在的第一起因，倾向于构建有关自然的真正科学。

不同形式的运动

形成变化，即受运动支配是与物质有关的所有对象的共同特征。亚里士多德用术语 kinesis（"运动"）指代所有形式的变化：

·实质性变化，即物质的产生和消亡，正如人类诞生和去世一样，所有形成变化的实体都受到生与死的支配；

· 质变，即实体在时间的推移中获得不同的性质，例如人类从青年变为老年；

· 量变，即实体的增长或减弱，例如个体由小变大；

· 地点的变化，或者说个体从一个地点转移到另一个地点的实际运动。

形成变化的问题

由于自然事物的本质特征是变化，因此首先我们需要的是通过分析其形式，确定其原则，应对形成变化的问题。

根据亚里士多德的观点，在他之前的哲学家们已经以不同的方式试图解决这一问题，但是遇到了困难。这是因为他们仅仅纳入了两条形成变化的规律——矛盾对立，所以任何运动都像是一种立即的转变，因而与从矛盾的一面到其对立面的转化相悖：由热至冷，由动到静，由暗变明，由存在到不存在（作为绝对意义理解），反之亦然。

◆ 5.1 形成变化的原则

形成变化的原则：矛盾对立和本体

在现实中，变化是某一事物的特定特征从无到有的过程（寒冷、安静、光明）。在这一过渡中，有一些部分维持原状，有一些部分发生改变。正如植物由小变大，从枝叶凋零变为枝叶繁茂，从青翠变枯黄，等等。

在不同的过程中，植物本身并未改变，只是从缺乏某一特定性质的初始状态（例如在枝叶凋零时缺乏繁枝密叶）过渡到获得这一特定性质的最终状态。在过渡的过程中保持不变的就是本体或主体，"位于下方之物"。

并不是小的存在—小成为大的存在—大，而是本体本身。例如，植物本体一开始以小的存在为特征，之后则以大的存在为特征，如此循环往复。

过渡的初始状态是某种形式的缺乏（非存在，缺少），而终止状态是该形式的获得。

因此，我们能够定义作为变化基础的原理，并对其作出解释：缺乏和形式构成矛盾对立；物质—本体，这一原理的引入使得亚里士多德超越了古代思想家的矛盾观点。

潜能和现实

从另一角度而言，通过观察每一变化发展过程的阶段，亚里士多德用潜能和现实的概念解释了形成变化。

潜能是物质获得某一特定形式的可能性，是事物获得原本并不具的特定特性的可能性：现在枯黄凋敝的植物能够（具有潜能）变得郁郁葱葱；木匠手中的木材能够根据匠人赋予的形状，变成桌椅或椅式箱。

所有的存在，所有的本体实体（例如植物）和偶然性一样（植物处于阳光下或是阴影之中），不仅能够存在于潜能性，也能够存在于现实之中：原本处于阳光之下的植物现在位于阴影之中，这是潜能性；而位于阴影之中便是其现实；种子的潜能性在于植物，而植物相对种子而言是其现实；胚胎的潜能性是婴儿，而婴儿则是其现实个体。

从潜能到现实

现实是某一潜在可能性的完整实现：植物从种子中诞生；原本光秃秃的枝条现在覆满新叶；这个或那个物品——桌子、椅子、椅式箱，从一块木材中雕凿而来。

但是，一块木材并不能成为木桌以外的桌子（例如大理石桌或水晶桌），因为构成事物的物质具有确定的组态，使其只能获得特定的形态，而非任何形式（我们可以认为这些形式镌刻在其构成结构之中）。

事物的原理

在潜能和现实的概念以及物质和形态的概念之间存在紧密的联系：

· 物质（缺乏）是潜能，即获得某种形态的能力：木材的潜能在于变成各种以木材为基础生产的物品，每一个都获得其特定的形态；

· 形态可以被理解为这一潜能的实现（转变为现实），即现实。

物质—形态和潜能—现实之间的联系程度决定了所有变化过程的特点。因此，这两对概念可以被认作是可感事物的原理。

◆ 5.2 四因说

形成变化的起因：动力因或效率因

但是，上述确立的原理并不足以解释形成变化：我们必须同样确定使得从缺乏到形态、从潜能到现实这一过程成为可能的因由。以木材变为桌子为例：如果没有外在的因由，没有决定过渡过程的执行者（在我们的例子中为木匠），那么，是木材获得了桌子的形状，还是实践了其本身所具有的成为桌子的潜能？难以想象。外在执行者的介入被亚里士多德称作运动的原理，或动力（效率）因，能够解释变化过程启动的原因。

形成变化的其他起因：质料因、形式因、目的因

当我们认识到变化的意义，即其所针对的目的时（例如从一定量的木材中生产桌子），就可以认为变化得到了全面的解释。

因此，与动力因一样，表明某物产生目的（télos）的目的因也应当受到认可。由于在形成变化的过程中质料被赋予形式，因而质料和形式也有助于解释运动，因此，它们也被亚里士多德列为起因。于是，我们获得了质料因和形式因。为阐明潜能的完全实现，亚里士多德创造了术语 enteléchia（圆极，圆满实现，生命的原理），指代某物完全发挥自己的潜能达到自身目的的圆满状态。

自然实体和人造实体

通过对形成变化的分析，亚里士多德开始将可感实在分为两大领域：

1. 自主存在，无须人工的自然实体（无生命的物体、植物、动物）的实在。人类本身也是自然实体。这是由于每个人并不是由另一个人所生产打造的，而是和其他所有的动物一样由繁殖而来。

2. 因艺术或技能，即人类的生产力而存在的人工实体的实在。人类的活动与自然世界息息相关，一方面因为人类模仿自然（如模仿自然实体进行再创作的艺术家），另一方面因为人类通力合作（如帮助土地结出果实的农夫）。

规律性和偶然性

任何自然实体都有其目的，即圆满地实现其形式；而自然作为一个整体，也朝着自己的目的运转（终向论）。

亚里士多德通过发生的自然现象证明规律性：例如，动物繁衍的永远是自己的同类。

但是，这并不意味着在自然世界中不存在偶然性。让我们再次以繁殖为例，亚里士多德提到了怪物的产生。因而，规律性是"大多数情况"，但并非"绝对"，在这两个维度的间隙中恰恰暗藏着偶然性。

原动者

由于所有运动都能以动力因的作用来解释，因而这一概念在形成变化的分析中具有举足轻重的地位。所有形成和变化之物都从其已经具有的存在中获得形式：工匠通过手工劳动制造物品（工匠赋予质料其脑海中已有的形式），生物通过繁殖产生生物。但是，我们无法无止境地对动力因的背后进行探究，因为在这种方式下我们永远不能辨识出一条原理，一个能够解释在现实中发生的所有运动的根本起因。因此，应当存在一个原始本原，能够将变化传递给其他存在而维持自身不变；应当存在一个动力，能够发起运动却保持自身静止，这就是原动者。

从物理到第一哲学

能够维持静止，不受任何变化所扰的存在是已经完全实现，即充分发挥潜能的存在。由于其已经圆满，便不再具有潜能。又由于潜能与物质性相伴相生，因而这一存在也缺乏质料。

这种非物质性的存在不属于自然，而是属于自然之外的实在领域，因此，研究这一领域的科学便成为第一哲学。

宇宙的图像

因为关于原动者的论述与物理并无关系，亚里士多德在这一领域中引入了对受到原动者影响之物（天穹）的分析，著成同名作品《论天》。在这篇作品中，亚里士多德重拾了由尼多斯的欧多克索斯（Eudosso di Cnido，约前 400—约前 347，一度是柏拉图学园的成员）和其弟子拉纳卡的卡利普斯（Callippo di Cizio，公元前 4 世纪）所精心研究的天文理论。他们认为地球是宇宙的中心，周围环绕着一系列同心圆旋转球体（欧多克索斯认为有 26 个，卡利普斯认为有 33 个），天体便固定在其中。亚里士多德认为，天空由 55 个球形天体所构成，其最远的边界则由月球以下的恒星构成。

◆ 6.1 天体和地球

天体按照环形的永恒运动模式（被认为是完美的）自转。事实上，环形运动的开始即是终结，正是永恒、原生而不易腐蚀的本体的性质。

构成天体的物质是一种特殊的本体，呈固体状，如水晶一般不易腐蚀、不可称量而透明——以太（etere）。除了以太构成的实体之外，这些星球还具有灵魂，因而是鲜活的生命，是运动的神明。

在这一系列同心圆式天体的中央，地球静止不动。尽管呈球体的形状，却与天穹相反，是事物形成和变化、诞生和消亡发生的场所（亚里士多德有关这一方面的作品标题为《论生灭》）。天体的本体始终如一，是这些易腐朽的地球本体所特有现象发生的起因。

地球的组成元素及其运动

地球由四大传统元素组成：气、水、土、火，以局部直线运动（由上至下或由下至上）为特征。它们是地球上事物产生和消亡现象的原因。

地球的运动包括：

·一部分为自然运动：事实上任何元素都有其自然之所。火之所在高处，紧接在下方的是天空；之后按照顺序是气之所或大气层，水之所，最后是土之所（最靠近宇宙的中心）。因此，火自然地有向上的趋势，而石头则向下落。

·其余的为暴力运动：与自然元素相悖的运动，例如石头被高高抛起或火焰因罡风而向下压。但是，当反自然运动所生力量的作用被减弱时，物品就会恢复其自然状态：石头落回地面，火焰重新向上蹿。

单个物体的轻或重取决于四大基础元素的比重和混合度。

◆ 6.2 第一物质

元素论有助于我们辨别第一物质的起因，即所有天穹和地球存在物的组成物质——以太和地球的四大元素。

亚里士多德同样认为存在一种第一物质，无形无定，是地球四大元素的本体，使其能够互相转化。例如，通过蒸发现象，水变为气。

纯粹的物质并非确切的某物，不应与我们平时称为物质之物（木材、石头、铁，等等）相混淆，而应当被理解为包含着所有确定物质的不定而无限的根基。

四大地球元素的基本性质：热、冷、干、湿，联合成对：土冷而干，水冷而湿，气热而湿，火热而干。从四大元素的转化中产生气象，例如下雨、刮风、地震，等等。

◆ 6.3 世界的永恒性

物质宇宙由以太的天空和月下的世界构成，是永恒的，无始无终，正如地球上的基本存在——动物类和人类——一样不朽。

宇宙同样是完美的，在任何可能的维度（根据毕达哥拉斯学派关于完美的理念，共有三个维度，分别是高度、宽度和深度）上都无甚匮乏，因此在空间上也是圆满的。

具有物质形态的存在总是存在于一个空间之中，每一个空间都有其中心和外部界限。对于宇宙来说，这一界限是恒星的天空。

除此之外再无空间，因为根据亚里士多德的观点，没有空无一物、独立于实体存在的空间。在实体之间不存在空缺，在包含着实体的宇宙之外也不存在空缺。

时间

对于宇宙的思考推动着亚里士多德对时间的概念进行研究。根据他的判断，时间是"对以先后为基础的运动的度量"，因此与形成变化（总是以先后过渡的顺序发展）紧密相连。但是，由于我们能够理解这一过程，因而必然存在一个能够把握先后形成变化的存在。

于是，人类的思维将这一存在理解为以感知时间为基础的元素。

7. 生物学和心理学研究

生物

地球的实体存在于月下的世界中，可以被分为两个大类：

· 缺乏生命之物，如砂砾和金属；
· 生物，如植物、动物以及人类。

组成这些实体的物质元素是一样的，只不过组合方式有所不同：前者更为简单粗糙，而后者则更为复杂精细。其各自形式的深层次区别在于生物具有灵魂——生命本身的标志。

亚里士多德对于这些主题的研究的导向性原则在于，尽管有个别例外，如怪兽的出现，但是大自然从不做徒劳无益之事。

这一原则引导我们弄明白自然运转的目的。例如：为什么生物拥有某些器官，它们的功能又是什么？亚里士多德不仅通过直接的观测（甚至借助解剖），也通过研究专业人士如渔夫和猎人的证词，对自然不懈观察，并以此为基础，为生物学写就了多篇著作。

他的研究结果是一个广义的描述性框架。其中,自然是一系列连续的物种集合,从最简单的种类至最复杂的种类,再到人类——最完善的实在的代表。

分类工作

以动物世界的最高实现——成年男性——为起始点,亚里士多德开展了一项对于动物品种划分的工作,将生物根据理解和领悟能力进行分类。

根据体内血量的区别,动物可以被分为两大类(对应现代的分类法:脊椎动物和无脊椎动物)。每一类都包含不同的属(例如,含血动物包括人类、陆地和海洋哺乳动物、鸟类、爬行动物、两栖动物和鱼类)。每个属的组成部分都有各种特征标记,以此为基础可以将这些属继续划分成亚属。

◆ 7.1 灵魂

所有生物所共有的因素是灵魂(psykhé),即赋予肉体以形状的某物的表现。灵魂是肉体生死存亡的圭臬,是它使得可能具有生命的躯壳真实地存活,与其表现形式——肉体——密不可分。

与毕达哥拉斯学派和柏拉图的观点相反,对于亚里士多德来说,灵魂并非独立于躯壳,只是偶然与其结合的某物:灵魂更是躯壳的组织原则,协调各个器官,使其朝着维持生命这一唯一的目的运作。没有灵魂的躯壳不是有生命的躯壳。同样,灵魂总是通过躯壳活动,一旦与躯壳脱离就无法继续存在。

灵魂的功能

有生命的生物体至关重要的功能在于灵魂,关于这一点亚里士多德专门在一篇专题著作《论灵魂》中进行了阐述。在这一作品中,亚里士多德根据灵魂的基本功能,将其分为三类:

1. 营养功能和生殖功能:是包括植物在内的所有生物的特征,由植物性灵魂执行;
2. 感觉功能:是具有感官和运动能力的生物,即动物和人类所特有的,由动性灵魂执行；

3. 智力的功能：将人类——具有理性的动物——与其他动物相区别，由理性灵魂执行。

灵魂的不同形式被按照等级排序，其中相对简单的形式被包含在更复杂的形式之内。

◆ 7.2 知识

以人类知识为基础的感官知觉

感官和智力功能是人类知识的基础。在《论灵魂》中，亚里士多德试图验证人类的思维是如何运作的，以及它是如何通过归纳的过程，从感官知觉获得思维的内容的。

第一个步骤是感觉。亚里士多德运用潜能和现实来解释感官知觉：每一种感觉都有的潜能是理解能力，而每一个物品，或更贴切地说所有物品的形式都具有被理解的潜能。例如，在这一时刻，一定量的物品不在我目力所及范围之内，但是却可能被看见；同样地，我的双眼也有潜力感知当前暂未感知到的事物。

在这两种潜能相遇之时，感觉和被感知的事物都从潜能转变为现实。在五大特殊感觉之上，根据亚里士多德的观点，还存在一种共同的感觉，它能够：

· 协调感觉；
· 从感觉中产生认识（感知到"感受"）。

想象

当被感知之物不复存在之时，只剩下感性认识的一抹痕迹，即能够在脑海中被唤起、与其他映像相对比或相结合的映像（不依赖于其有关的物品而存在）。

这就是想象的功能——完全自主，独立于任何外物发挥作用。想象能够将属于同一属的物品的不同映像结合在一起，从中提取出具有普遍性的、代表共性的唯一映像（phántasma），排除任何单个物品本身的特有属性。例如，当我们谈论"狗"时，我们脑海中想起的形象并没有特别的特征。

从感官知觉到智力

感官知觉的对象是特殊的实体（苏格拉底、这个人、这棵树，等等），但是在特殊性之中也含有普遍性（即这一实体之所以成为这一实体的原因，例如"树木""人类"的普遍性特征）。

当感知力与同一物种的不同情况多次发生联系时（这一棵树、那一棵树、另一棵树，等等），经验——与同一物品有关的多种感觉的记忆——就产生了。于是，在归纳过程结束时，智力（努斯）就能够在特殊性之中领悟普遍性。

感性的映像是智力（努斯）发挥作用的基础。它通过领悟事物的可感形式和本质（即什么是树木、人类、房屋，等等），得出普遍性的概念。因此，对于亚里士多德来说，没有感性认识，换言之，没有经验，就无法获得知识。

概念是归纳过程结尾的产物，只在处于潜能状态的可感事物中存在，是智力将其大白于天下。而智力，只在得出概念方面具有潜能。

由于可感印象中以潜能形式蕴含的可感形态产生于智慧之中，因此，根据亚里士多德的观点，必须有两大行使不同功能的原则进行实践：

1. 其一使得具有普遍性的可感形态从潜能转化为现实；
2. 其二学习这些形态，思维便通过这种方式，将理解力从潜能的状态过渡至现实的状态，换言之，运作了从无知到知的过程。

主动智慧和被动智慧

在亚里士多德作品的基础上，他的追随者们将这两大功能分别称为：

·主动智慧（或生产性智慧，"能够产生任何事物"）：以将可感映像的潜能中存在的可知形式付诸现实为任务。它必然地包含所有的普遍概念，并且是一个积极的原则。光的作用方式亦是如此——通过照亮事物，光将事物潜在拥有的颜色转化为现实。由于它能够独立于实体之外存在，因而是永恒而不可摧毁的。

·被动智慧（在潜能状态的，"能够成为任何事物"）：在主动智慧的推动下，通过从潜能到现实的过程接纳所有可知的形态。它被类比为一块蜡版，一开始是"干净的"，也就是说上面毫无痕迹，因此只在潜能上拥有被书写记载的话语。在此意义上，我们可以说被动智慧能够成为一切事物。它与形体的存在（物质性）有关，因此和肉体一样注定消殒。

亚里士多德的文章在写到有关主动智慧的形象时大部分都有所保留，我们不知道应该如何理解它和实体的分离关系：主动智慧总是存在于人类"内部"（在这种情况下有助于人类共享它的不朽性），还是位于人类之外，对于所有人类来说都是独特而相同的（因此人类注定死亡）？

欲望和愿望

与感觉和智慧有关的是渴望，它们的名字分别是：

·欲望，感官方面的渴望；
·意愿，理性方面的渴望。

这意味着认识总是先于对某物的渴望而存在。被认为是善的物品吸引灵魂，使之产生渴望。因此，灵魂向着所期望的目标前进，而目标本身则并不移动。

❧ 8. 形而上学 ❧

通过对于物质世界的研究，哲学家发现在自然层面之外同样存在现实事物，如原动者和主动理性。

因此，自然世界并未穷尽现实（从整体上可被理解为"物质之外之物"，希腊语为 metà tà physiká，"在物质之后"）。甚至，如果我们要解释物质世界并确定其本原（使世界运动的推动者），就需要研究可感维度之外的事物。实在整体是亚里士多德称为第一哲学的科学的研究对象。

亚里士多德赋予第一哲学四个定义，称其为研究以下内容的科学：

· 原因和第一原理；

· 存在之所以为存在；

· 本体；

· 神明和超感官的本体。

◆ 8.1 存在的理论或本体论

由于第一哲学将研究范围延伸至有关物质的更宽泛的领域，因此它探寻的是整体实在的原因和原理，钻研的是普遍意义上的存在——所有科学的共同对象。在现代，这一哲学学科被称为本体论。

第一哲学，存在之所以为存在的科学

亚里士多德将普遍意义上的存在定义为"存在之所以为存在"，存在于所有存在的事物之中，不受不同存在事物各自区别特征的影响，是所有存在之所以为存在之物中最低的共同标准。

——什么是人类、植物、动物、无机实体、数字、几何形状和思维内容的共同之处？

——各自以独特的方式存在这一事实。

第一哲学的研究对象就是这一存在以及使存在之所以为存在的属性。

哲学和其他科学

以存在之所以为存在为对象，哲学与其他科学（每种科学的研究对象都不是存在整体，而是实在的某一特定领域及其属性）相比独占鳌头，地位举足轻重。

同时，从存在之所以为存在的概念中，我们得出所有存在事物的存在原因都具有同等的价值。因此，所有的科学都具有同等的价值，而哲学则是按照真正的知识百科全书的设计，统一和梳理了所有科学的领域。

存在的类比

"存在之所以为存在"涵盖了具有不同表现形式（作为人类或事物存在、性质、特定的时间和空间位置）的整体实在——"是"太阳，"是"植物的绿色，"是"在某一时刻出现在树木上的果实，"是"夏日成熟的谷物。

柏拉图区分了相对存在和绝对存在，亚里士多德则循着老师开辟的道路，发现存在"具有多种不同的表现形式"。换言之，存在可以由不同的主体作出属性判断，但是其统一性在于存在这一事实。

存在通过类比，即通过参考同一性（存在的事实）和不同情况下的差异性（存在的方式），进行自我属性判断。在《形而上学》第四卷中，亚里士多德举了一个关于类比的启发性例子。在以下命题中："身体是健康的""肤色是健康的""食物是健康的"，"健康的"一词的意义有所差异。"健康的"的意义依次为"状态健康""表示状态健康""能够保持状态健康"，也就是三个命题中通过类比，自我判断为"健康的"属性：方式有所不同，但是都与健康这一相同点有关。这一情况对于"存在"一词同样适用，如果存在概念的判断方式是单一的，那么我们就将重复巴门尼德的推理——他认为存在只有单一的意义，"纯粹而简单"，缺乏确定性，而不得不否认作为实在无限确定性所在的可感事物的存在。

◆ 8.2 本体的形而上学理论

本体的首要地位，形而上学的研究对象

当我们说植物"是"（存在）和植物的绿色"存在"时，这两种情况都肯定某物的存在，但是其存在的方式有所不同。

我们说"植物存在"意味着植物本身作为本体（实体）存在，而"植物的绿色存在"意味着绿色的存在"嵌入"在植物的本体之中，即偶然性。

本体以本身存在，而偶然性（在某一特定的地点或时间存在某物，或根据范畴的框架，与某些其他事物具有联系等）的存在与本体具有联系。

因此，从存在的角度而言，本体是范畴的统一中心，没有本体范畴无法继续存在。

本体首要地位的明显性体现在两个方面：从存在的角度而言，其他范畴的存在取决于本体；从思维的角度而言，其他范畴的定义总是以本体为参考。因此，本体是形而上学研究的中心内容。

本体是同一的

对于亚里士多德来说，切实的个体——苏格拉底、这一棵树、那一匹马——是第一位的。

在可感的本体中，物质和形式无法单独存在，而是以不可分离的方式共存，构成亚里士多德称作同一体之物（sinolo，字面意义为"同一"），其中：

· 形式具有主动性，赋予事物成为其自身的结构或本质；
· 物质具有被动性，是受形式组合、构造和塑造之物。

于是，同一体——物质和形式——各行其是，构成本体。

与柏拉图的对比

亚里士多德将本体理解为同一体，与柏拉图的分歧越来越大。柏拉图认为形式（等于理念）构成可感现实存在的缘由或根本原因，相互之间是独立的，因为先存在植物的理念，才存在分有这一理念的植物。

相反，对于亚里士多德而言，事物的原理存在于事物本身，而一般概念与可感事物不可分割。一般概念、理念和共同本质是所有植物的固有性，其存在的原因是世界上有诸多实际存在且可感的植物。

◆ 8.3 原因和第一原理

同一体的根源：物质、形式和目的

将本体解释为同一体意味着根据《物理学》中阐述的模式，在其中寻找第一原因，换言之，即寻找质料因、形式因、效率因和目的因：

·质料因能够在构成同一体的物质中，更普遍地说，在四大主要元素水、气、土、火（通过混合产生各类物质）中，被立即分辨出。

·形式因存在于本质或形式之中，由回答"某一特定事物是什么"问题的定义所表明。亚里士多德赋予形式（或形式因）的作用以首要的地位。

另外，形式同样具有目的因的价值，因为本体在演变的过程中趋向于完满，趋向于完美地实现其形式。例如，植物从种子开始生长，直至完全实现植物的形式。

新型个体本体的产生并不伴随着物质（先前存在，例如木材是桌子的前身）或形式（在人工实体的情况中，先存在于工匠的思维之中；或在自然实体的情况中，先存在于具有生产能力的个体之中）的生成，只有同一体随之产生。

原动者，触发运动的诱因

对于可感本体的动力因，亚里士多德重复了在《物理学》中的分析，认为凡间事物的形成变化来源于天界的本体。

作为天体和世间所有变化形成之物的动力因必然是一种存在，它：

·是现实的，缺乏潜能性；

·是不动的，只有具有潜能之物才能自主运动；

·是纯粹的形式，毫无物质；

·是完美的，绝对单一，不具有规模，仅仅在物质中具有组合物和部分；

·是充分实现的，因为缺乏物质和潜能性；

·具有源源不断的动力。

由于这一存在无须成为运动的主体而能够"发起运动"，亚里士多德将其称为原动者。

原动者以目的因的形式运动

不动的原动者怎么才能够发起运动呢？

它不可能通过接触的方式，因为原动者不具有物质和潜能性；也不可能以转化为推动力的效率因的方式运作，因为原动者无法给予动力。原动者以目的因的形式运动，发出一种吸引力，使事物以它为所有现实的目的或欲望和爱的对象而运动。

原动者的性质

原动者的本体是思维，即非物质的活动，纯粹而完美。但是，思维是生命的一种形式，因此原动者是有生命的。不仅如此，根据亚里士多德的观点，作为思维，它进行卓越的令人愉悦的活动，是圆满的幸福。

作为有生命而幸福的永恒实体，原动者获得了神的称号，能够引导人们获得永恒而有福的生命。

与希腊多神论的观点一致，亚里士多德认为多种永恒的本体同时存在，各自使天体运动。

◆ 8.4 神明和超验的本体

第一施动者是上帝

天体及其相应的施动者的复杂排列受到第一原动者的支配。第一原动者扮演的恰恰是上帝的角色，凌驾于所有掌管其他天体的神性之上。所有的存在物、天穹和自然世界都依靠它。按照它圆满实现纯粹思想的本质，上帝无法思考除自身——至高至尊的事物——以外的对象。因此，上帝是思维的思维，是只思考自身思维的实质。

然而，亚里士多德的上帝尽管法力无边，却不是现实存在的缔造者。在他面前永远存在着其他永恒的事物：宇宙、天体、地球本体的物种、第一物质、所有形成变化的基础。

第一哲学是神学

能使人们推导并确认第一原动者存在的论证，澄清了亚里士多德定义的含义，根据他的观点，第一哲学是神学——关于上帝和不变物质的科学。但是，这一定义也引入了有问题的因素。如果第一哲学的对象是关于存在起因和原则的调查研究，那么上帝的话语作为第一起因，就成了基本核心。如果没有上帝的存在，世界和事物的存在就会变得自相矛盾。因此总体来说，存在的最终解释在于上帝，而上帝作为不可改变的存在，就是第一哲学恰当而优先的对象。

但是，如果我们将第一哲学的定义理解为存在之所以为存在的科学，从这一角度而言不可变的存在就仅仅构成了实在的一部分，与变化的世界并列。在亚里士多德的文章中，一方面他倾向于赋予不可改变性以特权，将其作为第一哲学的研究对象；另一方面则将同属于存在的不可改变之物和变化之物相提并论。

这证实了亚里士多德文章的"实验性"特征——它们不仅记录了哲学家思想随着时间的不断发展，也指出了在学园内部讨论的问题和原因。

❧ 9. 人类和个人行为：伦理学 ❧

实践科学

关于物质实在和总体存在、以获得知识为绝对目的的研究构成了亚里士多德所说的理论科学（来自希腊语 theoria，"观察""纯理论研究""研究"），即研究不依赖于人类而存在之物的哲学。亚里士多德同样对依赖于人类而存在之物进行了研究：

1. 生产（poiesis），即致力于生产物品的活动。
2. 行为（praxis），即个体、社群以及城邦成员致力于实现人类福祉的活动。从事对人类行为研究的实用哲学是政治学，其内部可分为：
   · 真正的政治学，与共同的福利有关；
   · 伦理学（来自希腊语 ethos，"行为""道德品质"），与个人的利益有关。

◆ 9.1 幸福

幸福：人类的最高目标

根据亚里士多德的观点，行为者所做的任何人类活动都出于其能够带来好的结果：可以是能够立即满足某一需求或欲望；也可以是达成目的之后实现更高目标，例如，好的工作收入能够保障安宁和幸福。在人类追寻的无所穷尽、千姿百态的目标的顶端，有一个目标"鹤立鸡群"，人类追寻的只是它本身，而不将其作为达成其他目的的媒介，那就是所有人类所渴望的幸福。至于什么是幸福，一千个人心中有一千种想法。

关于幸福的错误想法

许多人认为，幸福在于感官的满足：对人类来说，感官的愉悦只绝对存在于其肉体而非整体方面，因而这是将人类视为近乎野兽的观点。

其他人，尤其是投身于政治生活之人，认为幸福在于荣誉，但是荣誉是一种来自外界的认可（依赖于授予者而非被授予者存在），而与幸福相伴相生的好处则应当是人类自身活动的结果。经验表明，个体通常并非自己想要荣誉，而是将其

《一名高雅的希腊贵族和她的财富》，红绘式双柄长颈高水瓶（沐浴盛水之用），公元前4世纪末。马泰拉，多米尼克·里多拉国家博物馆。

作为对自身素质的认可。另外，认为幸福在于富有的想法也不可取，富有只是一种途径和方式，而非目的。

就算是柏拉图关于人类的最高福祉是善本身、善的理念的论断，似乎也不足道——善过于出类拔萃，人类无法企及。

幸福是理性和道德之间的联系

亚里士多德认为，至善一定是人类能力范围之内固有而可实现的善，存在于将人类和其他存在相区别的理性活动之中。遵循理性生活对于人类意味着真正地作为人而自我实现，获得至善，施行美德。在遵循理性生活的过程中，人类能够最大限度地自我实现，因而幸福存在于理性之中。

但是，人类作为灵魂和躯壳的实体，并不仅仅具有理性。因此，外在的好处，如财富、身体的舒适、健康，都使有德的生活更为容易，而如果缺少了这些好处，那么生活就会遇到诸多问题。尽管如此，它们并不是决定性的。因为有德之人追寻这些好处应以实现至善为目标。好与坏的行为，美德及其对立面取决于对于获得幸福目的的途径的选择。这一选择只取决于个人，是自由的。

因此，对于亚里士多德来说，幸福是圆满实现的积极生活的结果。伴随而来的是愉悦，即人类在出色地完成各项活动时获得的满足感。活动的层次越高，愉悦感就越强，因而在施行遵循理性的活动——美德之时，人们能获得最高程度的愉悦。

在错综复杂的人类灵魂中，理性组成部分的任务在于控制和支配感性冲动。因此，美德可分为两种：

· 伦理美德，与品性（éthos）有关，在于支配和引导感性冲动；
· 理智美德，在于理性（dianoia）本身的施行之中。

◆ 9.2 美德

伦理美德

感性冲动和感觉是理性行使调节功能的对象，有多少种感性冲动和感觉，就有多少种伦理美德。

亚里士多德的分析毫无系统性的矫饰，回顾了人类行为举止的主要方面。他从经验中获得启发，收集了一系列的重要例子，以切实的方式展示了伦理美德的发展过程和特点。

伦理美德不是天生的能力，而是人类通过习惯形成和固化的。例如，随着时间的推移，行善变为了公义，人们就习惯于此，使得进一步的善行更加容易。相同的情况对于勇气、慷慨、节制同样适用。

中庸之道

我们应当如何自律和引导自己的行为，以养成有德的行事方式？亚里士多德所倡导的途径是：选择理性称作中庸之道的方法，作出经过掂量和平衡的选择。例如，在危险面前，勇气能够避免其极端对立面——胆怯和鲁莽，即脱离理性控制时有可能反过来对恐惧产生影响的过度情绪。

成为有德之人意味着在反复锤炼选择能力后，习惯于选择中庸之道。"一燕不成春"，亚里士多德如是说。这句话的意思是单次的有德行为（例如勇敢或慷慨的行为）并不足以使个人成就美德。

但是，中庸之道不见得适用于一切个体和情况，这需要积累丰富的经验，根据情形判断，从美德角度而言哪种行为最为适合。

公正的中心地位

在伦理美德之中，公正占据中心地位。从广义的范畴来说，公正是美德的同义词，是遵守涵盖整个道德生活的城邦法律；从更具体而严格的意义上来说，公正事关社群内部福利和利益的分配。由此，我们可以将公正区分为：

《雅典民众法庭成员投票的场景》，红绘式杯，公元前 5 世纪。第戎，艺术博物馆。

·分配的公正，使人们在公共领域各得其所。尽管如此，评判每个人应得利益多寡的标准会根据宪政不同有所改变：在贵族社会中，应得利益取决于出身和家族归属；在民主社会中，应得利益则取决于拥有的公民权利的多少。

·交换的公正，或纠正的公正，与私人交换有关，如买卖、租赁、抵押等，以平衡双方之间的优势和劣势为目的。

理智美德

理智美德居于伦理美德之上，是理性所能进行的最好的实践。同样，理智美德也是通过出色地完成特定的练习而后天获得的。

1. 对于变化万千、缺乏确定性的事物来说，理性灵魂锻炼的是实用理性的美德：

·技艺（téchne），是理性作用下进行优质生产的能力；

·智慧（phrónesis，实践智慧），是在确定实现伦理美德的中庸之道时对理性的良好运用。

2. 对于一成不变、必然的事物来说，理性灵魂锻炼的是理论理性的美德：

·才智（nóus，努斯），是领悟知识起源原理的能力；

·知识，是以必然之物为客体的说明能力。

最高的理论美德是贤明

位于最高阶层的是贤明，它结合了才智和知识，代表理性最高级的实践，以了解实在整体、自然、天空和其本原为目标。因此贤明自身也是哲学，其中蕴含着人类的极乐。

但是，贤明并不能为行为制定规则：采取行动的是智慧，它能够从幸福的角度指出哪些行为应当做，哪些不应当做。

美德一览表

伦理美德	中庸之道	
	公正的首要地位	分配
		交换
理智美德	实用理性	技艺
		智慧
	理论理性	才智
		知识
		贤明

智者和理论生活（冥想）的典范

智者是投身于冥想之人，即投身于认识实在之人。他们处于人类世界和神祇世界之间，一方面无法脱离日常生活的基本需求以及与他人的关系，另一方面则探索神圣的现实，研究完美的典范——作为神明人格化的智慧。

为了能够自由地从事冥想活动，智者应当从物质的烦扰中解脱出来。这种情形只有在如城邦这种组织架构的社群中才能实现——由于不缺乏生存的必需品，哲学家可以自由地埋首于理论生活之中。

智者之间的友谊

哲学家观察其他人不仅是为了追寻哲学思辨所必需的宁静，也是为了寻找合作者与朋友。

在亚里士多德的伦理学中，友谊的主题具有重要的地位。因为友谊被认为是一种美德，至少是与美德相伴相随的某物，是人类生活中的一种基本经验。

尽管个人能够独自进行自给自足的理论活动，但是哲学家与自己的朋友兼哲学家共同合作则更有裨益。这种友谊应当是可靠的，不受兴趣或乐趣的原因影响，而受为朋友着想的愿望驱使。

因此，学园作为建立良性合作关系和友谊之场所，是哲学研究的理想处所。

✦ 10. 人类和共同福祉：政治 ✦

和柏拉图一样，亚里士多德也认为由于人类不能自给自足，因而无法独自存活。但是，和柏拉图不同的是，亚里士多德的目的并不在于勾勒出理想城邦的形式，也不是为社会群体和个人规定一种行为范本。

他更倾向于描述一个有序群体的产生经过和导致城邦国形成的过程。

根据亚里士多德的观点，没有一个人能够生活在联系之外，因为遗世独立的人无法为自己提供最基本的需求；在缺乏教育和法律所规定的约束的条件下，没有人能够独立获得美德。

在人类之上只有诸神，在人类之下唯有野兽能够远离群体、脱离社会和政治组织独自生活。

因此，他将人类定义为政治动物，即一种在组成性上需要与其同类建立联系的生物。

这意味着城邦是一种自然构成，其中包含着人类固有的小型集聚——乡村社区，而乡村社区则包含着多个不同的家庭。

家庭是自然的集聚

家庭是所有人类组织的最初和根本的核心，符合推动人们建立联系的原始本能：

· 繁殖，使男女结合；
· 保护，在满足生命根本需求的必要生产性工作的组织中联系起主宰者和从属者。

生产性工作实际上就是唯一自然的农业，因为这一工作旨在开采大地的资源，生产商品，之后将其转化为金钱以购买其他生活必需品。

相反，商业活动主要致力于收集财富，从金钱出发，将其转化为商品，唯一的目的只是获得更多的金钱，受获得更大限度的财富的欲望驱使，而不是生存需要的推动。

因此，根据亚里士多德的观点，公民这一类别由中小农业主代表。

房屋（oikos）或家庭这一类别由男性自由人、妻子、子女和奴隶组成。一家之主在以三重关系模式——夫妻、父子、主仆——中的其他家庭核心组成成员面前具有权威。

仆人是一家之主财产的一部分，与其他工具和动物一样，被用于经营家庭经济。根据亚里士多德的观点，他们在本质上缺乏自由人所具有的自治和自我决定的能力。

奴隶和自由人

同时，依赖奴隶主标志着处于奴隶状态的个体无力自治，且由于他们无法自我管理，只能通过受制于能够领导他们之人获益。这意味着存在天生为奴的个体。尽管有时候由于生活的遭遇（战俘、无力偿债的负债者），自由人也会沦为奴隶，但是对奴隶制来说，除了这些因习俗而形成的形式可能是不正义的之外，奴隶身份是符合家庭财产有序管理要求的自然状态。

《希腊家庭》，红绘式基克里斯杯，公元前 5 世纪。
费拉拉，国家考古博物馆。

于是，真正的"政治动物"不是普遍意义上的人类，而是自由人，能够借助奴隶的劳动，管理自己的财产并有所收益。自由人是城邦的公民，参与城邦治理的不同方面：修订和应用法律、司法行政。

法律、司法机关、政治制度、国家组织就像一个统一的有机体，刺激个体超越个人主义和生活的即时主观需求，遵循有德生活的原则。

生而为奴还是法定为奴？

生而为奴

在希腊世界中，奴隶制曾被普遍地认作自然的体制，符合人类之间经济、社会和伦理层面的原始差异。这是我们在亚里士多德的《论政治》中能够找到的大概描述。自由人之间产生差异是因为自主选择能力以及充分运用智慧的程度这些人类成员区别因素的不同。

唯有能够选择之人才是自由的人

在亚里士多德的概念中，人类和其他动物的区别在于能够选择，即能够有意识地决定其行为举止。

每一种选择涵盖了理性分析，对自己行为目标和寻找必要的媒介以达成预定目标的意愿进行评估。只不过，在决定的能力方面，人类之间是有差别的：奴隶完全没有作出选择的智慧，女性虽然有此才能却没有自主权，而孩童的这项才能尚未发展。

从这些差异之中，自然产生了社会和政治的等级制度。只有能够理性地就某一目的展开规划，按照自我意愿进行选择之人，才能担任对缺乏这种能力之人的指挥或领导角色。因此，无法进行自由选择的奴隶在家庭管理中处于从属地位：他们只是奴隶主手中的简单工具。

奴隶是具有灵魂的工具，而使用不具有灵魂的工具——器械——是必要的，他们使自由的公民从不符合自由民身份的体力劳动的重压下解放出来。作为奴隶主的工具，奴隶是一种"半人"，缺乏成就人类的特异性和使其具有自给自足生物的本质特征。

差异在于思想而非躯体

考虑到这些因素，亚里士多德重申了奴隶身份的自然本性，对诡辩派一类的人进行回应。后者认为奴隶制是一种历史现象，产生于某一特定的法律或社会秩序。

从另一方面来说，这符合下述论断：在整个宇宙中，生物根据优劣的差异进行等级划分。因此，在灵魂和躯壳的关系中，后者简单地执行物质—工具的职能。奴隶恰似躯壳，活动仅限于体力劳动层面：正如躯壳从属于灵魂一般，奴隶受奴隶主支配，后者能够完全运用理性，而前者只在有必要理解奴隶主的指令时才分有逻各斯。

然而，奴隶的躯体在解剖学方面并无区别，无法在人类内部自成一属。因此，决定性的区别在于有关理性的高级层面。

法定为奴

在生而为奴的观点之外，也存在法定为奴的看法。正如胜利者将战败者贬为奴隶，这一身份是由某项法规所宣告的。

于是问题出现了。天生的奴隶制和法定的奴隶制之间是否有对应关系？当时的文化中有两大对立态度：

1. 第一种态度认为，暴力战争所产生的奴隶制永远正确，在某种程度也是自然而然的。因为高等的人类拥有合适的手段，同样能够通过暴力方式使人信服。

2. 另一种态度认为，奴隶制中所有的自然天成和正义性元素都不是暴力的成果。

亚里士多德的观点在某种程度上是上述两种对立论点的结合，他重新定义了优越性的概念，将其作为力量和美德不可分割的交织体——拥有合适工具时，有德之人能够合法地运用武力。在此，他得出结论，武力和美德这两种价值只是表面上相对立，事实上却是互补的。因此，如果战争使得天生较弱之人沦为奴隶，那就是一场正义的战争，因而随之而来的奴隶制也是正义的。

通过这种方式，人类的法律在自然法则中获得基础，而来自人类事件的奴隶制也显得正确——它认可自然秩序中预设的等级制度。于是，亚里士多德得以断言，命令的艺术在于在自然世界内行使固有的优势。换言之，主宰者是天生而非后天成为的。

城邦与不同形式的政体

家庭和村社满足了普遍的生活需求，但是只有城邦（国家）才能提供圆满地实现完美生活——符合道义上的好生活——的条件。

根据宪法以及权力分配方式的不同，城邦具有不同的形式。根据权力的执行者进行划分，共有三种基本政体：

- 一人当权，君主政治；
- 少数人当权，贵族政治；
- 大部分人当权，politia，在现代术语中可被译为民主政治。

在关心共同利益时，任何上述形式的政体都能以正确的方式运作；而只考虑当权者利益时，就会偏离正轨。于是，亚里士多德指出了退化的政体：

- 君主政治退化为僭主政治；
- 贵族政治退化为寡头政治；
- politia 退化为民众政治（意大利语同样写作 democrazia，在亚里士多德的语言中，并不是现代的民主政治，而是倾向于维护最弱势群体的利益，将共同利益置于第二位的政体，现在我们称其为"哗众取宠"的民众政治）。

亚里士多德认为，根据发生的确切历史情况，上述三种政体形式均有着或大或小的优越性。但是，要找到一个出类拔萃之人，或一群最优秀之人的团体，将所有权力全部集中在他（他们）手中，谈何容易。因此，亚里士多德假设对于当时的希腊城邦来说，民众政治是最合适的政体形式，因为与其他政体相比，它更容易找到大多数人的群体——尽管这些人在政治美德方面有所欠缺，但是却能够根据现行法律轮流执政和接受统治。

亚里士多德更偏爱的政体是中产阶级的利益表达。这一阶级由不算特别富裕也不算特别贫穷的公民组成，能够在社会上对立的利益之间进行协调和妥协。

为了公民的幸福

在定义了政体的形式之后，亚里士多德开始研究统治者的目标，即公民的幸福——一个好的政府应当确保民众具有生活幸福的可能性。由于致力于理论活动的生活代表着最高的境界，因此在最好的城邦中，所有的公民都应当能有机会醉心于不同程度的知识。

为达成这一目的，有两个必要条件：和平和日常事务之外的空闲时间。亚里士多德并不完全反对战争，但是他反对为攫取更大权力而发动的战争，他认为迫使公民服兵役，剥夺了他们从事更有益活动的空间。诉诸武力应当是在某些特定情况下的必要工具，例如自卫和保卫和平。

经济和政治活动同样也是工具，它们筹谋生活所必需的物质财富，并且使人获得空余时间，以致力于进行具有内在价值而非具有其他目的的研究活动，例如思想活动。

城邦中的理论活动

因此，亚里士多德提出，在施行良好的民众政治的城邦中，公民应轮流担任公共职务，这样一来所有人都能轮流地从政治任务中脱身，自由地进行理论研究。然而，人们并不能自发地进行理论活动：通过教育过程积淀的文化背景必不可少。

这就是城邦的任务。根据亚里士多德的观点，它关心公众教育，面向所有公民，使其不仅在运用工具及参与军事和政治活动方面有所准备，也在关于文化和知识的活动方面胸有成竹。

在人类生活中，除了理论和实践活动，还有基于某种特定专业能力而进行的生产活动。在这些技能领域中，亚里士多德将注意力集中在修辞学（使论述具有说服力的技能）和诗学（作诗的技能）之上。

修辞学与伦理学和辩证法的关系

修辞学的任务在于使论述具有说服力。为达成这一目的，需要考虑三方面的因素：

· 发言者的道德品质；
· 聆听者的感受；
· 推理论证的价值。

前两个方面属于伦理学，即研究人类品质和情感的学科；而第三个方面——推理论证的价值——则与辩证法有关。事实上，从辩证法中产生了两种运用修辞学的推理论证方法：演绎法和归纳法。

在辩证法的情形中，两个在推理论证技能上具有同样素养的对话者相互抗衡；而在修辞学的情形中，则是一名语言能力者与非专业个体组成的听众之间的交流。发言者应当借助简单化、直线式、易理解的演绎法以及参考个别案例

《演说家》，红绘式花瓶，公元前 5 世纪。
伦敦，大英博物馆。

分析的综合归纳法，吸引聆听者的注意力。

诗学和诗歌的认知功能

诗学是撰写诗意文字的艺术，内容包括史诗、抒情诗和伤怀诗（悲剧诗）。柏拉图认为艺术是对现实的模仿，而亚里士多德赋予诗歌以同样的特征。但是，师徒二人的分歧之处在于，柏拉图认为艺术毫无认知的功能，是对可感世界的模仿；而亚里士多德则认为诗歌是一种认知的形式。

诗歌介于历史和科学的中间地带。前者描述单个的事实，后者从事对可知的普遍形式的研究。诗歌的知识并不能与以普遍性概念为基础的科学认知相匹敌。

陶冶情操

正是由于表现场景和典型个体的能力，诗歌，尤其是伤怀诗（悲剧诗）为人类提供了净化情感的途径。悲剧将激烈，有时甚至可怕的情节交织在一起，在听众的内心中激发深刻的情感，如痛苦焦虑和恐慌，使他们与世隔绝，身临其境，沉浸在比现实更纯粹的情感之中。

因此，净化或陶冶是人类在悲剧作品及其表现力的影响下获得的一种解放和治愈。

柏拉图曾谴责诗学艺术，因为它激发了理性控制之外的感受和情感。亚里士多德则相反，他在诗学中看到了积极的推动力，鼓励着人们以无害甚至愉悦的方式释放自己的情绪。

❦ 本章小结 ❦

知识的百科全书

亚里士多德在柏拉图的学园中得到培养。他与老师的分歧在于：

◇ 生活方式与政治的脱离；

◇ 对于经验主义的观察、自然主义的研究和科学的兴趣。

他构建了一本知识的百科全书，其中语言是联合起所有科学的共同主线。

语言

在《工具篇》中，亚里士多德分析了与语言有关的多种问题：

◇ 术语的意义和一般概念；

◇ 不同种类的论述及其不同目的；

◇ 名词和动词的结合方式产生判定；

◇ 判断之间相互联系的方式能够构成推理。

三段论法和论证的理论

亚里士多德将三段论法（相互关联的推理）确定为具有科学价值的完美推理形式。

由于三段论法能够推导出真实的结论，因此前提必须为真，而获得它们的两个过程分别是：

◇ 归纳，从对一系列特殊情况的观察中得出普遍性的事实；

◇ 直觉，掌握所有"昭然若揭"或公理的首要原则。最重要的公理是非矛盾原则。

第一本体和第二本体

亚里士多德对于语言的分析与对柏拉图理念学说的摒弃相互交织。对于他来说，理念是来自实在的普遍性概念，存在于人类的思维之中，反映在语言上。

在实在中具有亚里士多德称为第一本体的个别事物，思维中存在着普遍性的概念（树木、动物、人类）或第二本体，它们对应着特定的语言短语。

品种和种类是第二本体，而"属性"和偶然性不属于本体。

形成变化：潜能和现实，物质和形式

为了从对巴门尼德的否定中"拯救"现象，亚里士多德研究出潜能和现实的概念，以解释本体从潜能到现实的变化过程（在过程中维持不变）。与潜能和现实概念有关的是物质和形式的概念。关于形式，亚里士多德谈及的是"圆满实现"，即某物达成其目的的完美状态。

起因的学说

亚里士多德确定了作为特定事实基础并解释其存在的起因。它们是质料因、形式因、效率因和目的因。由于在确定形式和实体时，我们无法永无止境地进行回溯，因此必须找到一个第一存在——第一起因，即第一原动者。

灵魂的理论和认识的过程

亚里士多德花费大量的精力对自然进行科学观察，展开以具有灵魂的生物为对象的研究。灵魂赋予肉体以形态之物，也是生物体（植物性、感觉性、理性）行使自己生命机能的场所。感官功能和智力功能是人类认识的基础，通过以下方式实现：

◇ 感官知觉，是所有知识不可或缺的基础；

◇ 经验，即与同一个物品有关的多种感觉的记忆；

◇ 智力，具有两种形式：主动智慧和被动智慧。

第一哲学

若要解释物质世界，我们必须转向超越物质层面的现实水平。这就牵涉到了形而上学或第一哲学的话题。它：

◇ 研究普遍意义上的存在，存在之所以为存在的原因，类比的概念（存在呈现的多种方式）以及第一原因和原则；

◇ 从可感的个别本体出发研究本体（均是物质和形式的统一体）；

◇ 介绍了原动者的本质——充当目的因，与神明一致，因此，第一哲学也是神学，或称神明的科学。

亚里士多德研究的分类

亚里士多德研究的内容非常丰富，包罗万象，包括：

◇ 科学主题，与天文学（地球位于永恒的、由旋转的球体构成的宇宙的中心）和生物学（生物体和无机体之间的区别；动物的分类；灵魂是躯壳的形态）有关。

◇ 伦理学，确定人类幸福这一终极目标，将美德分为伦理美德和理性美德，认为生命的最高典范是智慧或理论的生活。

◇ 政治学，认为人类无法脱离人际关系（人类等于政治动物）生活。亚里士多德通过对家庭、乡村和城邦社群的分析，归纳出不同的政体及其退化形式。

◇ 修辞学和诗学，认为艺术是模仿，通过悲剧诗能够净化情感（陶冶情操）。

❦ 本章术语表 ❧

偶然性：来自拉丁语 accidens，"发生之物 / 事"，是希腊语 symbebekós 的译文，与主要的事物"一同产生"。随机或偶然的确定性，"掉落"（accidit），发生在基质之上，必须"依赖"能够独立存在的本体而存在。

灵魂：希腊语 psyché，具有生命潜能的自然体的终极现实或圆满状态，换言之，即让存在于潜能之中的躯体变为现实。灵魂作为躯体的本体或形式，无法与之分割。灵魂共有三种形式：植物性灵魂、感性灵魂和理性灵魂。

公理：来自希腊语 axioma，词源为 áxios，"值得的"，"有效的"。不言自明的原理，无法证明，相反是所有推理论证的基础。

范畴：思维和存在的根本方式。从思维的角度看，是判断存在属性的最普遍形式；从存在的角度看，是通种，是所有存在所具有的根本确定性。

原因：事物存在的依赖。自然世界中共有四种原因：质料因、形式因、动力（或效率）因和目的因。

辩证法：理性而非科学性质的方法，用于辩证三段论（前提的真实性不确定）中。

圆极：来自希腊语 entelécheia，由 en télei échein 发展而来，"存在于现实之中"。实体达成目的，完全实现其潜能性的圆满状态，与完美而完整的形式相一致。

本质：来自拉丁语 essentia，翻译自希腊语 tó tì en éinai。事物之所以成为自身而非其他事物的原因，是所有定义这一事物的特征（偶然性并不包含在其中）的总和。

幸福：存在圆满地实现自身性质的状态。由于人类天赋异禀，具有理性，因而只有在遵循理性，即美德生活时才能够感到幸福。

目的论：亚里士多德关于自然整体具有目的导向的学说，因而得名为目的论或终向论（词源为 telos，"目的"，"终点"）。普遍来说，在哲学语言中，"目的论"指的是目的性不仅存在于人类（有意识地追寻目的）的行为，也存在于自然世界和整体宇宙行为中。

形式：拉丁语词汇，是希腊语 morphè、schema 或 eidos（理念）的译文。亚里士多德在其哲学的多个领域运用这一概念，以指代实在所固有的组成部分。它的含义包括：(1) 在本体的构成或物理领域的事物之中，是物质的对立面。其他四点含义均取决于此。(2) 是逻辑领域中定义事物属性的本质。(3) 在描述本体，或同一体的形而上学性质时，不仅是缺乏的对立面，也是物质的对立面。(4) 与作为潜能对立面的现实相对应。(5) 是智力在事物中领悟到的可感部分，造就了普遍性概念。形式的特定类型就是灵魂的不同种类。

智力（努斯）：理解第一原理，即作为科学基础的公理和定义的才能。

主动智慧／被动智慧：将认识解释为从潜在性（认识的可能性）到现实（完成认识）的过程的原理。主动智慧作用于潜在性（或被动）智慧，使真理或普遍性概念从潜在状态转变为现实。

第一物质：处于纯粹状态的物质，缺乏形式，是自然变化的基础。

原动者：产生运动的动力因。第一原动者是神明，是所有变化的永恒原因，发挥目的因作用。

潜能—现实：在可感事物中各自指代可能性（从物质的角度出发，获得特定形式的能力）和这一潜能的实现（形式的圆满）。因此，潜能与物质的关系正如现实与形式的关系。

非矛盾定律：知识的基本公理，和知识一样无法论证，然而，我们可以在演绎的过程中，通过对否认这一公理之荒谬性的揭露，证明其价值。

三段论法：来自希腊语 syllogismós，"演算"，"概念的连接"。最卓越的推理法，从两个经过验证的前提必然地获得真实的结论。

同一体：来自希腊语 sýn，"集合"；hólos，"所有"。质料（事物的物质组成部分）和形式（事物的本质，使其成为其本身的结构）不可分解的统一体。

本体：来自拉丁语 substantia，"存在于之下之物"，是希腊语 ousìa 的译文。首先是切实的个体（tóde ti，"此处这个"），即独立存在之物，具有自己的生命，因此在逻辑层面上是宾词和主体，而在本体论层面上具有实体的功能，具有确定的性质或特征。与切实的个体或第一本体不同，第二本体指的是种类和品种（动物、人类，等等）。

基质：字面意思为"位于之下之物"，是从缺乏，即没有某一特定形式的状态，过渡到拥有这一形式的变化得以发生的基质。

一般概念：从逻辑学的角度而言，是适用于多种事物之物，因此种类和品种也是普遍性的一般概念。

美德：不断地根据理性行动的倾向（习惯）。美德可分为智慧型或理性型（理性伦理）和道德型（伦理）。前者是对理性的实践，后者是管理感觉冲动的理性能力。

理论生活：希腊语为 bìos theoretikós，生活的最高典范，以研究为目的，免除了物质忧虑、条件限制和日常工作（甚至政治活动这样被认为荣耀而有威望的任务）的烦扰，因而与神明的生活（总是致力于冥想的快乐）相类似。真正的幸福就在践行理论生活之中。

亚里士多德的基本问题

	本体的理论
本体论	存在之所以为存在以及存在的类比理论
	现实的统一性和形式 / 理念的固有性
	幸福是人类生活的目的
伦理 / 幸福	理论生活是人类幸福的最高程度
	道德论和正确途径的原则
哲学 / 宗教	关于神明的论述和作为现实起因的超感实体
	将神明的本质定义为原动者、第一实在，等等
	感知是所有认识的第一步
认识	认识是对第一原则和原因的研究
	归纳论
	对语言和其形式（概念、判定、推理）的分析
逻辑学	三段论法的理论
	现实正如其表现的理论
	灵魂是躯壳的形式以及灵魂的种类（心理学）
哲学 / 知识	宇宙学和物理学理论
	自然主义研究和分类的理论
	知识的百科全书和科学的统一体
	人类天生的社会性
自由 / 权力	人类生而不平等的观念
	关于国家和政体形式的理论
美学	艺术是对现实和知识的模仿
	陶冶是欣赏完悲剧之后的效果

☙ 文献选读 ❧

一、第一哲学：存在之所以为存在

（摘自《形而上学》，第四卷，1003a—1004b）

【导读】

存在的类比法

亚里士多德在《形而上学》第四卷卷首将第一哲学定义为研究存在之所以为存在的科学。在此之后，他提出了存在的类比法学说，为克服巴门尼德在解释这一根本概念时所遇到的困难做出了决定性的贡献。

亚里士多德的文章：

◇ 强调了形而上学（研究普遍意义上的存在）和其他科学（研究现实的某一有限领域）之间的区别；

◇ 发展了关于存在的属性判断类比法的论点，并以一些例证进行说明；

◇ 肯定了本体在存在研究中的中心地位。

语言的线索

文章循着语言分析的线索，对研究存在的科学的各个方面进行了阐述和解释。在这一章节中，着重点出了思维的结构（逻辑和语言）与现实的结构之间的关联，特别表现在：

◇ 强调类比法的语言学和逻辑学工具在研究存在的知识中具有至关重要的作用。

◇ 明确了本体作为第一存在的形而上学理论是通过参照类别来研究的：本体既是实际存在之物，事物的属性皆取决于它（本体论层面）；也是存在的事物获得命名的原因（属性论断法的主体）。

◇ 在这两大层面的对应关系之中，还存在着亚里士多德真理理论的核心内容：代表本体及其偶然性之间正确关系的命题是真实的，如实描述事物的话语是真实的。

【文献原文】

形而上学，与众不同的科学

在文章开篇，亚里士多德根据研究对象的本质（"存在之所以为存在"），将第一哲学与其他科学相区别，并解释了研究"存在之所以为存在"这一主题以认识原理和第一起因的必要性。

有一门学术，研究的是"存在之所以为存在"以及"存在"是其本性应有的禀赋的结果。它与其他任何专门学术都不同：事实上，那些专门学术没有一门普遍地研究"存在之所以为存在"的问题，而是局限于其中的一部分，每一门只研究其局限部分的特性。

我们研究的那些原因和至高的原理，显然都必须是成就实在本身的原因和原理。因此，如果说研究存在要素的人们，研究的就是至高的原理，那么这些要素必然不是非本质属性的存在要素，而是存在之所以为存在的要素。因此，我们应当研究的也是存在之所以为存在的第一原因。

论证

亚里士多德通过论证强调：形而上学所研究的第一原因和原理是认识的根本目的。

存在的含义

存在具有多重的含义，但是当指的是确定的某物时，存在就是唯一的：于是，亚里士多德引入了类比法，将其与同形异义区别开来。

存在具有多重的含义，但都与一个单一而确定的实体有关。因此，存在不是简单的同形异义：我们将所有与健康有关的内容称为"健康的"：保持健康、产生健康、健康的象征或是具有健康的潜能，其存在的方式是一致的。同样地，我们将与医药有关的所有内容都称为"医学的"：要么是拥有医学知识，要么是其本身就适合做医药，或者是在医药方面有所应用。我们可以举出更多其他有关相似名词的例子。因此，尽管存在具有多重的含义，但指代的都是同一个原理：有一些事物被称为存在，是因为它们是实体①；有一些则是因为是本体的"演变"；有一些是形成本体的过程，或是本体的毁灭、缺失和品质，或是本体的制造和产生，或是与本体有关的事物，抑或是对这些事物以及本体自身的否定（为此，我们也称非存在"是"一个"非存在"）。

于是，正如所有被称为"健康的"事物有一门单独的学术，其他的事物也是一样。归属于同一学术的不同名称的事物本质是同一的：以某种特定的方式，这些事物的含义也是唯一的。因此，学术研究的对象是存在之所以为存在。但是，在任何情况下，学术研究的本质对象，即第一要素是这些存在所依据的根本和为存在命名的依据。因此，如果说存在所依据的根本是本体，那么哲学家需要了解的就是本体的原因和原理……

特殊的属性和普遍存在的属性

亚里士多德通过数字，举例说明了特殊属性（存在的某一特定领域）和普遍属性（存在之所以为存在）之间的差别。

数字之所以为数字，具有其特殊的属性，诸如偶数与奇数，可公度性和相等，盈与亏，它们都属于数字，可以被单独地考虑，也具有相互的关系。类似地，实体、不动体、动体、有重量体和无重量体都具有各自特别的属性。存在之所以为存在也具有特殊的属性，围绕这些属性，哲学家才能够获得真理。

（亚里士多德，《形而上学》，波旁尼出版社，米兰，2000年，131—133页，139页）

二、语言的真伪
（摘自《范畴篇》，1a—2a；摘自《解释篇》，16a）

【导读】

真实诞生于语句之中

亚里士多德在《范畴篇》开篇宣称，所有由语言表达的内容都可分为两类，

---

① 本体，指能够独立存在的、作为一切属性的基础和万物本原的东西。——译者注

并在《解释篇》的开篇对此进行了更为详细的叙述：

◇ 第一类包括简单的元素（语素），如名词和动词，互不相连，作为独立的词理解：具有纯粹的含义，无从分辨真假。

◇ 第二类包括语句，即语素的组合。语句的组合将某物归属为另一物，即在名词和动词之间构成联系，从中确定真伪。

通过"幻想"的名词进行确认

亚里士多德通过在现实中没有对应事物的名称，告诉我们如何判断中立的一般概念是真是假。例如"鹰头马身有翼兽"，指的是一种幻想动物，一半是鸟，一半是马，与"人""猫""树"等名词并无差别，和它们一样既非真也非假，只有在与谓语（例如"存在""不存在"）相连时才能判断真伪。

"鹰头马身有翼兽存在"是伪命题，而"鹰头马身有翼兽不存在"则是真命题。

【文献原文】

词语和句子

正如上文所述，语言的形式可以是简单的（没有上下文关系），也可以是复合的（有上下文关系）。前者的例子如：人、牛、奔跑、获胜，而后者的例子如人奔跑，人获胜。……

任何一个词语，其本身并不包括一种肯定或否定，只有这类词语通过上下文关系结合起来，才产生肯定或否定，从而产生真伪，而非复合的词语，例如人类、雪白、奔跑、获胜都不存在对错。

命题中的结合和分离

事实上，在我们的语言之中，真实和虚假蕴含着结合与分离。名词和动词如果不和其他别的东西相结合或相分离，就只是简单纯粹的概念。和"人"与"白"的例子一样，没有其他的注解，就无所谓正确还是错误。为证明这一点，我们可以借助"山羊—马鹿"这一词来解释。这个词有其本身的含义，除非对其限定现在时或者非现在时的"存在"与"不存在"，其所指代的内容无谓真实还是虚假。

（亚里士多德，《工具篇》，G.科利译，艾诺迪出版社，都灵，1955 年，5—7 页，57 页）

三、论证的可靠性

（摘自《后分析篇》，第二卷，19，99b 35—100b 15）

【导读】

论证过程发展的背景

在《后分析篇》的末章中，亚里士多德在章节开篇：

◇ 谈论了三段论法和推理论证法；

◇ 澄清了如果缺乏要素和首要原则，无法做出任何推论。

在我们将要阅读到的选段中，亚里士多德围绕认识先天原则（即一向存在于人类的脑海中）的可能性进行了探讨。他的分析阐明了归纳法和直觉的重要性——论证过程的前提条件。

【文献原文】

感觉、记忆和经验

……所有动物都具有一种我们称之为感官知觉的天生的辨别能力。所有动物都具有这种能力，只不过有一些动物的感官知觉被固定了下来，而有一些则没有。

没有固定下感官知觉的动物，要么在感官活动之外完全没有认识，要么对于其知觉不能固定的对象没有认识或无法产生联系。相反，感官知觉能够被固定的动物在感官知觉结束后，仍然能在灵魂之中保留感觉的印象。当这种印象不断重复，能够固定感官知觉的动物就能够从中获得一种推理，从而与不能够获得推理的动物产生差异。从感觉中产生我们称之为记忆的东西，而从对一件事物不断重复的记忆之中产生经验。实际上，数量繁多的记忆构成了单一的经验。技艺和科学发源于经验中，发源于灵魂之中的普遍性——与多相对立的一，所有多样性的事物之中的唯一和同一。因此，这一能力既不是以确定的形式与生俱来的，也不是从其他更具有价值的认识能力中产生的，而是仅仅产生于感觉之中。……例如，从一个动物的特殊的种推导至动物这一类，如此依次类推。因此，我们必须通过归纳法获得最前提的要素。从这个意义上来说，我们能够从感官知觉获得普遍的认识。

（科学）知识和直觉

在我们领悟真理的思维活动之中，有一些始终是真实的，例如（科学）知识和直觉，另一些则可能是谬误，例如意见和推理。除了直觉之外，没有任何知识比科学知识更精确，没有任何推论比原理（前提）更正当。科学知识是推理的结果，原理（前提）则不可能是科学知识的对象；由于除了直觉之外，没有比科学知识更真实的知识，因而直觉才是原理（前提）的对象……

由此看来，我们不仅应当考虑作为前提的推论，也应当考虑论证的前提并非论证这一事实。因此，科学知识的前提也不是科学知识。于是，如果在科学知识之外我们并无其他种类的真实认识，直觉就应当是科学知识的本原（前提）。

（亚里士多德，《工具篇》，G.科利译，艾诺迪出版社，都灵，1955年，401—403页）

四、变化和四因说

（摘自《物理学》，第二卷，第三节，194b—195a）

【导读】

背景

亚里士多德在《物理学》第二卷中阐述了四因说：解释变化——物理学所研究现象——的基本理论。

【文献原文】

主题

四因——质料因、形式因、效率因、目的因，代表了解释现实的原理，每一因都行使各自的功能，对事物的存在方式产生特定的影响。因此，任何事物都具有多种的因，它们之所以成为那件事物都出于本质和非偶然性。

因的类别和数量

我们需要进一步探索因的种类和数量。既然我们的研究目的是获得认识，并且我们在了解所有事物的成因之前（即把握了事物的基本原因）是不会认为自己已经对它有所了解的，因此我们显然应当从事物的生灭过程和所有自然变化上把握其成因，继而用其来解决我们研究的每一个问题。

一方面，我们认为因是事物产生的来源，也是其内部始终的存在，如造像的铜，或铸杯的银，或者其他不同种类的青铜和白银。另一方面，形式或原型，事物本质的定义和所属的类，也是一种因……，定义中的组成部分同样如此。再者，动与静的最初源泉也是因。制定某一规则之人是因，父是子的因。一般来说，因就是使被动者运动的事物，使变化者产生变化的事物。另外，因是终结，这便是目的因。例如健康是散步的目的因。倘若我们自问："我们为什么要散步呢？"我们会回答："为了健康。"这就等于我们已经指出了原因。尽管受到其他方面的影响，作为所有其他事物构成部分的目的因，仍然是施动者和目的之间的媒介，例如减重法、催泻法、使用药物或其他外科器械，其目的不外乎保持健康。虽然上述这些有的是行为，有的是工具，各不相同，但都是为了达到目的。

因的意义大体上就是这样。由于因具有多重含义，同一件事物便具有多重的因，这不是偶然性的。例如，塑造的技艺和青铜是雕像的因，仅仅是因为雕像是雕像，而非其他什么别的事物。但是，这两种因并不相同，青铜是质料，而塑造的技术则是运动产生的根源。另外，有些因相互作用，如体育锻炼有益于身体强壮，而身体强壮则有益于体育锻炼。但是它们不是同一种因，一个是目的，而另一个则是运动产生的缘由。对立的因也是一样：一种因的存在，产生了一种特定的影响，而这种因的缺失则会导致相反的效果。例如，船只失事的原因在于没有领航员，而有领航员是船只安全航行的原因。

（亚里士多德，《物理学》，A. 鲁索译，拉泰尔扎出版社，巴里，1968 年，35—37 页）

五、手：多功能的工具

（摘自《动物之构造》，第四卷，10，687a—687b）

【导读】

生物学的价值和美

在科学研究领域，亚里士多德认为生物学具有特别的价值和美。尽管生物研究涉及的不是完美的现实，而是如植物和动物那样会腐烂、受变化左右的本体，但生物启发了他研究生物的结构和功能的兴趣。相关内容在关于自然的著作中有所阐述。

自然实体的构成部分和形成方式是实现其最终目的的奇妙设计，是美。因此，能够用专注的眼光和严谨的方法仔细研究之人，就能够从"发现"目的中获得满足，激发热情。

【文献原文】

人是万物之灵

人类天生能够直立，便无须前腿。于是自然便赋予人类臂与手。阿那克萨戈拉认为，人类拥有双手正是人类是万物之灵的原因。但是人类是最具理性的动物，因而拥有双手的说法同样也是合理的。因为双手是一种工具，自然在塑造智慧的人类时，总是赋予其相应的适用器官（工具），就像给予长笛手以长笛，而不是给予拥有长笛之人演奏长笛的技艺一样。自然为原先较大而较重要之物增补微末，而不是以尊贵来贴附轻微的事物。如果这是最佳的安排，自然便会如此运作，因此，人类不是因为拥有双手而成为最智慧的物种，而是因为万物之灵的身份被赐予双手。因为动物之中最为聪慧的，应当是掌握了最多最好的工具的物种，双手的作用并不单一，而是兼具多种功能的工具。从某种角度而言，手是优先于其他工具的工具。因此，手——能够使用大部分其他工具的工具，是自然赋予能够掌握大量技能的人类的礼物。

手的功能和形状

有些人认为人类的构造不善，甚至劣于其他所有动物（他们声称人类赤身裸体，没有皮毛的保护，缺乏自卫求生的武器），这种说法是大错特错的。其余的动物有且只有一种自我防卫的方式，毫无他法；换言之，无论是睡觉还是做其他任何事情，它们都无法脱下皮履，这等于无法卸下身上保护的胄甲，更改命运所赋予它们的武器。

相反，对于人类而言，他们可以运用的防御方式多种多样，可以不断更改，随心所欲。双手可以成爪、成螯、成角、成矛、成剑或者成为任何其他武器和工具：所有工具都可持握，因而一切皆有可能。这也解释了为何自然赋予手如此的形状：

手可以被分为多个部分（关节），相互之间活动连接，分中暗含着合，合中明示着分。可以作为单独的器官行使功能，也能作为两个甚至多个器官发挥作用。另外，手指的构造非常适用于抓握和按压。其中一根短而粗，不如其他的手指纤长，位于侧边，如果这一手指的位置不在侧面，就无法完成抓取的动作，无异于没有手了。这一手指从下向上施力，而其余的手指由上往下施力，应当如是：拇指像强力的老虎钳一样紧握，以一己之力和其他手指相抗衡。它的短来源于力量，也来源于其多余长度的无用。人类的小指同样不长，而中指则长如船只的中桅——因为要运用一件工具并必须紧握时，需要掌握其中央的部分。因此，拇指也被称为"大拇哥"，尽管短，但一旦没有了它，其余的手指都会沦为无用之物。

　　指甲的构造同样巧妙。对于其他动物来说，指甲具有其他特殊的功用，而对于人类来说只不过是保护指尖的被覆。

　　（亚里士多德，《著作集》，第五卷，M. 韦杰蒂译，拉泰尔扎出版社，罗马－巴里，1973 年，127—129 页）

六、灵魂：身体的形式

（摘自《论灵魂》，第二卷，1—3，412a—413a）

【导读】

灵魂的定义

以亚里士多德本体论为基础的概念——本体、质料、形式、潜在、圆满，所有这些加在一起使他将灵魂定义为物身的形式，并在专为此主题所作的文章中进行细述。

【文献原文】

物身的形式——灵魂的定义

我们将现存的诸事物（物身）的一个类属称作本体。本体的含义有三：其一为质料，无法因自身而成为某一特定事物；其二为形状或形式，质料得其（个性）而成为某一特定事物；其三为质料和形式的组合。质料即潜能，形式即圆满……

我们普遍认为，物身，尤其是自然物身是其他万物的起源。有一些自然物身具有生命，有一些则没有。所谓生命，我指的是具有能够自我给养、自行生长和消亡的功能。因此，每个分有生命的自然物身都是一种本体，且是一种复合型的本体。又由于这一物身具有特定的性质，即生命，它便不可能是灵魂，而只能是它的基质，不能是任何其他的事物，明确来说，它就是质料。由于自然实体的形式在潜能上具有生命，因而灵魂必然是其本体。这一本体就是圆满：因此，灵魂是拥有这一本质的物身的圆满。

两种理解圆满的方式

圆满可作两种解释：科学及对科学的实践。显然对灵魂的理解也可依照对科学的理解进行。这是因为睡眠和清醒构成了灵魂的存在——苏醒对应着对科学的实践，而睡眠则对应着处在潜能状态的还未付诸实践的科学。在同一个个体之中，科学处在潜能状态较之付诸实践更早，因此灵魂是先于拥有生命潜能的物身（配置有器官的躯体）的圆满。尽管植物的组成部分极其简单，但它们都是器官：于是，叶片覆盖果皮，果皮覆盖果实，而根系则类似嘴巴，两者均摄取营养。如果我们需要赋予所有种类的灵魂一个共同的概念，那就是：灵魂是先于配置有器官的物身的圆满。因此，我们应该研究的不是灵魂与物身是否为一体，正如我们不应当探索封蜡和印戳是否为一体一样。简言之，我们不应追寻所有事物的质料和质料本身之间的关系。事实上，同一和存在具有多种解释，但是最基本的是圆满。

关于灵魂形式的一些说明

关于什么是灵魂我们已经有了一个整体的概念：灵魂是以形式为表现的本体，不具有以特定质料构成的实体。以某一工具为例，譬如一把斧头，它不仅是自然实体，作为斧头的存在就是它的本体，亦是它的灵魂。如果它被剥夺了存在，就不再是名副其实的此物了。我们此处谈及的斧头在名义上仍然是斧头，但其灵魂并不是实体或这一类属的物身的形式，而是由质料构成的自然物身，能够自行运动和静止。我们需要同样考虑把我们的定义应用于物身的一些部分。假如眼睛是一生物体，它的灵魂就应当是其视觉，因为这是眼睛的本体，是眼睛之所以为眼睛的形式。眼睛是视觉的质料，如果没有这一质料，就不再有眼睛这一事物，或者如石质或绘制的眼睛那样，仅存其名而不符其实。现在，我们应当把适用于某一部分者运用于整个生物体，部分感觉作用于物身的某一部分的关系，应当等同于全部感觉作用于具备感觉的物身整体的关系。但是，具有存活潜能的不是失去了灵魂的物身，而是拥有灵魂的物身。因此，清醒状态的圆满等同于斧头的砍劈功能和眼睛的视觉功能，而灵魂的圆满则等同于视力和工具功能的实现。物身具有生命的潜能，但正如瞳仁和视力构成眼睛，生物体是灵魂和躯体的结合。

（亚里士多德，《著作集》，第四卷，R. 劳伦蒂译，拉泰尔扎出版社，罗马－巴里，1973 年，127—129 页）

七、人类认识的过程

（摘自《形而上学》，第一卷，1，980a—982a）

【导读】

《形而上学》中的主题：认识

在《前分析篇》、《论灵魂》和《形而上学》中，亚里士多德进一步阐述了认识主题的不同方面，分析从感性认识到概念理解的认识过程，将哲学上升至认识的最高形式。

分析

在《形而上学》的开篇中，亚里士多德描述了知识产生的过程，分为以下步骤：

◇ 简单的感觉；

◇ 记忆；

◇ 经验；

◇ 以实践为目的的操作知识；

◇ 以纯粹认知为目的的无差别知识。

【文献原文】

认识的不同等级：感觉、记忆、经验和艺术

求知是人类的本性。我们乐于运用自己的感觉便是一个说明：事实上，就算无用，人类仍然喜爱感觉本身……

动物天生具有感官的功能，但是有一些动物无法从感觉中产生记忆，而另一些则不然。因此，后者相较不具备记忆能力的前者更聪慧且更适应学习……

其他动物依靠感性画面和记忆生活，甚少与经验相关联，而人类则凭借技艺和理性生活。对于人类来说，记忆是经验的来源：对同一件事物的记忆逐渐累积，形成唯一而独特的经验。经验与科学和技艺相当类似，人类正是通过经验获得科学和技艺的知识。正如普洛所说："经验产生技艺，而缺乏经验则造就纯粹的运气。"人们对经验进行大量的观察，对所有类似的情况形成普遍而唯一的判断，技艺由此产生。

举例说明：卡利亚曾遭到某一病症的折磨，得益于一种治疗手段而愈，而这种治疗手段同样对苏格拉底和其他许多人都有益，这就是经验。将这些所有个体归纳为一个患有某种疾病的整体，判断某种治疗手段（例如因黏痰、胆汁过剩或发烧而生病的情况）有效，这就是技艺。

原因如下：经验是个性知识，技艺是共性知识，而所有的行为和生产活动都是有关个别事物的。事实上，医生并未治愈所有人，而是治愈了卡利亚、苏格拉底或任何一个像他们这样具有名字的病人，只是他们恰巧都是人而已。因此，倘若一名医生有理论而无经验，认识普遍事理而不知其中包含的个别事物，是无法正确地治疗的，因为他要诊治的是个别的人。我们认为知识和意愿高于技艺和经验，认为拥有技艺的人比仅仅拥有经验的人更有智慧，是因为我们确信对于任何人来说，智慧都符合其认识的程度。前者知其因，后者则不知。经验主义者知其然却不知其所以然，而掌握技艺之人则知其然亦知其所以然。因此，我们认为每一行业中的大师更值得尊敬，他们比一般的工匠更具有智慧，知识更广，了解事物为何这样产生的原因；相反，一般工匠只知道怎么做，却不知道为什么这么做，就像泥塑木偶一般毫无灵魂，凭借习惯行事；就像火焰燃烧一样，听凭自然趋向。因此，我们认为前者更具智慧，并不是因为他们敏于行，而是因为他们掌握理论，懂得原因……

对原因和原理追根溯源的智慧（知识）优于技艺

因此，谁第一个发明了超越人类官能的任何技艺，就为世人所称羡。这不仅因为这些发明具有实用价值，更因为发明者比他人更为聪敏而高超。随着技艺的发明日益增多，有一些服务于生活的必需，有一些增加了人类的福祉，而相比前者，后者的发明者往往被认为更具智慧，因为他们的知识并不以实用为目的。在这些发明相继问世之后，人们就开始研究既不为生活所必需又不以快乐为目的的知识。这些知识首先出现于人们开始有闲暇的地方，数学之所以首先兴起于埃及，就是因为当地的祭司阶层享有闲暇。

在《尼各马可伦理学》中，我们已经阐述过记忆、知识和其他同类科学之间的区别，而此篇中的主题是人们用来阐释万物的原因和原则的所谓智慧。因此，如上所述，有经验者被认为比仅仅拥有某种感性认识者更具智慧，有技艺者优于有经验者，领导工匠的大师胜过一般匠人，而理论知识较之实践知识更为高尚。所以说，很明显，智慧是有关某些原理和原因的知识。

（亚里士多德，《形而上学》，波旁尼出版社，米兰，2000 年，3—7 页）

八、理论性的生活和幸福

（摘自《尼各马可伦理学》，第 10 卷，7，1177a—1178a）

【导读】

《尼各马可伦理学》中的幸福主题

在理论中获得最大程度的幸福，即在纯粹的冥想中获得幸福的主题，是《尼各马可伦理学》最后一卷的中心。亚里士多德在这一卷中阐述了理论活动的特征，认为它相比其他任何种类的活动来说都具有首要地位。

论据

圆满的幸福和冥想之间的联系以智慧的首要地位为基础。智慧是人类所具有的最上乘也是最高贵的才能，最不受肉体的物质性、感官的刺激和切身利益的干扰。理论活动的特性来自这种恰恰属于人类理性维度的"疏离"。这一活动能够在最大限度的持续性中，根据人类的情况自主调节，产生真正无差别的愉悦感。

【文献原文】

因自身故而受喜爱的冥想活动带来幸福

如果说幸福在于合乎道德的活动，我们就有理由说它合乎最好的德行，即我们最好的道德。因此，我们身上这个天生能够发号施令、思考美而神性的事物的

287

部分，不论它是努斯还是什么其他的东西，也不论其本身具有神性或者是我们身上最具有神性的部分，它合乎自身道德的活动构成了完整的幸福。这一活动就是理论活动（冥想）。冥想是最崇高的一种活动，因为智慧是我们身上最高等的部分，智慧的对象是最好的知识对象。此外，冥想最为延续，比任何其他活动都更为持久，因为相较其他任何活动，我们更能够持续地沉思。我们认为幸福中必然包含愉悦，而且从共识的角度而言，来源于智慧的活动相比来源于道德的活动，更能使人获得快乐：哲学因纯净而持久，因能够获得惊人的愉悦而驰名。获得智慧的人比起仍在追寻智慧的人享有更大快乐。冥想中主要包含的是我们所称作的"自给自足"：智者当然也像正义之人以及其他人一样需要依赖必需品维生，但是尽管这些有德之人已经充分拥有了维生之物，正义之人仍需要他人的帮助作出正确的行为，节制的人、勇敢的人和其他人也都是一样。而智者依靠自己就能进行冥想，而且其智慧程度会随着冥想程度相应提高。也许有冥想的同伴会更胜一筹，但是即便如此，他也比其他有德行的人更能自给自足。我们大约可以认为，冥想是唯一因自身故而被人们所喜爱的活动，因为它除了所沉思的内容之外不产生任何问题，而在实践活动中，我们总是或多或少地在行为之外寻求些别的什么。

理论活动和实践美德的比较

人们相信幸福也在于解除烦扰之中，因为我们耐着性子处理琐事是为了获得闲暇，发动战争是为了获得和平。虽然在政治和政治的实践过程中可以实现德行，但是人们认为这些领域都无法让人摆脱烦扰。与战争有关的行为不胜枚举，事实上没有人为了战斗而战斗，或者是以自己为目标发动战争。只有嗜血成性的人才会化友为敌，引发战争和杀戮。同样，政治活动也是麻烦不断，除了政治任务本身，人们总是试图获得权力和荣誉。即使他们还追求着自身的幸福或同邦人的福祉，这种幸福也与政治不是一回事。我们也显然不会将对幸福的追求和政治当作同一回事。因此，就算政治和战争在所有合乎德行的实践中最为高尚和伟大，它们也无法摆脱烦扰，总是追求着某一目的，而且都不是因自身之故。而智慧的活动，即冥想，不仅出类拔萃，也不追求自身以外的任何目的，具有本身完整的快乐，令活动得以加强。它所具有的自给自足、无碍无挂和毫不疲倦的特点，以及所有有福之人所具有的所有特性都明显地来源于冥想，因此人的完整幸福终其一生都在于这一活动。幸福的特征中不存在不完整之物。

但是，这是一种比人类生活更好的生活。因为作为人类，没有人能够以这种方式生活，除非他的身上具有神性。他身上的这种品质在多大程度上优于他身上其他混合的品质，他的这种活动就在多大程度上优于其他德行的活动。因此，如果与人类之物相比，智慧是具有神性的东西，那么遵循智慧的生活与人类的生活相比同样具有神性。

然而我们不应该按照传统的建议那般，局限于思考人类的事物，或因自身终将腐朽而止步于思考终将腐朽的事物，而是应该努力追求不朽，追寻一种合乎我们身上最好的部分的生活。

（亚里士多德，《尼各马可伦理学》，拉泰尔扎出版社，罗马 - 巴里，1999 年，429—433 页）

九、公民和城邦

（摘自《政治学》，第一卷，1—2，1252a—1253a）

【导读】

城邦的定义

在《政治学》中，亚里士多德对什么是城邦作出了定义。城邦是以整体角度理解的政治社会，其构成既包括国家机关，也包括我们现在称为公民社会的联合组织的整体。为获得城邦的正确定义，我们必须分析城邦的组成部分，分析那些使城邦完善、自给自足、以个体福祉为目的的简单成分。

城邦形成过程的分析

城邦的组成部分包括下列团体：

◇ 家庭，诞生于互补性的同盟——以繁育为目的的男—女组合；以组织生产劳动为目的的奴隶主—奴隶组合，其中也包括在家庭住宅中服务的奴隶。

◇ 村庄，更多家庭的聚合。

◇ 城邦，更多的村庄的聚合。从年代学的角度来看，城邦是最后诞生的；从逻辑的角度来看，城邦则是第一存在（只有在城邦内部这些独立的个体才能够行使各自的特殊功能）。

城邦有机体：遗传性和目的性的解释

从亚里士多德的分析中，我们得出城邦不是人力所塑造的，而是一种自然的"有机体"，以群体成员的福祉为目的。于是，他在研究人类世界的过程中引入了研究自然世界时所采用的终向论视角：

◇ 对与整体有关的组成部分进行分析；

◇ 将所有新型组织的诞生解释为更好的进步（精益求精）；

◇ 在终极目标的范围内理解个体或共同生活形式的功能，尽管终极目标诞生于功能，但在逻辑上却是所有过程的内在原因。

【文献原文】

城邦的居民和权力的本质

在其他领域中一样，我们将组合物分析为简单的组成部分（即无可再分的最小分子），政治学也是一样，我们应当以同样的方法来确证城邦是如何构成的……

如果我们追根溯源地研究事物，那么不论是在政治学还是其他方面，都可以获得最为明晰的认识。首先，相互依存的两种生物必须结合，例如雌雄（男女）无法单独延续子嗣……其次还有统治者和被统治者的结合，使两者相互维系得到共同保全。

事实上，聪慧而有远见的生物为万物之灵长，自然被赋予了统治者的地位，而那些以肉体行劳役之苦的，自然受到他们的支配，成为奴隶：因此奴隶主和奴隶具有相同的利益。从本质上来说，女性和奴隶具有天壤之别（与锻造用途多样的德尔菲小刀的铁匠不同，自然从不出于经济适用的目的创造某物。它的造物总是只有唯一的目的，从不混杂，以此保证其最精当的形性）……

从家庭到村庄

首先，男女和主奴的结合诞生家庭。赫西奥德所言非虚，他在诗歌中称道："先营家室，以安其妻；爱畜牡牛，以曳其犁。"对于穷苦人家来说，牛就相当于奴隶。家庭便成为人类为满足日常生活需要所建立的社会基本形式。卡隆达斯（Caronda）将家庭成员称作"馔食同盟"，而克里特人埃庇米尼得斯则称其为"食案伴侣"。

其次，以适应更广大生活需要的若干家庭聚合在一起，形成村庄。村庄最自然的形式是同一个家庭繁衍生息而成的聚落，因此有些人就将聚居的村民称为"同乳兄弟"或"同宗子孙"。正是出于这一原因，希腊早期城邦和现在的蛮族部落一样，都由国王统治。实际上，每一个家庭都由年纪最长的老人主持，每一个因血缘而聚集的村落都由辈分最高的长老统率，而这些臣服于王权统治的个体最终构成"国家"。……

越来越多的村庄聚集起来，形成城邦，社会就发展进入完备的阶段，使人民生活能够完全自给自足。换言之，城邦产生的主观目的是便利生活，而实际作用则是使幸福生活变为可能。因此，早期的社会团体都是自然产生的，而其聚合的产物城邦亦是如此：城邦是社会团体发展的目标和终点。无论是人，是马，还是一座房屋，任何事物在发展至完全的阶段，都显示出其本性来，城邦的发展也是如此。另外，对于存在物来说，目的是其存在的原因，那么至善和自给自足便也是城邦产生的目的和原因。从中我们可以明白，城邦是自然演化的产物，人类天生就是社会动物。因此，凡是因本性或偶然性远离城邦生活的人，不是鄙夫，就是超人，就是荷马所斥责的"没有胞族（fratria），藐视王法，无室无家之人"。他们在本性上离群索居，是好战分子，就像棋盘上的一枚闲子。从动物的角度而言，这解释了为什么人类比任何种类的蜜蜂或群居动物的社会化程度更高。因为，正如我们的理论所说，自然不造无用之物，而人类是所有动物之中唯一掌握语言的动物：声音能够表达悲欢，其他动物同样具有发声的功能（它们凭借这种技能能够互相传达自己的痛苦与欢乐），但是语言表达的则是事物的利害，以及事物的合乎正义与否。人类与其他动物的区别就在于人类是唯一能够分辨善恶、正义与不义以及其他道德的物种，通过语言相互传达，这些价值观成为人人都掌握的内容，由此产生家庭和城邦。

城邦虽然在程序上产生于个人和家庭之后，但在本性上却是先于个人和家庭的。事实上，从本性来看，整体先于局部，如果没有整体，手足就不成其为手足，而是与石质的手足无异，只是人们仍然称作手足的那样东西。这是因为所有事物的定义都来自其功能和能力，一旦它们不再具有这些性质，便不再是我们命名的那些事物，只是空有其名罢了。因此，自然产生的城邦先于个人，而个人由于无法自给自足，脱离城邦就会和脱离了整体的部分沦落至同样的下场。无法进入社群的人，或者是因能够自给自足而感到没有进入社群必要的人，都不是城邦的一分子，他如果不是野兽，就是神祇。人类在本性上就受到向社群聚拢的本能的推动，而最先构想和缔造这类团体的人则真是造福祉于万民。当人类尽善尽美之时，便是万物之灵长，而正因如此，当人类脱离法律和公义之时，便堕落为最恶劣的动物。

（亚里士多德，《政治篇》，R. 劳伦蒂译，拉泰尔扎出版社，罗马－巴里，1966 年，21—28 页）

第五章
存在和形成变化可以调和吗？

≈1. 爱奥尼亚学派关于事物存在问题的观点≈

世间所出现的多样性事物是从何而来的？它们是如何及为何产生变化的？当它们消失时又去向何方？面对世间万象，思想家们产生了诸多的疑问，开始寻找能够解释实在本原的法则。

事物为什么"存在"？

泰勒斯和阿那克西米尼遗留给后世的只言片语告诉我们：因为事物是由保证存在的根本本原——水和气体——所构成。

阿那克西曼德的答案更为复杂，他将世界描述为特殊事物的持续流溢，这些事物从阿派朗（不确定的无限）中来，也将回到其中去。一方面，所有变化之外都有一条不变的原则——任何事物之中都有阿派朗的存在；另一方面，特殊的事物为了存在，每一种都将个性与共性相分离。但是，由于这些事物远离了共性，它们的这种不完美就成为一种不公正，是它们应当承担的因自身远离所有事物所共有的原则的结果。因此，它们会回归到自己原本所在的地方。为描述事物诞生和死亡的普遍现象，阿那克西曼德借鉴了人类世界的经验——不义之举会遭受惩罚，社会关系由此受到约束。

"公正"一词同样出现在赫拉克利特的残篇之中。根据他的观点，公正存在于争议之中。

赫拉克利特认为，争议、冲突以及对立面之间的紧张感是实在的特质。在实在中，事物不间断地从一种状态过渡到另一种相反的状态，产生不间断的运动。火焰是宇宙形成变化的象征，它跳动的景象清晰地展示了这一过程。

但是，并非所有的事物都能在实在之中运动。除了现象和其变化之物，还存在着一种约束和调节所有发生之物的原则：普遍性的逻各斯，它始终如一，是世间万物的共同法则。

赫拉克利特的思想明确地将实在分为两个维度：变化的实在，多样性事物运动的场所；不变的存在，由为变化提供秩序的普遍性原则构成。

埃俄罗斯（Eolo），《风之神》，马赛克拼贴，公元前 3 世纪。

安多基兹（Andokides）画家，《海中沐浴的年轻女子》，局部，白彩两耳细颈酒罐，公元前 6 世纪末。巴黎，卢浮宫。

❧ 3. 巴门尼德和对可感证据的否认 ❧

"公正"一词也出现在巴门尼德的作品之中。在其残篇第八句中，他断言公正束缚着存在，使其保持静止，阻止其诞生与死亡（变化）。受公正制约、静止而不可变的存在是非存在的对立面，而在变化之中事物存在又不存在（枝繁叶茂的树木凋零，即郁郁葱葱不复"存在"），因而尽管它们近似追寻真理之路之人眼中所见的事物，却被判别为自相矛盾和不可信任的。

哲学论述阐明了存在和变化的概念。哲学家将存在定义为不存在的绝对对立面，具有一系列特征，强调了它与变化的不可调和性；而否认了变化在实在中的存在，使其沦为一个阴影，排除在理性思维的领域之外。

只有本身不可改变的严谨知识的对象——唯一而不可改变的存在——才存在。理性的真实性认为存在和非存在之间的任何互相转换都是矛盾的，因而将变化排除在实在的领域之外。存在是一，是变化的、简单的、生成的、不朽的，而"非"存在的特殊事物仅仅是幻象。

❧ 4. 为肯定经验：多元论哲学家的解决方法 ❧

我们如何才能确认那些我们不断从中获取经验的事物是幻象呢？为了肯定存在，巴门尼德选择牺牲世界，坚信世界的表现与理性的观点相矛盾。

那么，我们为什么不能换一种选择，如诡辩家们那样肯定经验否认理性，或者试着肯定两者，承认我们感受到的世界是真实可靠的呢？

多元论哲学家朝着这个方向作出了第一次尝试，他们认为存在一种"多元的"原则：原始元素具有多元性，在"数量"上始终保持一致，同时也能够将变化解释为聚合与分裂过程或基础元素的不同组合的结果。尽管如此，直至柏拉图和亚里士多德给出答案，巴门尼德学说所提出的难题才得到解决。

⚔ 5. 柏拉图：非存在可说 ⚔

就某种角度而言，柏拉图与巴门尼德有重合之处。他认为理念是科学的对象，虽然无法变化，无法形成，但的确"存在"。变化形成局限在可感世界之内。可感世界是意见的客体，与真正的存在——不可改变而永恒的理念的世界——相比，其蕴含的真实性程度较低。

尽管如此，与巴门尼德的论述不同，形成变化并未沦为非存在或纯粹的表象，而是介于存在和非存在之间的某种程度的存在。

另外，形成变化作为意见的客体，并未沦落至无知的领域。虽然意见有所局限，容易改变，却如形成变化一般处于中间地带，在科学和完全的无知之间为我们提供了可感世界的景象。理念世界和形成变化的可感世界之间的关系同样可以用来解释形成变化本身。

内在的对立面之间无法相互转化（内在的大无法变为内在的小，反之亦然），但是可感事物却能够相继分有互相对立的理念，同时获得相互对立的性质（事物可以由"小"变"大"，首先分有"小"的理念，之后分有"大"的理念）。

为回应埃利亚学派对于形成变化矛盾性的反对，柏拉图对诡辩家关于存在和非存在的分析进行了深入的研究——"弑亲"对话。

他认为非存在具有两种不同的含义：其一，非存在是存在的对立面（非存在等于虚无，是巴门尼德唯一认可的含义）；其二，非存在是"另一种存在"，是不同（花的红色"不存在"，但是却以与存在红色不同的方式存在）。

巴门尼德对存在和非存在具有独特的观点，而承认人们能够以某种方式谈论非存在，则标志着对其理论的超越。

随着柏拉图发现非存在具有相对的含义——"不同的存在"，理念的多样性和可感事物（相继分有相对立的理念）的运动也变得更容易解释。

柏拉图将研究上升至赋予理念以逻辑意义上的某种"运动"。由于理念相互之间不存在相互隔绝，而是互相"沟通"，即存在于一张关系网之内，例如"马"的理念分有"动物"、"哺乳动物"和"四足动物"的理念。可感世界中的形成变化问题以及其与理念世界的联系带来了新的问题：什么构成了理念之间的关系？什么是理念之间的相互联系？

因此，可感世界中形成变化的问题以及这一问题与理念世界之间的关系被引导至理念与理念之间的相互关联所建立的关系问题上。理念以经验为根据的多样性和持续的变化性，成为上述问题的一种反映。

泰勒伊德斯（Taleides），《称量农田产物》，黑绘式双耳细颈酒罐，公元前 6 世纪末。
纽约，大都会艺术博物馆。

6. 亚里士多德：存在的方式具有多样性

在谈论事物的生成和消亡时，亚里士多德明确地指出了由埃利亚学派的观点引发的问题。

他在《物理学》开篇表明，由于形成变化显而易见，因而否认它的存在是荒谬的。因此，他的任务是循着柏拉图的道路，通过调和理性和经验，完整地解释形成变化和运动。

他重拾了先贤哲学家的学说，认为所有变化都发生在对立面之间，形成变化的原则是缺乏（即缺少某一特质）和形式（即后来所获取的、原本缺乏的特征本身）。

但是，由于这两大相互对立的原则能够相互转化（并非由冷变热、由小变大的情况），因而并不足以解释运动。形成变化的是另一种事物——基质（在之下之物），它能够陆续吸收对立面（水由热变冷，树木从小长大）。

随着基质概念的引入和成为两大对立原则之外的第三条有关变化的原则，亚里士多德最终超越了巴门尼德对于运动（形成变化）思考的观点。于是，任何一种运动都无须归因为不足或绝对的缺乏（非存在是存在的对立面），而是缺少某种基质，也就是说某物在缺乏某种性质时倾向于补足这一不全，但是在获取该性质前后的过程中保持不变。

亚里士多德同样分析了运动的不同原因，将其分为质料因、形式因、效率因和目的因。他将形成变化解释为从潜能到现实的转变过程，前者被认为是缺乏初始状态的质料，而后者则被认为是对某一特定实体形式的获得。形成变化存在于对某一目的的落实或达成之中，从目的论的角度来看，所有的变化都是旨在获得某一形式的过程。

不论是从运动的角度（一切运动的事物都能找到使运动发生的原因）还是从潜能转化为现实的角度（现实存在于潜能之前），形成变化都需要参照一个超越了形成变化本身的实际存在来解释，这就是原动者，纯粹的实在。这意味着形成变化不是全部，实在是由一个变化的维度和一个不变的维度构成的，后者是形成变化之物的基础。

因此，在这一意义上，存在的类比法学说是克服埃利亚学派将"存在等同于不变的存在"立场的困难的基础：存在"具有多种的形式"，涉及各种实在，既可变又不可变。

类比属性论断法代替了唯一谓词"是"的论断法，存在的宾词既可以是变化之物，也可以是不变之物，也就是说尽管形式不同，两者皆"存在"。

为保持存在和非存在之间的区别，使其符合理性的需要，巴门尼德牺牲了经验。在这里，亚里士多德通过承认不同形式存在的存在，承认可对实在作不同的解释，经验与理性不再冲突。

对于存在和形成变化的思考的演变

米利都学派	解释实在的统一原则： · 泰勒斯 = 水 · 阿那克西米尼 = 空气 · 阿那克西曼德 = 阿派朗
赫拉克利特	关于实在的两大截然相反的维度： · 变化如同冲突 · 维持秩序者逻各斯
巴门尼德	· 存在和形成的概念是相互对立的 · 将变化排除在实在领域之外
多元论主义者	· 原始元素的多元性 · 组合和分裂的过程或不同的组合方式 · 与理性对立的经验
柏拉图	· 真正的存在 = 理念 · 变化 = 中间存在物的程度 · 理念和事物之间分有的理论 · 不存在两种意义的区分（"虚无"和"不同的存在"）
亚里士多德	· 经验的示范价值 · 物理实在理论：基质、运动的原则理论；原因、自然的目的主义理论 · 实在的两大维度：变化和不变 · 类比属性判定法

译名对照表

A

Alcibiade	阿尔西比亚德斯
Aminia	阿米尼亚
Anassagora	阿那克萨戈拉
Anassimandro	阿那克西曼德
Anassìmene	阿那克西米尼
Andronico di Rodi	罗德岛的安德罗尼柯
Antistene	安提斯泰尼
Archita	阿契塔
Aristippo	亚里斯提卜
Aristofane	阿里斯托芬
Aristotele	亚里士多德

C

Callippo	卡利普斯
Caronda	卡隆达斯
Cratilo	克拉底鲁
Critone	克里托
Crizia	克里提亚斯

D

Democrito	德谟克利特
Diogene il Cinico	犬儒者第欧根尼
Diogene Laerzio	第欧根尼·拉尔修
Dione	狄翁

E

Ecateo	赫卡泰奥斯
Empedocle	恩培多克勒
Eraclito	赫拉克利特
Eschilo	埃斯库罗斯
Esiodo	赫西奥德
Euclide di Megara	麦加拉的欧几里得
Eudemo	欧德摩斯
Eudosso di Cnido	尼多斯的欧多克索斯
Euripide	欧里庇德斯

F

Filolao	菲洛劳斯
Freud Sigmund	西格蒙德·弗洛伊德

G

Gorgia	高尔吉亚

I

Ippia di Elide	伊利斯的希皮亚斯
Ippocrate	希波克拉底
Ippodamo da Mileto	米利都的希波丹姆斯

L

Lampone	兰波内
Leucippo	留基伯

M

Melisso	梅里索

N

Nietzsche Friedrich	弗里德里希·尼采

O

Omero	荷马

P

Parmenide	巴门尼德
Pericle	伯里克利
Pitagora	毕达哥拉斯
Platone	柏拉图
Plutarco di Cheronea	喀罗尼亚的普鲁塔克
Prodico di Ceo	基亚的普罗迪科斯
Protagora	普罗泰戈拉

S

Senocrate	色诺克拉底
Senofane	色诺芬尼
Senofonte	色诺芬
Simplicio	辛普利西奥
Socrate	苏格拉底
Sofocle	索福克勒斯

Speusippo	斯珀西波斯

T

Talete	泰勒斯
Teofrasto	泰奥弗拉斯托斯
Tucidide	修昔底德

Z

Zenone di Elea	埃利亚的芝诺

图书在版编目（CIP）数据

西方哲学史五讲：古希腊时期 ／〔意〕弗兰切斯卡·奥基平蒂著；长夏，彭倩译．
—上海：上海三联书店，2020.11
ISBN 978-7-5426-7167-7

Ⅰ.①西… Ⅱ.①弗… ②长… ③彭… Ⅲ.①古希腊罗马哲学－哲学史 Ⅳ.① B502

中国版本图书馆 CIP 数据核字（2020）第 169392 号

著作权合同登记号 图字：09-2020-791 号

西方哲学史五讲：古希腊时期

著　　者／〔意〕弗兰切斯卡·奥基平蒂
译　　者／长　夏　彭　倩
责任编辑／程　力
特约编辑／刘文硕
装帧设计／鹏飞艺术
监　　制／姚　军
出版发行／上海三联书店
　　　　　（200030）中国上海市漕溪北路 331 号 A 座 6 楼
印　　刷／三河市华润印刷有限公司
版　　次／2020 年 11 月第 1 版
印　　次／2020 年 11 月第 1 次印刷
开　　本／710×1000　1/16
字　　数／174 千字
印　　张／20

ISBN 978-7-5426-7167-7/B · 699

定　价：36.80元